唐代东都职官制度研究

The Bureaucracy System of the East Capital in Tang Dynasty

王 苗 著

图书在版编目（CIP）数据

唐代东都职官制度研究/王苗著.—北京：经济管理出版社，2020.8
ISBN 978-7-5096-7436-9

Ⅰ.①唐… Ⅱ.①王… Ⅲ.①管制—研究—中国—唐代 Ⅳ.①D691.42

中国版本图书馆 CIP 数据核字（2020）第 158457 号

组稿编辑：宋　娜
责任编辑：宋　娜　张鹤溶
责任印制：赵亚荣
责任校对：陈晓霞

出版发行：经济管理出版社
（北京市海淀区北蜂窝 8 号中雅大厦 A 座 11 层　100038）
网　　址：www.E-mp.com.cn
电　　话：(010) 51915602
印　　刷：唐山昊达印刷有限公司
经　　销：新华书店
开　　本：720mm×1000mm/16
印　　张：16.5
字　　数：229 千字
版　　次：2021 年 4 月第 1 版　2021 年 4 月第 1 次印刷
书　　号：ISBN 978-7-5096-7436-9
定　　价：98.00 元

·版权所有　翻印必究·
凡购本社图书，如有印装错误，由本社读者服务部负责调换。
联系地址：北京阜外月坛北小街 2 号
电话：(010) 68022974　　邮编：100836

第八批《中国社会科学博士后文库》编委会及编辑部成员名单

(一) 编委会

主　任：王京清

副主任：马　援　张冠梓　高京斋　俞家栋　夏文峰

秘书长：邱春雷　张国春

成　员：(按姓氏笔画排序)

卜宪群　王建朗　方　勇　邓纯东　史　丹　朱恒鹏　刘丹青
刘玉宏　刘跃进　孙壮志　孙海泉　李　平　李向阳　李国强
李新烽　杨世伟　吴白乙　何德旭　汪朝光　张　翼　张车伟
张宇燕　张星星　陈　甦　陈众议　陈星灿　卓新平　房　宁
赵天晓　赵剑英　胡　滨　袁东振　黄　平　朝戈金　谢寿光
潘家华　冀祥德　穆林霞　魏后凯

(二) 编辑部 (按姓氏笔画排序)

主　任：高京斋

副主任：曲建君　李晓琳　陈　颖　薛万里

成　员：王　芳　王　琪　刘　杰　孙大伟　宋　娜　陈　效
　　　　苑淑娅　姚冬梅　梅　玫　黎　元

序　言

　　博士后制度在我国落地生根已逾30年，已经成为国家人才体系建设中的重要一环。30多年来，博士后制度对推动我国人事人才体制机制改革、促进科技创新和经济社会发展发挥了重要的作用，也培养了一批国家急需的高层次创新型人才。

　　自1986年1月开始招收第一名博士后研究人员起，截至目前，国家已累计招收14万余名博士后研究人员，已经出站的博士后大多成为各领域的科研骨干和学术带头人。其中，已有50余位博士后当选两院院士；众多博士后入选各类人才计划，其中，国家百千万人才工程年入选率达34.36%，国家杰出青年科学基金入选率平均达21.04%，教育部"长江学者"入选率平均达10%左右。

　　2015年底，国务院办公厅出台《关于改革完善博士后制度的意见》，要求各地各部门各设站单位按照党中央、国务院决策部署，牢固树立并切实贯彻创新、协调、绿色、开放、共享的发展理念，深入实施创新驱动发展战略和人才优先发展战略，完善体制机制，健全服务体系，推动博士后事业科学发展。这为我国博士后事业的进一步发展指明了方向，也为哲学社会科学领域博士后工作提出了新的研究方向。

　　习近平总书记在2016年5月17日全国哲学社会科学工作座谈会上发表重要讲话指出：一个国家的发展水平，既取决于自然科学发展水平，也取决于哲学社会科学发展水平。一个没有发达的自然科学的国家不可能走在世界前列，一个没有繁荣的哲学社会科学的国家也不可能走在世界前列。坚持和发展中国特色社会主义，需要不断在实践中和理论上进行探索、用发展着的理论指导发展着的实践。在这个过程中，哲学社会科学具有不可替代的重要地位，哲学社会科学工作者具有不可替代的重要作用。这是党和国家领导人对包括哲学社会科学博士后在内的所有哲学社会科学领域的研究者、工作者提出的殷切希望！

中国社会科学院是中央直属的国家哲学社会科学研究机构，在哲学社会科学博士后工作领域处于领军地位。为充分调动哲学社会科学博士后研究人员科研创新的积极性，展示哲学社会科学领域博士后的优秀成果，提高我国哲学社会科学发展的整体水平，中国社会科学院和全国博士后管理委员会于2012年联合推出了《中国社会科学博士后文库》（以下简称《文库》），每年在全国范围内择优出版博士后成果。经过多年的发展，《文库》已经成为集中、系统、全面反映我国哲学社会科学博士后优秀成果的高端学术平台，学术影响力和社会影响力逐年提高。

下一步，做好哲学社会科学博士后工作，做好《文库》工作，要认真学习领会习近平总书记系列重要讲话精神，自觉肩负起新的时代使命，锐意创新、发奋进取。为此，需做到：

第一，始终坚持马克思主义的指导地位。哲学社会科学研究离不开正确的世界观、方法论的指导。习近平总书记深刻指出：坚持以马克思主义为指导，是当代中国哲学社会科学区别于其他哲学社会科学的根本标志，必须旗帜鲜明加以坚持。马克思主义揭示了事物的本质、内在联系及发展规律，是"伟大的认识工具"，是人们观察世界、分析问题的有力思想武器。马克思主义尽管诞生在一个半多世纪之前，但在当今时代，马克思主义与新的时代实践结合起来，越来越显示出更加强大的生命力。哲学社会科学博士后研究人员应该更加自觉地坚持马克思主义在科研工作中的指导地位，继续推进马克思主义中国化、时代化、大众化，继续发展21世纪马克思主义、当代中国马克思主义。要继续把《文库》建设成为马克思主义中国化最新理论成果宣传、展示、交流的平台,为中国特色社会主义建设提供强有力的理论支撑。

第二,逐步树立智库意识和品牌意识。哲学社会科学肩负着回答时代命题、规划未来道路的使命。当前中央对哲学社会科学愈加重视,尤其是提出要发挥哲学社会科学在治国理政、提高改革决策水平、推进国家治理体系和治理能力现代化中的作用。从2015年开始,中央已启动了国家高端智库的建设,这对哲学社会科学博士后工作提出了更高的针对性要求,也为哲学社会科学博士后研究提供了更为广阔的应用空间。《文库》依托中国社会科学院,面向全国哲学社会科学领域博士后科研流动站、工作站的博士后征集优秀成果,入选出版的著作也代表了哲学社会科学博士后最高的学术研究水平。因此,要善于把中国社会科学院服务党和国家决策的大智库功能与《文库》的小智库功能结合起来,进而以智库意识推动品牌意识建设,最终树立《文库》的智库意识和品牌意识。

第三,积极推动中国特色哲学社会科学学术体系和话语体系建设。改革开放30多年来,我国在经济建设、政治建设、文化建设、社会建设、生态文明建设和党的建设各个领域都取得了举世瞩目的成就,比历史上任何时期都更接近中华民族伟大复兴的目标。但正如习近平总书记所指出的那样:在解读中国实践、构建中国理论上,我们应该最有发言权,但实际上我国哲学社会科学在国际上的声音还比较小,还处于"有理说不出、说了传不开"的境地。这里问题的实质,就是中国特色、中国特质的哲学社会科学学术体系和话语体系的缺失和建设问题。具有中国特色、中国特质的学术体系和话语体系必然是由具有中国特色、中国特质的概念、范畴和学科等组成。这一切不是凭空想象得来的,而是在中国化的马克思主义指导下,在参考我们民族特质、历史智慧的基础上再创造出来的。在这一过程中，积极吸纳儒、释、道、墨、名、法、农、杂、兵等各家学说的精髓，无疑是保持中国特色、中国特质的重要保证。换言之，不能站在历史、文化虚无主义立场搞研究。要通过《文库》积极引导哲学社会科学博士后研究人员：一方面，要积极吸收古今中外各种学术资源，坚持古为今用、洋为中用。另一方面，要以中国自己的实践为研究定位，围绕中国自己的问题，坚持问题导向，努力探索具备中国特色、中国特质的概念、范畴与理论体系，在体现继承性和民族性、体现原创性和时代性、体现系统性和专业性方面，不断加强和深化中国特色学术体系和话语体系建设。

新形势下，我国哲学社会科学地位更加重要、任务更加繁重。衷心希望广大哲学社会科学博士后工作者和博士后们，以《文库》系列著作的出版为契机，以习近平总书记在全国哲学社会科学座谈会上的讲话为根本遵循，将自身的研究工作与时代的需求结合起来，将自身的研究工作与国家和人民的召唤结合起来，以深厚的学识修养赢得尊重，以高尚的人格魅力引领风气，在为祖国、为人民立德立功立言中，在实现中华民族伟大复兴中国梦的征程中，成就自我、实现价值。

是为序。

中国社会科学院副院长
中国社会科学院博士后管理委员会主任
2016年12月1日

摘　要

自周公卜宅雒邑、兴建成周以来，洛阳长期作为古代两京之一，在中国传统社会和文化中居于重要地位。降至隋代，炀帝于伊、洛间营造新城，遂为隋唐两代东都，武则天时代称为神都，在政治上发挥了特殊的作用。因此，学界在隋唐东都历史文化研究方面积累了丰富的成果。不过，以往有关唐代东都的研究多集中探讨唐前期洛阳的政治地位、东都里坊的建置、经济中心的表现以及中晚唐时期洛阳的社会文化生活，对东都职官制度关注不多。本书则以唐代尤其安史之乱后东都独具特色的职官体系为研究对象，借助出土墓志等新材料的搜集分析，梳理、恢复、补充和考证典制文献缺乏系统记载的东都留守府、分司等职官体系的结构、成员、职掌等，探讨其形成和沿革。

首先，本书详细考证东都留守府下的留守系统与防御系统。以往对东都留守的性质认识不够，东都留守府的研究多为轮廓性勾勒，本书明确指出东都留守为留守府长官，实为一使职，府内设有留守、防御两套系统。通过对每一系统文武僚佐的考证，清晰地呈现出东都留守府的职官设置情况，进而纠正了以往将东都留守系统与防御使系统混为一体的认识。

其次，本书深化了东都分司、分司官的研究。过去学界聚焦于东都分司制度的沿革演变以及对分司官员诗歌互和等日常文化生活的考察。本书在既有研究基础上，通过对分司机构设置的重新考察以及对个别分司官的重点关注，注意到唐代分司机构中东都御史台始终发挥着重要作用，绝非是闲散之职。唐后期，分司诸机构虽非要职，却一直保持着机构的运作，分司官员仍从事具体事务性工作，进而维护"东都"的名与实，这是分司的意义所在,至于分司官职位、品位的闲剧与高低无关大体。

总之,纵观唐后期,东都洛阳所在的都畿周边形成了北有河北藩镇,东南接淮西,周边有中原型藩镇拱卫的形势,居于其中的洛阳自然是唐廷重视之地。洛阳始终保持着"东都"的名分与地位,形成独具特色的东都留守府,留守府、分司、河南府三套职官体系并存。以往对唐后期的关注中,重视藩镇,重视长安,而唯独忽视了洛阳。近年来虽然学界提出建立"洛阳学"之说,但唐后期洛阳的重要性尚未被完全发掘出来。基于此,本书从职官角度来考察唐代,特别是唐后期的东都洛阳。

关键词:唐代;洛阳;东都;留守府;分司官

Abstract

Since the Duke of Zhou chose Luoyi by divination as capital to construct the settlement of Chengzhou, Luoyang for a long period was one of the two capitals in ancient times and played important roles in traditional Chinese society and culture. In the Sui dynasty, Emperor Yang of Sui built a new city between the rivers of Yi and Luo. The city soon became the Eastern Capital in the Sui and Tang dynasties and the Shen Capital during the reign of the Empress Wu, exerting uniquely important political influence. Though a fair amount of studies on the culture and history of the Eastern Capital during the Sui and Tang dynasties have been done, most of them are about the political status of Luoyang in early Tang dynasty, the establishment of the residential area in the Eastern Capital, and the economic significance of Luoyang and the city's cultural life in middle and late Tang dynasty. In comparison, the official system in the Eastern Capital is still lack of systematic research. This book aims to explore the unique government system of the Eastern Capital in Tang dynasty, especially after the Anshi Rebellion, by collecting and analysing a large quantity of new materials including entombed epitaphs. Those new materials are helpful to prove, complement, recover and sort out some details of the official system left on guard that are rarely recorded in traditional documents. The research reconstructs the formation and the development process of the government system of the Eastern Capital in the Tang dynasty.

The innovation of this research lies in the detailed examination on the regent system and defence system of the government left on guard in the Eastern Capital, and the precise definition of the Dongdu Fensi guan (the officials in the branch office of the Eastern Capital). Most of the preceding researches just outline the construction of the Dongdu Liushou Fu (government left on guard of the Eastern Capital). The absence of a clear definition of the Dongdu Liushou (official left on guard of the East Capital) often make historians to confuse its concurrent functional official—Dongdu Fangyu shi (defence commissioner in the Eastern Capital) with Liushou guan (official left on guard). This thesis clearly points out the co-existence of the regent system and defence system, and meticulously investigates every military and civil official under each system, which could cast a full view of the Dongdu Liushou fu.

This research would lead the study of Dongdu Fensi guan (the officials in the branch office of the Eastern Capital) to a deeper level. Because of the blurred usage of the terms—Fensi (branch office), Liushou (left on guard) and Liusi (office left on guard) in historical records, the understanding about the concepts of Fensi guan (officials of branch office) and Liushou guan (officials of office left on guard) is ambiguous. In addition, the emphasis of the cultural life of Fensi guan from the perspective of literature by the preceding researches made the impression that Fensi guan was just a prestige title without duty assignment. By examining the development process of the institution of Fensi in the Tang dynasty and each official of Fensi, this research comes to the conclusion that within the whole system of Fensi in Tang dynasty the Dongdu Yushitai (the censorate of Eastern Capital) was an significant functional official, rather than merely a prestige title. The misleading illusion that Fensi guan was a prestige title is caused by the expansion of the princely establishment in the Eastern Capital. In late Tang dynasty, although the subordinate offices of Fensi were not important posts, they always operated as government agencies. The officials of Fensi were engaged in specific affairs to match the name of

Abstract

Eastern Capital. That is the meaning of Fensi, and had nothing to do with the duties and ranks of the officials of Fensi.

In short, throughout the late Tang dynasty, the surrounding districts of the Eastern Capital Luoyang were next to Hebei Fanzhen in the north, adjacent to Huaixi in the southeast, encircled by Zhongyuan-type Fanzhen. The importance of Luoyang for the Tang court stemed from its geographical location as the center of this region. Luoyang maintained the status and label as the "Eastern Capital", forming a unique Liushou Fu, with three coexisting sets of official systems. The preceding research on late Tang dynasty tends to focus on Fanzhen and Changan, instead of Luoyang. In recent years, although scholars have proposed the concept of "Luoyang Studies", the significance of Luoyang in the late Tang dynasty has not yet been fully explored. To this end, this book examines the Tang dynasty from the perspective of officials, especially the ones in the Eastern Capital Luoyang of the late Tang dynasty.

Key Words: Tang dynasty; Luoyang; Eastern Capital; Liushou Fu (government left on guard); Fensi Guan (officials of brand office)

目 录

绪 论 ………………………………………………………………… 1

第一章 唐代留守与分司的初置 ………………………………… 11

  第一节 唐前期留守设置情况考察 …………………………… 12
    一、唐代留守设置缘起 ……………………………………… 12
    二、洛阳宫留守的设置 ……………………………………… 18
    三、东都留守设置常态化 …………………………………… 21

  第二节 唐前期东都分司设置情况考察 ……………………… 28
    一、何为分司 ………………………………………………… 28
    二、唐前期东都中央机构设置考察 ………………………… 35

第二章 东都留守府之留守体系 ………………………………… 45

  第一节 东都留守的选任与留守府的形成 …………………… 45
  第二节 留守体系文武僚佐考 ………………………………… 52
    一、文职僚佐 ………………………………………………… 53
    二、军将系统 ………………………………………………… 71
    三、入幕途径与迁转 ………………………………………… 86

第三章 东都留守府之防御体系 ………………………………… 93

  第一节 东都畿防御使的设置沿革 …………………………… 93

第二节　防御使体系文武僚佐考 …………………………… 99
　　　　　一、文职僚佐 ……………………………………………… 100
　　　　　二、军将系统 ……………………………………………… 105
　　　第三节　东都留守、防御军分布考察 ………………………… 112

第四章　唐后期东都分司再考察 …………………………………… 127
　　　第一节　分司官设置再考察 …………………………………… 128
　　　第二节　东都御史台 …………………………………………… 149
　　　　　一、从临时性留台到成为定制的东台 ………………… 150
　　　　　二、东都御史台的地位、职能与作用 ………………… 154

第五章　东都留守府、分司、河南府关系考察 …………………… 169
　　　第一节　东都留守府、分司、河南府关系考察 ……………… 169
　　　第二节　留守府与河南府财政来源考察 ……………………… 175

结　语　从职官设置重新认识唐代东都 …………………………… 189

附　录 ………………………………………………………………… 193

参考文献 ……………………………………………………………… 211

索　引 ………………………………………………………………… 223

后　记 ………………………………………………………………… 231

专家推荐表 …………………………………………………………… 233

Contents

Introduction ··· 1

1 The Initial Setup of Liushou and Fensi in the Tang Dynasty ······ 11

    1.1 Investigation on the Organization of Liushou in the Early
        Tang ·· 12
        1.1.1 The Origin of Liushou in the Tang Dynasty ············· 12
        1.1.2 The Organization of Luoyanggong Liushou ············· 18
        1.1.3 A Tendency of Normalization of the Organization of
            Dongdu Liushou ·· 21
    1.2 Investigation on the Organization of Fensi in the Early
        Tang ·· 28
        1.2.1 Defining Fensi ··· 28
        1.2.2 Investigation on the Organization of the Eastern Capital
            Central Institutions in the Early Tang Dynasty ············ 34

2 The Liushou System of Dongdu Liushoufu ···························· 45

    2.1 The Selection of Liushou in the Eastern Capital and the
        Formation of Liushoufu ·· 45
    2.2 A Study of Civil and Military Officers in the Liushou
        System ·· 52
        2.2.1 Civil Staff ··· 53

        2.2.2　Military Officers …………………………………… 71
        2.2.3　Recruitment Paths, Promotion and Relocation ………… 86

3　The Defending System of Dongdu Liushoufu …………………… 93

    3.1　The History of the Establishment of the Eastern Capital …………………………………………………………… 93
    3.2　A Study of Civil and Military Officers in the Fangyushi System …………………………………………………………… 99
        3.2.1　Civilil Staff ………………………………………… 100
        3.2.2　Military Officers ………………………………… 105
    3.3　Investigation on the Distribution of Liushou and Fangyu forces …………………………………………………………… 112

4　Reinvestigation of Dongdu Fensi in the Late Tang Dynasty …… 127

    4.1　Reinvestigation on the Establishment of Fensi guan ……… 128
    4.2　The Dongdu Yushitai ……………………………………… 149
        4.2.1　From a Temporary Liutai to a Permanent Dongtai …… 150
        4.2.2　The Status, Responsibility and Function of Dongdu Yushitai ……………………………………………… 154

5　Investigation on the Relationship between Dongdu Liushoufu, Fensi and Henanfu ……………………………………………………… 169

    5.1　Investigation on the Relationship between Dongdu Liushoufu, Fensi and Henanfu ………………………………………… 169
    5.2　The Financial Source of Liushoufu and Henanfu ………… 175

Conclusion　New Insights into the Eastern Capital of Tang Dynasty ………………………………………………………… 189

Contents

Appendix ·· 193

References ··· 211

Index ··· 223

Postscript ··· 231

Recommendations ·· 233

绪　论

洛阳地处黄河中下游、嵩山北麓，古为《禹贡》九州的豫州之地。豫州因地处九州中心，故又称"中州""中原"。嵩洛地区是上古三代夏商周立国的中心：禹都阳城，启都阳翟（今禹州），太康都斟鄩，汤都西亳（今偃师二里头遗址一带），商都郑州，成周雒邑（今洛阳），遂奠定此地在中国政治文化史上不可取代的中心地位。洛阳被誉称九朝古都①，自从周公卜宅雒邑、兴建成周，洛阳成为王都之一；进入帝国时期，洛阳先后成为东汉、西晋、北魏等王朝的都城。

降至隋朝统一，汉魏洛阳旧城经长期战乱废毁不堪。隋炀帝甫一继位，即于仁寿四年（604）十一月癸丑下诏营建洛阳新城：

> 然洛邑自古之都，王畿之内，天地之所合，阴阳之所和。控以三河，固以四塞，水陆通，贡赋等。故汉祖曰："吾行天下多矣，唯见洛阳。"自古皇王，何尝不留意，所不都者盖有由焉。或以九州未一，或以困其府库，作洛之制所以未暇也。我有隋之始，便欲创兹怀、洛，日复一日，越暨于今。念兹在兹，兴言感哽！朕肃膺宝历，纂临万邦，遵而不失，心奉先志。今者汉王谅悖逆，毒被山东，遂使州县或沦非所。此由关河悬远，兵不赴急，加以并州移户复在河南。周迁殷人，意在于此。况复南服遐远，东夏殷大，因机顺动，今也其时。群司百辟，佥谐厥议。但

---

① 一般认为"九"是"多"的意思，非确切数，历史上在洛阳建都的王朝有十三个，分别是：夏、商、西周、东周、东汉、曹魏、西晋、北魏、隋朝、唐朝、后梁、后唐、后晋。详参李久昌《国家、空间与社会——古代洛阳都城空间演变研究》，三秦出版社2007年版，第47—51页。

成周墟堉，弗堪葺宇。今可于伊、洛营建东京，便即设官分职，以为民极也。①

诏书明确指出洛阳作为帝国两京之一的特殊重要性，即"天下之中"的地理位置可实现"控以三河，固以四塞"，以及经济上"水陆通"，故于此营建东都，"设官分职，以为民极"。这些因素也为唐太宗营建洛阳、高宗修东都时不断重申。

隋灭唐兴，唐承隋制，隋炀帝所建洛阳新城成为唐朝东都②，一直到玄宗开元二十四年（736）③，唐朝前期④皇帝经常往来洛阳、长安东西两大都城之间，特别是武后当政时久居洛阳。前期，洛阳作为都城是毫无疑问的，后期洛阳依然保持东都之地位，为唐王朝两都制中的东都，唐文宗时依然秉持着"东西京一也"⑤的看法，从记载唐后期典章制度的《唐会要》中保存的对"两京"的制度安排也可见一斑。

从地理位置来说，洛阳地处中原，天下之中，"固以四塞"的战略位置对唐王朝至关重要；⑥从政治方面来讲，洛阳作为唐代两都之一，一直拥有都城的政治地位，即便在唐后期依然如此，前文已揭；从经济方面讲，洛阳长期作为唐王朝的经济中心，东南之租赋、货物长期在此中转运送至西京长安；⑦从文化方面来看，这里汇聚了大量文士，前期作为实际政治

---

① 《隋书》卷三《炀帝纪上》，中华书局1973年版，第61页。
② 虽然史籍记载中唐代曾在不同时期内设置过多都，或三都、或五京："京兆、河南、太原为三都"（《唐六典》卷三《尚书户部》，中华书局1992年版，第72页）；至德二年十二月"置凤翔府，号为西京，与成都、京兆、河南、太原为五京"（《旧唐书》卷三八《地理志一》，中华书局1975年版，第1402页）；宝应元年"以京兆府为上都，河南府为东都，凤翔府为西都，江陵府为南都，太原府为北都"（《新唐书》卷六《肃宗纪》，中华书局1975年版，第165页）。长安作为政治中心的首都是无可置疑的，太原因龙兴之地而名，至于五都仅是战争中的临时之举，洛阳作为东都，其政治经济军事地位远非长安之外的其他都城可比。
③ 《资治通鉴》开元二十五年九月条（卷二一四，中华书局1956年版，第6830页）载："因牛仙客献策，请行籴法于关中。……停今年江、淮所运粮。自是关中蓄积羡溢，车驾不复幸东都矣。"
④ 本书以学界常用"安史之乱"作为唐朝前后期的分界线。
⑤ 陕西省考古研究院编：《陕西省考古研究院新入藏墓志》108《韦师素墓志》，上海古籍出版社2019年版，第304页。
⑥ 居中的区位特点具有两面性，在中国文明起源之初已然如此："居中的区位和便利的交通为文化的交流提供了方便，但同时在军事上存在着四面受敌的危险"，参见宋豫秦等：《中国文明起源的人地关系简论》，科学出版社2002年版，第199页。
⑦ 全汉昇：《唐宋帝国与运河》，商务印书馆1946年版，第15-28页。

中心，士人汇聚，后期因分司形成了分司文学①。洛阳在隋唐时代具有重要政治、经济、文化、军事地位，相关研究成果也较为丰富，近年来学界更是提出要建立"洛阳学"②。

以往对于隋唐洛阳的关注，就研究内容而言，主要集中于都城的建筑布局以及政治、经济地位、社会生活等方面的考察。③ 通过这些考古发掘以及文献爬梳的研究工作，大体可知晓隋唐洛阳城的都城布局，基本了解有唐一代洛阳的都市政治、经济、文化生活的总体面貌。

对洛阳城进行政治、经济、文化等方面的整体概括，代表性研究有马得志《唐代长安与洛阳》，④ 徐苹芳《唐代两京的政治、经济和文化生活》，⑤ 史念海、史先智《长安和洛阳》⑥ 以及郭绍林的系列文章⑦，这些研究揭示出唐代洛阳城的总体面貌。对都城沿革、选址、布局等的探讨主要基于考古发掘工作的开展和文献材料的爬梳，基本摸清了洛阳城的都城建设，特别是重要宫殿、礼制建筑、城门、仓储建筑、寺院等，以及园林、部分里

---

① 探讨洛阳分司文学的，见王吉林：《晚唐洛阳的分司生涯》，载淡江大学中文系编：《晚唐的社会与文化》，学生书局1990年版，第244—246页；赵建梅：《唐大和初至大中初的洛阳诗坛》，博士学位论文，中国社会科学院2002年，后以《晚年白居易与洛下诗人群研究》（京华出版社2010年版）为名出版；刘怀辉：《分司文化视野下的刘禹锡东都诗歌研究》，硕士学位论文，北京大学2012年。
② "洛阳学"是日本学界于2010年11月27~28日在日本东京明治大学召开的洛阳学研讨会上正式提出的。详见气贺泽保规《"洛阳学"如何在日本诞生》（《中国社会科学报》2011年第165期13版以及会议论文集）；会议论文集《洛阳学国际シンポジウム报告论文集：东アジアにおける洛阳の位置》，汲古书院2011年版。有关中国古代都城这一集合了历史学、历史地理、考古等多学科的领域，一直为学界所重视。史念海曾倡导建立"中国古都学"，来"研究我国古都的形成、发展、萧条或置于消失，或经过改革成为新的城市"（《中国古都学刍议》，原载中国古都学会编：《中国古都研究》第3辑，浙江人民出版社1987年版，后收入其著《中国古都和文化》，中华书局1998年，第1—32页）。荣新江多年来一直关注隋唐长安，在北京大学历史系主持"隋唐长安读书班"，其中《关于隋唐长安研究的几点思考》一文中提出应该像"敦煌学"一样建立"长安学"，其本人及团队研究成果集中在《唐研究》三次长安学专号（第9卷，北京大学出版社2003年版；第15卷，北京大学出版社2009年版；第21卷，北京大学出版社2015年版）。
③ 李久昌：《20世纪50年代以来的洛阳古都研究》（《河南大学学报》2007年第4期）梳理了20世纪50年代以来洛阳研究的学术史，对隋唐洛阳的主要研究成果进行了总结。
④ 马得志：《唐代长安与洛阳》，《考古》1982年第6期。为行文简洁，下文皆省略"先生"称谓，非不尊也。
⑤ 徐苹芳：《唐代两京的政治、经济和文化生活》，《考古》1982年第6期。
⑥ 史念海、史先智：《长安和洛阳》，见《唐史论丛（第七辑）》，三秦出版社1998年版，第1—45页。
⑦ 郭绍林对洛阳的研究集中见于其著作《洛阳隋唐五代史》，社会科学文献出版社2019年版。

坊、重要住宅的内部构造。最具代表性的研究有宿白《隋唐长安城和洛阳城》[1]、韩建华《隋唐洛阳城考古发掘与城市研究的回顾与思考》[2]、赵志文《河南隋唐五代考古发现与研究》[3]等。近年来隋唐洛阳田野考古发掘的系统成果——《隋唐洛阳城：1959-2001年考古发掘报告》也已整理出版[4]。在考古发掘工作基础之上，通过对出土材料以及传世材料的考辨，从整体上对洛阳城布局、构造进行考证性研究的主要有辛德勇《隋唐两京丛考》[5]以及李健超在清人徐松《唐两京城坊考》之上所进行的增订。[6] 以上代表了几十年来学界对唐代洛阳研究的主要关注方向。至于具体研究，比如专门探讨武则天与洛阳[7]、唐后期洛阳的文士生活等方面的成果颇为丰富，此不赘言。

梳理完相关研究之后，其实会发现唐代洛阳对于大部分读者来说是耳熟能详的，对研究者来说也是相当熟悉的，但熟悉的背后又颇感陌生，对唐代洛阳的印象依旧模糊。笔者以为这份陌生或源于唐代洛阳具体个案研究的缺乏。正如包伟民在《唐宋城市研究学术史批判》中所言，目前对唐宋城市发展的印象来自于全局性的论述，今后要在对个案充分发展的基础上，再来归纳分析[8]。这正是洛阳的研究值得努力的方向，"如何走出论述洛阳政治、文化、经济地位，或据考古资料复原城市周边地理的旧路，仍是学界需要思考的问题"[9]。

---

[1] 宿白：《隋唐长安城和洛阳城》，《考古》1978年第6期。
[2] 韩建华：《隋唐洛阳城考古发掘与城市研究的回顾与思考》，《西部考古》（第二辑），三秦出版社2007年版。
[3] 赵志文：《河南隋唐五代考古发现与研究》，《华夏考古》2012年第2期。
[4] 中国社会科学院考古研究所编著：《隋唐洛阳城：1959-2001年考古发掘报告》，科学出版社2014年版。
[5] 辛德勇：《隋唐两京丛考》，三秦出版社2006年版。
[6] 李健超：《增订唐两京城坊考》，三秦出版社2006年版。
[7] 武则天研究会、洛阳市文物园林局编：《武则天与洛阳》，三秦出版社1988年版；王双怀、郭绍林主编：《武则天与神都洛阳》，中国文史出版社2008年版。
[8] 包伟民：《唐宋城市研究学术史批判》，《人文杂志》2013年第1期，第78-96页，后作为"绪论"收入其著《宋代城市研究》，中华书局2014年版。
[9] 徐畅：《斯土斯民：唐代京畿乡村社会研究》，博士学位论文，北京大学2014年，第10页。

笔者认为要改变以往洛阳"泛"都城研究的局面，深化"洛阳学"的根本在于：第一，对近年洛阳出土的遗迹、实物以及墓志等相关材料进行总结、梳理整合，形成系统的唐代洛阳的材料库；第二，打破既有印象，转换观察视角，长期以来形成的唐前期洛阳重要、后期洛阳衰落这样的印象需要改观①。

本书从职官设置角度切入，通过对唐后期洛阳的职官制度进行考察，重新认识唐后期洛阳的意义，挖掘洛阳发挥的政治、军事作用。洛阳所在的东都、都畿地区的职官系统可分为三类：一是中央直接在洛阳设立的官职体系——东都分司，作为中央政务机构的分支机构，长官通常由六部尚书担任，其官员在唐后期文献中一般称为某某分司官。二是东都留守府，作为东都地区最高行政机构，负责唐后期洛阳及其东都畿内的防御，府下有留守系统与防御系统，留守系统更多承担留守府日常行政办公、守卫都城的职责，防御系统主要利用洛阳及都畿各县的防御军，实现防御藩镇、保卫洛阳之目的。留守府长官为东都留守，为一使职，常由六部尚书充任。三是洛阳为河南地方政府机构——河南府治所所在，河南府长官为河南尹。这三套职官体系中，前两者与洛阳作为唐帝国"东都"的身份有关，河南府体现的是地方行政机构的特色。以往学界已关注到东都存在的分司、留守官体系，勾勒出东都职官的大概轮廓，但不同层级的职官体系设置的目的以及发挥的职能作用、相关机构之间的关系，都淹没在"唐后期洛阳衰落"这样的既有印象中。至于河南府，其职官设置与京兆府、太原府等同级别行政机构基本类似，以往的关注度也不够。

实际上，在安史之乱中唐王朝收回洛阳后，便积极致力于洛阳政治、经济的恢复与重建。其后，东都逐渐形成了留守府、河南府共存的局面。以留守为责任人的东都留守府，麾下有留守官兵与防御官兵两套体系，东都留守作为分司官的长官，兼"判"东都分司，留守府成为中央直接控制

---

① 参见程存洁：《唐代城市史研究初编》，中华书局2002年版，第33—34页；万晋：《"变动"与"延续"视角下的唐代两京研究》，商务印书馆2018年版，第84、109页。

的类似藩镇使府一样的机构。本书重点在于，其一，从整体考察到细节考证东都留守府下留守系统与防御系统。过去对于东都留守府的研究多为轮廓勾勒，对于东都留守作为使职的特性认识尚不清楚，对于兼任的东都防御使常与留守官混为一谈。本书明确指出留守府下留守、防御两套系统，并且通过对每一系统文武僚佐的考证，呈现出东都留守府的具体面貌。其二，对东都分司官进行重新梳理。由于史籍中对于"分司""留守""留司"等词语的使用未有明确区分，以至于后人把分司官与留守官混为一谈。再有，以往研究多从文学角度关注分司官员在洛阳的文化生活，给人形成的印象是分司官悠闲的生活，而其本职工作，特别是分司要职被忽视。本书通过对唐代分司机构的设置沿革、分司人员的个案考察，认为在唐代整个分司系统中，东都御史台始终发挥着重要作用，并非是闲散官，至于其他分司机构中，以东宫王府官一职的授受数量最多。其三，考察留守府与河南府的关系，揭示其职能异同。

  本书既是职官制度的研究，必然涉及唐代职官相关的诸多方面，在此不对唐代整体职官制度的研究展开评述，涉及的相关内容具体论证时再做评述，此处就东都职官的研究，略作简要回顾。

  最早关注到分司官现象是从文学角度进行的考察，王吉林《晚唐洛阳的分司生涯》一文最早关注到分司官群体，认为中唐以后分司官员或者在政党争斗中失败而被分司，或者年老求舒适而自愿分司。[①] 此文注意到了分司官的生活恬静舒缓。此后，从文学角度关注分司官员的研究一般沿着这

---

① 王吉林：《晚唐洛阳的分司生涯》，载淡江大学中文系编：《晚唐的社会与文化》，学生书局1990年版，第239-249页。

个基调出发,描述洛阳分司官"中隐"的生活①。这种从生活角度对唐代后期分司官的呈现,加之宋代分司官确实为闲散官②,给人形成唐代分司官"闲散"的印象。笔者注意到,不同历史时段内,分司官发挥的作用是不同的,即便是同一时间,分司官内部也有紧要与闲散的区别,"闲散"不能概括唐代分司官的全貌。此外,在使用分司东都官员描写分司生活的文学性作品时需要谨慎。包伟民批评唐宋城市研究将很多文学性描述引以为信史③,这同样存在于对东都分司官的研究中。诗歌所描绘的分司官员闲适与淡泊的生活,并非分司官生活的全部。至少从目前看到的记载不是这样,一直到唐后期,分司官中的某些部门仍旧有序运行,试举一例说明。韩愈《上郑尚书相公启》讲:"分司郎官职事惟祠部为烦且重。愈独判二年,日与宦者为敌,相伺候罪过,恶言詈辞,狼藉公牒,不敢为耻,实虑陷祸。"④因此在使用诗歌时,需要将这些文学描述回放到当时历史背景、制度之下思考,才有助于对东都分司的全面认识。

随后有学者从职官方面对分司官进行探讨。勾利军的《唐代东都分司官研究》一书,主要依据《唐六典》复原东都分司制度,梳理东都分司的发展脉络,是目前所见关于东都分司官最为系统的研究。⑤全书考证东都分司官的设置,分析各个时期分司官与朝廷的关系,对分司官的待遇、员额、

---

① 赵建梅:《唐大和初至大中初的洛阳诗坛》,博士学位论文,中国社会科学院2002年,后以《晚年白居易与洛下诗人群研究》(京华出版社,2010年版)为名出版;刘艳萍《韩愈分司东都与韩孟诗歌唱和群体的形成》,《河南科技大学学报》2010年第3期;《白居易分司东都与洛阳闲适诗唱和群体形成的研究》,《洛阳理工学院学报》2010年第4期;《晚唐洛阳文人群体的城市生活范式及其影响》,《江汉论坛》2013年第2期;《唐宋洛阳分司长官对文人群体的影响——以裴度、钱惟演、文彦博、韩绛为中心》,《河南科技大学学报》2013年第4期。这些讨论多注意到韩愈、刘禹锡、白居易等都曾分司在洛阳,诗歌互和,形成"洛下诗人群体"与"分司文化"。但这些研究关注的是分司官员的诗歌以及表现出来的生活状态,对于分司制度关注较少,并且把诗歌中表现出来的生活误以为分司官的日常工作。其实,分司或留守洛阳的官员,他们的第一身份还是政府官员而非诗人。在研究他们诗歌的时候,就文学的表象而谈,忽略了制度本身的重要性。
② 龚延明:《宋代官制辞典》,中华书局1997年版,第668页。
③ 包伟民:《唐宋城市研究学术史批判》,收入《宋代城市研究》,第35-38页。
④ 《韩昌黎文集校注》卷二,上海古籍出版社1986年版,第149-150页。
⑤ 勾利军:《唐代东都分司官研究》,上海古籍出版社2007年版。本书是作者在2002年完成的博士论文基础上修改而成的。作者还陆续发表了一系列有关东都分司官的文章,都收录此书中,此处不再单列。

职权、生活进行讨论,从而使我们对分司制度有了一个全局的认识。在梳理东都分司官的过程中,也存在着个别问题:其一,利用《唐六典》中有关两都机构的设置、制度的规定,探讨东都分司官,是否合适。《唐六典》毕竟代表的是开元二十六年(738)前后的官制状态,不能反映中晚唐时期的变化,唐后期中央尚书省都已发生显著变化,中晚唐使职差遣、职事官阶官化等也反映在东都分司官中。分司只是整个唐代职官制度中的一部分,其变化除了与自身职能变迁有关,更与整个唐代的官制变化有关。吴宗国早已指出"后人在研究唐朝政治制度时,往往把《唐六典》所述制度作为整个唐朝的政治制度来加以论述,并且用唐朝各个时期的史料,特别是唐朝后期的史料来加以论证"。① 其二,对东都留守官与分司官的认识不够清晰。作者依据郁贤皓《唐刺史考全编》梳理了历任东都留守,认为"留守则一身二任,既是东都地方的最高行政首脑,也是东都尚书省及其东都中央职官的最高长官"。② 其实,东都留守本官是分司官长官,留守是兼任,防御使也是兼任,是使职,需要理清留守的这些"官职差遣"中哪些才是重要的,是作为分司官长官还是留守府责任人。

在东都留守方面,程存洁最早关注到留守这一群体。他的《唐代东都留守考》一文,专门就东都留守沿革、执掌、僚佐进行考察,认为东都留守从唐前期到后期地位在衰落,而这种转变与洛阳在唐代地位渐衰有关③。此文的价值在于梳理了东都留守的变迁,并且参照严耕望《唐代方镇使府僚佐考》,依据传统史籍以及出土墓志材料,复原了部分留守府内的僚佐系统,首次指出留守府存在一个类似于藩镇的僚佐体系。石云涛《唐代幕府制度研究》进一步指出,东都留守府幕府化,东都留守形同藩镇,但地

---

① 吴宗国:《盛唐制度研究的几点思考》,载其主编《盛唐政治制度研究》,上海辞书出版社2003年版,第13页。
② 勾利军:《唐代东都分司官研究》,第46页。
③ 程存洁:《唐代东都留守考》,载《魏晋南北朝隋唐史资料》第13辑,武汉大学出版社1994年版,第112-123页。后该文收入氏著《唐代城市史研究初篇》上编,此书上编为"唐代东都研究",围绕东都的城市变迁、东都留守的演变、城市人口与礼制建筑展开(程存洁:《唐代城市史研究初篇》,中华书局2002年版)。

位不及藩镇，仅相当于观察使。① 本书与程、石两位作者共同关注东都留守，不同的是通过大量使用墓志、文集材料，对东都留守府下留守与防御两套系统的人员进行更细致考证。笔者认为东都留守府下的留守与防御系统并不是一时之设，而是贯穿唐后期的常态之制，留守系统更多地负责东都以及留守府日常行政事务，防御系统通过都畿各县的防御，最终实现拱卫洛阳城的目的。

与本书所讨论的东都职官这一研究对象最为相关的研究是苏小华《文献所见唐东都制度考略》。② 此文就东都分司、留守、河南府县的制度流变、具体执掌进行具体考证，认为从显庆二年（657）到唐末，洛阳存在着分司制度、留守制度、河南府县制度这三种不同级别的行政建制。苏小华指出，分司的职权在安史之乱后渐渐被削弱，成为官员养老的美差；留守在开元天宝年间形成固定制度，从宪宗到唐亡，留守地位随着洛阳地位的下降而衰落，成为重臣养老之位；河南府县在安史之乱前，因为首都所在，河南尹以严猛为主，安史之乱后则以清静舒缓为主。本书在苏文研究基础上，主要有两点推进：一是利用近年新出土的墓志，补充唐后期留守府与分司官的具体事例，这些对于呈现留守府之留守与防御系统尤为重要。二是理清了东都留守府、分司官、河南府三者职能上模糊的地方，此为之前研究所未明示。

近年来，涉及东都职官方面的研究主要有万晋对安史之乱后河南尹的变动、洛阳与周边藩镇关系所做的研究。③ 万晋认为，安史之乱后，洛阳地位虽在下降但依然重要，河南尹作为河南府最高长官对战乱后的洛阳发挥了重要作用，这种作用显然不是东都分司所能比拟的。她主要利用唐人文

---

① 石云涛：《唐代幕府制度研究》，中国社会科学出版社2003年版，第233—237页。
② 苏小华：《文献所见唐东都制度考略》，硕士学位论文，陕西师范大学2002年。后来作者在此文基础上发表《唐代洛阳的地域文化与职官制度》（《中国历史地理论丛》2004年第3期，第43—46页）一文，认为洛阳职官制度的特殊性是洛阳文化繁荣的部分原因，指出洛阳职官制度的特殊表象是存在分司与河南府，会有大量官员在此聚集。
③ 万晋：《安史之乱后的洛阳》，博士学位论文，北京师范大学2013年。后增订出版《"变动"与"延续"视角下的唐代两京研究》一书（商务印书馆2018年版）。

集观察代宗到宪宗朝洛阳与周边"中原型"藩镇的关系,认为洛阳对中央与藩镇都具有重要战略意义,是双方抗衡的焦点,强调这是"皇帝不再行幸的洛阳在这一时期对于唐王朝的重要意义及价值所在"。在统一中原王朝中,洛阳一直具有重要战略意义。因为不同历史时期面临的政治军事形势不同,战略意义具体所指有所不同。本书与万文都关注到唐后期的河南府(尹)、东都留守(府),所不同的是本书以东都职官的设置为切入点,通过东都职官设置,特别是唐后期留守府的组织、运行以及分司机构的设置、实施,探讨东都职官的特殊性,进而窥视唐后期洛阳在政治上呈现出的面貌。

最后需要说明的是本书并非采用新的研究范式,主要在以往有关东都职官研究的基础之上,充分利用20世纪90年代以来,特别是近十余年来洛阳地区新出土的唐人墓志,通过对留守与分司的考察,进一步深化对唐代洛阳职官若干问题的认识。

其一,加深对唐代两都制的理解,重新认识唐后期的洛阳。高宗显庆二年(657)洛阳升为"都"之后到安史之乱以前,洛阳一直作为唐代两大政治中心之一,此为人所熟知。安史之乱后的洛阳,不再是政治权力中心,但一直保持着作为都城的政治权威,这里有中央机构的派出机构——东都分司,有都畿的使府——留守府,有象征都城意义的太庙、太学等,此为以往所忽视。

其二,唐后期洛阳存在三种不同类型的机构,东都分司作为中央机构的派出机构,东都留守府作为东都、都畿地区最高行政机构,河南府作为地方行政机构,三大机构各自有清晰的层级设置与职能所重。三者之间,既有合作,也有不协之处。

其三,唐后期东都最高行政长官为东都留守,为一使职,由他官兼任(通常是六部尚书,非河南尹也),在兼任留守的同时,也兼任都畿的防御使,同时判东都尚书省。

第一章 唐代留守与分司的初置

唐代在西京长安、东都洛阳、北都太原都曾设置留守,设置留守也并非是唐朝所独有的政治现象,"旧制,天子巡守、亲征,则命亲王或大臣总留守事"。① 有唐一代,留守有多种:东西两京设都城留守,两京内设置有皇城留守,特殊的宫殿留守(如大明宫、上阳宫留守),还有行宫留守,皇帝陵留守等。本书讨论都城留守,具体是在东都洛阳设置的东都留守。都城设留守在唐朝已成为常态现象,并走向制度化,为此后的宋朝所继承,宋朝设有四京留守。②

除东都留守外,东都还有分司官,所谓分司即中央机构的派出机构,称为东都分司,官员为分司官。③ 分司官源于唐代的两都制,虽然在最初时分司官常因留守东都被称为留守官,但在逐渐发展过程中,到后期,分司与留守成为两类不同职官体系。分司作为中央机构在东都的派出机构,呈现其中央性,留守官是东都畿(包括河南府在内)的最高地方行政机构,具有都畿的特殊性。

分司、留守官在唐后期成为常态化制度,并为此后的宋朝所沿袭。④ 本章对留守与分司官在唐初设置的情况进行考察,进而区分留守官与分司

---

① (元)脱脱撰:《宋史》卷一六七《职官志七》,中华书局1977年版,第3959页。
② 《宋史》卷一六七《职官志七》,第3959–3960页。
③ 需要指出的是,东都在唐前期特别是高宗、武后以及玄宗开元二十四年前,皇帝常往返居于东西两都,居住在东都时,东都就是实际的政治中心,也就不存在"分司"的现象。龚延明:《中国历代职官别名大辞典》,上海辞书出版社2006年版,第138页。"分司"条目简要介绍唐宋分司,不过认为唐代分司官"实无职事"等看法有误。
④ 龚延明:《中国历代职官别名大辞典》,上海辞书出版社2006年版,第138、610页。

官两类不同的职官体系。

第一节　唐前期留守设置情况考察

一、唐代留守设置缘起

《礼记·文王世子》记载:"其在军,则守于公祢,公若有出疆之政,庶子以公族之无事者守于公宫,正室守太庙,诸父守贵宫贵室,诸子诸孙守下宫下室。"[①]唐代孔颖达疏证云:

> 此一节明庶子从行在军,及公行,庶子留守之事……上云在军,谓庶子之官从公出行,此云公若出疆,庶子不从公行,在国掌其留守,对上在军,故知此出疆是朝觐会同,非出军也。其庶子之官,公有朝觐会同,不从公行。既掌留守公宫,若征伐出军,庶子不从公行,亦是所掌留守之事。[②]

孔颖达的话可代表唐人对"留守"这一政治现象的认识。追溯"留守"一词的出现,会发现到汉代以后"留守"二字才较多使用,到三国两晋南北朝时期开始频频设置留守来守卫都城。[③] 北周平齐后,奖赏留守人员,《隋书》卷六二《柳彧传》载:

> 平齐之后,帝大赏从官,留京者不预。彧上表曰:"今太平告始,信赏宜明,酬勋报劳,务先有本。屠城破邑,出自圣规,斩将搴旗,必由神略。若负戈擐甲,征扞劬劳,至于镇抚国家,宿卫为重。俱禀成算,非专己能,留从事同,功劳须等。皇太子

[①][②] (汉)郑玄注,(唐)孔颖达疏:《礼记正义》卷二〇,北京大学出版社1999年版,第642页。
[③] 陆冰:《唐代留守研究》,硕士学位论文,上海师范大学2013年。

第一章 唐代留守与分司的初置

以下，实有守宗庙之功。昔萧何留守，茅土先于平阳，穆之居中，没后犹蒙优策。不胜管见，奉表以闻。"于是留守并加泛级。①

经柳彧上表，留守人员得以"并加泛级"，说明留守都城的重要性。降至隋朝，留守的设置开始呈现常态化。这与炀帝时将洛阳作为东都，隋朝"两都制"正式确立有关，留守制也因两都的出现而稳定，呈现常态化。以上是对唐朝之前出现的留守这一政治现象的简要回顾。

高宗时确立长安、洛阳为唐王朝的两大都城，前期帝王居住于东西两都，其在一都时，另一都设立留守以总大政，留守的官员被称为留守官。在东都洛阳、西京长安都曾设置过留守官，所以说，留守官是皇帝制度、两都制的产物，伴随着皇帝在两都的活动而设置。开元二十四年（736），玄宗从洛阳返回长安，此后唐朝皇帝再未前往洛阳，而是通过设置东都留守——作为东都、都畿地区最高行政长官，直接管理洛阳所在的东都畿地区。

关于唐代留守制的来源，史籍中记载不一，导致今人的认识有所不同，因此有必要理清唐代留守制度的缘起。一般讨论留守制度的来源时，经常引用《通典》卷三三《州郡下》的记载：

> 留守，周之君陈，似其任也。此后无闻。后汉和帝南巡，祠园庙，张禹以太尉兼卫留守。晋张方劫惠帝幸长安，仆射荀藩等与其遗官在洛阳为留台，承制行事，号为东西台。至安帝时，刘裕置留台，具百官。又后魏孝文南伐，以太尉元丕、广陵王羽留守京师，并加使持节。大唐留守之制，盖因此也。②

此条内容追溯了唐代留守制度的历史来源。

到了宋代，在追溯留守制度的源头时，开始产生不同看法。分歧在于对留守这一政治现象与政治制度的不同认识。高承《事物纪原》卷六"留

---

① 《隋书》卷六二《柳彧传》，第1481页。"泛级"，《北史》卷七七《柳彧传》作"品级"，第2622页。
② 杜佑撰，王文锦、王永兴等点校：《通典》卷三三《州郡下》"京尹"条，中华书局1988年版，第904页。

守"条认为：

> 成王命君陈分正东郊成周。《通典》记以李晦为西京留守。开元十一年太原府置尹，以尹为留守，谓之三都留守。《唐志》云："车驾不在京，则置留守。此盖命官之始也。宋朝则曰兼某京留守司事也。"①

此则采用《通典》之记载。这里需要注意的是留守与留守司的不同，其实宋朝的留守司是融合了唐代东都留守与分司官两套职官体系后形成的。②

吴曾《能改斋漫录》卷二"留守"条云：

> 留守二字，按《汉外戚·吕公传》："戚姬常从上之关东。吕后年长，常留守，希见，益疏。"高承《事物纪原》乃云"留守始于唐"，非也。③

此处即是单纯以"留守"这一政治现象来看留守制度的设置时间，有失偏颇。

王楙《野客丛书》卷一五"萧何留守"条云：

> 《漫录》曰："'留守'字，案《汉外戚传》，戚夫人从上之关东，吕后常留守。高承《事物纪原》乃言留守始唐，非也。"仆谓汉高祖出征，留萧何守关中，此正留守本意。后之所谓留守者，正祖此尔。吕后妇人，岂所当据。其后如晁错请居守，光武以寇恂守河内，晋惠帝幸长安，苟藩在洛阳留台承制，隋炀帝幸辽东，命樊子盖东都留守，似此不一。高承《事物纪原》谓留守起于唐，何其太卤莽耶！推而上之，则又出于石祁子守之意。后观《史记·越世家》，吴王北会诸侯于黄池，惟太子留守，知此意又远矣。④

王楙认为吴曾、高承之说均谬误，应以《史记》所载汉代以太子留守

---

① 高承：《事物纪原》卷六"留守"条，第314页。
② 有关宋代留守司，详见龚延明：《宋代官制辞典》，中华书局1997年版，第527页。
③ 吴曾：《能改斋漫录》卷二"留守"条，第18页。
④ 王楙：《野客丛书》卷一五"萧何留守"条，第167页。

第一章 唐代留守与分司的初置

京城为制度首创。

以上不同看法根植于对留守作为现象与制度出现的不同认识。其实，任何制度都是一个动态变化的过程，汉代在皇帝离京之时设立留守，南北朝时期，多次设立过留守，据《唐代留守研究》对南朝与北朝时期留守统计来看，南北朝时期的留守多作为动词使用，常用某人留守某地或某人以某某职官留守的形式来记载①。到隋朝，特别是炀帝确立两都后，又因多次离开都城巡访、征讨等，常留太子或大臣于京都等重要之地留守，留守的设置开始常态化。

隋朝频繁设置的留守，特别是两京留守便是唐代两京留守制直接制度来源。

炀帝多次离开都城时，东都是防御部署的重点之一。"帝每巡幸，侗常留守东都。杨玄感作乱之际，与民部尚书樊子盖拒之。及玄感平，朝于高阳，拜高阳太守。俄以本官复留守东都。"②樊子盖任东都留守保卫东都，抵抗杨玄感起兵冲击一事，《隋书》卷六三《樊子盖传》所载更详：

(大业)九年，车驾复幸辽东，命子盖为东都留守。属杨玄感作逆，来逼王城，子盖遣河南赞治裴弘策逆击之，返为所败，遂斩弘策以徇。国子祭酒杨汪小有不恭，子盖又将斩之。汪拜谢，顿首流血，久乃释免。于是三军莫不战栗，将吏无敢仰视。玄感每尽锐攻城，子盖徐设备御，至辄摧破，故久不能克。会来护儿等救至，玄感解去。子盖凡所诛杀者数万人。③

樊子盖作为东都留守，在杨玄感谋叛中担任守护东都、诛杀叛军的重任，成功抵抗住对方的攻击。到大业十三年（617），当全国纷纷起兵之时，炀帝选择避乱江都，临走前安排重臣留守东都："复令侗与金紫光禄大夫段达、太府卿元文都、摄民部尚书韦津、右武卫将军皇甫无逸等总留

---

① 陆冰：《唐代留守研究》，硕士学位论文，上海师范大学2013年，第19页。
② 《隋书》卷五九《越王杨侗传》，第1438页。
③ 《隋书》卷六三《樊子盖传》，第1491页。

· 15 ·

台事。"① 在李密逼近东都之时，东都附近官员积极与东都留守联系，商讨防御一事，"诏令慈明安集瀍、洛，追兵击密……慈明潜使人奉表江都，及致书东都留守，论贼形势。"② 在王朝危难之时，都城留守确实起到保卫都城的作用。

纵观整个隋代设置的留守中，最为人熟知的莫过于太原留守李渊。大业十三年（617），隋炀帝任命李渊为太原留守③，《唐俭传》《刘政会传》《武士彟传》皆记载了李渊为太原留守事④。秋七月，当李渊起兵进军关中时又以其子元吉为镇北将军、太原留守，⑤想必李渊熟知留守一职的重要性。

唐朝立国以长安为都，太宗时改洛阳称洛阳宫，并三次行幸洛阳宫。高宗显庆二年（657）正式改洛阳为东都，官员设置同京官，⑥洛阳正式成为唐王朝的东都。高宗采取了一系列营修洛阳城的措施⑦，武则天一朝长期以洛阳为实际首都。唐朝两都制在高宗时正式确立下来，皇帝居于一都时，另一都设立人员留守，两京留守的设置也就常态化。此外，到开元时，因太原为李家王朝的龙兴之地，太原也得以常置留守，这是唐代最初设置三都留守的大致经过：

> 初，太宗伐高丽，置京城留守，其后车驾不在京都，则置留守，以右金吾大将军为副留守；开元元年，改京兆、河南府长史复为尹，通判府务，牧缺则行其事；十一年，太原府亦置尹及少尹，以尹为留守，少尹为副留守：谓之三都留守。⑧

过去在谈到唐代都城时，往往会提到"多京制"与"陪都"⑨这些说

---

① 《隋书》卷五九《越王杨侗传》，第1438页。
② 《隋书》卷七一《冯慈明传》，第164-165页。
③ 《新唐书》卷一《高祖纪》，第2页。
④ 《旧唐书》五八《唐俭传》，第2305页；同卷《刘政会传》，第2313页；同卷《武士彟传》，第2317页。
⑤ 《旧唐书》卷一《高祖纪》，第3页。
⑥ 《旧唐书》卷三八《地理志一》，第1422页。
⑦ 季爱民：《唐高宗经营东都始末考论》，《中国典籍与文化》2010年第2期，第113-123页。
⑧ 《新唐书》卷四九下《百官志四下》，第1311页。
⑨ 勾利军：《唐代长安、洛阳作为都城和陪都的气候原因》，《史学月刊》2002年第2期。

法，其实严格意义上，唐代虽短暂设置过多京，但五京的设置乃是战争时期非常状态下的临时之举。至德二载（757）十二月"置凤翔府，号为西京，与成都、京兆、河南、太原为五京"。①宝应元年（762），又"以京兆府为上都，河南府为东都，凤翔府为西都，江陵府为南都，太原府为北都"。②实际上，在整个唐代，人们对于都城的理解都是长安与洛阳两都。太原虽然因龙兴之地而长期作为"北都"，《唐六典》载"京兆、河南、太原为三都"，③也偶见太原作为北都的安排，如"三都留守""三都之县"。但就政治、经济、文化地位与意义，太原远不能和东西两都相比。翻检两《唐书》中两京、两都等称谓较为普遍。《旧唐书·地理志》注明每一州"在京师某某里，去东都某某里"，《唐会要》中对"两京"的制度规定，会昌年间讨论东都是否营修东都太庙一事，大臣在讨论中多处提及"今之两都""今国家崇东西之宅"④，都在昭示着唐朝的两都制。《旧唐书》卷二六《礼仪志六》载会昌六年（846）就东都太庙立不立神主时，有大臣在回溯唐代两都制：

> 历代以降，建一都者多，两都者少。今国家崇东西之宅，极严奉之典，而以各庙为疑，合以建都故事，以相质正，即周、汉是也。今详议所征，究其年代，率皆一都之时，岂可以拟议，亦孰敢献酬于其间？详考经旨，古人谋寝必及于庙，未有设寝而不立庙者。国家承隋氏之弊，草创未暇，后虽建于垂拱，而事有所合。其后当干戈宁戢之岁，文物大备之朝，历于十一圣，不议废之。岂不以事虽出于一时，庙有合立之理，而不可一一革也？今洛都之制，上自宫殿楼观，下及百辟之司，与西京无异。⑤

一言以蔽之，唐朝虽然也曾因形势需要设置过多都，但不能因为设置

---

① 《旧唐书》卷三八《地理志一》，第1402页；《新唐书》卷六《肃宗纪》，中华书局1975年版，第165页。
② 《新唐书》卷六《肃宗纪》，第156页。
③ 《唐六典》卷三《尚书户部》，中华书局1992年版，第72页。
④ 《旧唐书》卷二六《礼仪志六》，第986、991页。
⑤ 《旧唐书》卷二六《礼仪志六》，第991页。

多个都城就称为"多都制",唐朝长期存在的是"两都制"。① 明乎唐代的两都制,有助于理解都城留守,特别是东都留守的设置意义②。

二、洛阳宫留守的设置

唐初最早在洛阳设置的留守是太宗时期的洛阳宫留守,其设置缘起是政治形势所需。隋朝末年,李渊依靠"关陇集团"之力量,奉行"关中本位政策",以长安为都,建立唐朝。至武德四年(621),收复洛阳。在收复洛阳的过程中,李世民屡立功勋,加号天策上将、陕东道大行台,在此过程中积累了政治军事资本,凭借洛阳独特的社会、经济、军事等优势,发展山东权力集团和地方势力,并最终倚靠其夺得政权③。洛阳对于唐王朝的重要性,太宗自然深有体会。故而,从太宗时开始着手对洛阳的建设,这种建设表现为两方面:①都城建筑的营建,多次提出营建洛阳宫的计划;②政治与制度的层面,通过巡幸、在洛州置选等政治性措施,提高洛阳的政治地位。

首先来看太宗一朝对洛阳宫的营修举措。从贞观四年至八年(630—634),太宗多次提出要修建洛阳宫而屡被阻止。第一次是贞观四年六月太宗令修洛阳宫,以备巡幸,被张玄素劝止。给事中张玄素上书谏曰:"洛阳未有巡幸之期而预修宫室,非今日之急务。昔汉高祖纳娄敬之说,自洛阳迁长安,岂非洛阳之地不及关中之形胜邪!"④ 接着又陈述营修洛阳宫劳民伤财的理由。第二次是贞观五年,被戴胄劝止,其理由是国家人力、物

---

① 把唐代的两都制称为"复都制"也是不准确的。有关复都制这样的提法,详见妹尾达彦:《陪京的诞生——6-12世纪东亚复都史再析》,收入包伟民、刘后滨主编:《唐宋史评论》第5辑,社会科学文献出版社2019年版。
② 因不同历史阶段洛阳名称的变化,史籍中有多种不同称谓:洛阳宫留守、神都留守、东京留守或东都留守等,此处皆以东都留守来指称。
③ 萧锦华:《唐代前期之河南府》,硕士学位论文,香港中文大学1996年,此部分后有扩充见其博士论文《唐代前期的洛州:軍事的要衝から政治的中心へ》,博士学位论文,京都大学2001年。
④《资治通鉴》卷一九三贞观四年六月条,第6079页。

力不足以支撑。①第三次是贞观八年，中牟丞皇甫德参上言重申营修洛阳宫劳民伤财的理由。②太宗之所以反复提出营修洛阳宫，其原因在第一次张玄素上书后就此事与房玄龄的谈话中已表明："朕以洛阳土中，朝贡道均，意欲便民，故使营之。今玄素所言诚有理，宜即为之罢役。后日或以事至洛阳，虽露居亦无伤也。"③可见太宗营修洛阳宫的目的，巡幸之需只是表面理由，更深层次的原因在于对洛阳地理位置、经济、社会因素的考虑，这样的考虑从隋炀帝到武则天时代是一以贯之的。太宗营修洛阳宫计划均被大臣以唐初国家重任在恢复发展生产，人力、财力不足劝阻后，并没有放弃对洛阳的经营。

几次大修洛阳宫的计划搁置后，太宗开始积极亲幸洛阳。在东幸期间，也对洛阳城进行小规模营修，每遇灾害，都会下诏营修④。太宗朝三次亲临洛阳，第四次未能成行。第一次是在贞观十一年（637）二月到十二年二月；第二次是贞观十五年（641）正月到十一月，期间打算第二年封禅泰山而未成行终止；第三次是贞观十八年（644），东征辽东，路过洛阳并在此做准备工作；第四次为贞观二十一年（647），计划于第二年去泰山封禅，令朝集使与选举人集于洛阳宫⑤，最终未能成行。除去第三次征辽东特殊情况外，前两次史书记载未见经济方面的原因⑥。笔者以为可以重新审视太宗第一次提出营修洛阳宫时陈述的理由"洛阳土中，朝贡道均，意欲便民，故使营之"，从中来看太宗为何行幸洛阳，答案即政治、经济需要。这样的认识与隋炀帝营建东都洛阳的诏书中所云"洛邑自古之都，王畿之内，天地之所合，阴阳之所和。控以三河，固以四塞，水陆通，贡赋等。故汉祖曰：吾行天下多矣，唯见洛阳"⑦是一脉相承的。高宗

---

① 《旧唐书》卷七〇《戴胄传》，第2534页。
② 《资治通鉴》卷一九四贞观八年十二月条，第6109页。
③ 《资治通鉴》卷一九三贞观四年六月乙卯条，第6079页。
④ 张龙：《唐代自然灾害应对研究》，博士学位论文，北京大学2012年，第96—97页。
⑤ 《唐大诏令集》卷六六《封禅诏》："其今年朝集使宜集洛阳宫"（中华书局2008年版，第369页）；《停封禅诏》："其朝集使及选举人等，前令诣洛阳宫，可依常年集限，并赴京师"（第369页）。
⑥ 全汉昇：《唐宋帝国与运河》，商务印书馆1946年版，第20页。
⑦ 《隋书》卷三《炀帝纪上》，第61页。

《建东都诏》"此都中兹宇宙，通赋贡于四方，交乎风雨，均朝宗于万国"①与隋炀帝、唐太宗的理由也是一致的。从隋朝到唐初，对于洛阳重要性的认识，从来没有降低过。"'洛阳土中，朝贡道均'的思想，是弥漫在中古士人脑海中的一种常识。"②

具体到太宗一朝洛阳宫留守的设置经过，以下简要梳理。贞观十七年（643），太宗亲征辽东，以房玄龄为京城留守，萧瑀为洛阳宫留守，将"萧何之任"委托给二人。③《唐会要》卷六七《留守》载太宗诏曰："公当萧何之任，朕无西顾之忧矣。军戎器械，战士粮廪，并委卿处分发遣。"④设置留守的原因在于太宗出师辽东，长安与洛阳空虚，故而以重臣房玄龄、萧瑀分领两京。

贞观十八年（644），阎武蓋为洛阳宫留守，洛阳龙门西山有"洛阳宫留守阎武蓋造像记"⑤。

贞观二十一年（647），周护"奉敕于洛阳留守"。⑥

贞观二十三年（649）六月，高宗在长安即位后诏"叠州都督、英国公（李）勣为特进、检校洛州刺史，仍于洛阳宫留守"。⑦此前李勣"出为叠州都督、寻除特进、检校［洛］州刺史，朕纂承平绪，延想旧勋，又授公开府仪同三司、尚书左仆射"⑧。

另有一例洛阳宫留守的设置，无法确定其具体时间。《册府元龟》卷六

---

① 徐坚：《初学记》卷二四《居处部》，中华书局1962年版，第565页。
② 孙英刚：《洛阳测影与"洛州无影"——中古知识世界与政治中心观》，《复旦学报》2014年第1期，后收入其著《神文时代：谶纬、术数与中古政治研究》，上海古籍出版社2015年版，第35–62页。他指出："长安与洛阳之争，几乎贯穿了唐代以前所有的时代。以洛阳否定长安，也是常用的政治手段","武则天贬抑长安而崇尚洛阳，所能依据的最重要的思想基础，就是洛阳为天下之中的传统理念"。
③ 《唐会要》卷六七《留守》，第1400页；《资治通鉴》卷一九七贞观十九年正月条，第6216页。
④ 王溥撰：《唐会要》卷六七《留守》，上海古籍出版社2006年版，第1400页。
⑤ 《龙门石窟碑刻题记汇录》0159号"洛阳宫留守阎武蓋造像记"，第40页。
⑥ 《全唐文补遗》（一）《周护碑》，第20–21页。
⑦ 《旧唐书》卷四《高宗纪上》，第66页。
⑧ 《金石萃编》卷五九《李勣碑》，新文丰出版公司1982年版；"石刻史料新编"第1辑第2册，第1007页。

九七《牧守部·酷虐》蔺谟"武侯大将军令,于洛阳宫留守"①;《大唐新语》卷七载"刘童为御史东都留台时,蔺谟为留守"②。又《贞观政要》卷九载有蔺谟事迹,见于贞观年间。

从太宗朝设置的留守情况来看,此时已经形成重臣留守洛阳的惯例。在洛阳首次设立留守是贞观十七年(643)太宗出征时,到后来贞观十八年、十九年、二十一年、二十三年等都一直设置洛阳宫留守。正如隋炀帝修建洛阳城的诏书中所揭示的"自古皇王,何尝不留意,所不都者,盖有由焉,或以九州未一,或以困其府库,作雒之制,所以未暇也"③。洛阳对于中原王朝的重要性,使得太宗屡屡提出营修洛阳的计划,在计划被劝止后,开始通过设立留守来强化洛阳的地位。洛阳在太宗朝臣心目中的地位已经通过太宗一朝的经营所奠定,所以高宗时升洛阳为"都"是水到渠成,继承太宗朝对洛阳的定位。

三、东都留守设置常态化

显庆二年(657)十二月,高宗"手诏改洛阳宫为东都,洛州官员阶品并准雍州"④,改洛阳为东都,第一次将洛阳政治地位上升到国家首都层面。正如《剑桥中国隋唐史》指出的那样:"朝廷事实上已于太宗时期分三次迁到洛阳。但在657年,它被正式定为第二个首都,而不是朝廷的行宫。662年甚至还在那里办起东都国子监。从此,整个朝廷经常迁往新都去处理公务,长期成为定制。虽然在空荡荡的京师始终保持着一个小小的留守政府,但实际上不但整个皇室及其随从,而且中央政府的全部行政机构在这几次迁移中也转移一空。"⑤进而指出迁都的原因,从政治上解释是

---

① 《册府元龟》卷六九七《牧守部·酷虐》,第8050页。
② 刘肃撰,许德楠、李鼎霞点校:《大唐新语》卷七,中华书局1984年版,第106页。
③ 《北史》卷一二《隋炀帝纪》,第441页。
④ 《旧唐书》卷四《高宗纪上》,第77页。
⑤ [英]崔瑞德编:《剑桥中国隋唐史(589—906年)》,中国社会科学出版社1990年版,第231页。

西北政治势力的全盛期已经过去；从经济上解释是洛阳有充裕的粮食供应。另外，传统史家如岑仲勉提出高宗以后皇帝东到洛阳并非由于经济因素，高宗、武则天、玄宗均是出于一己之私由（私生活偏好）。① 今天再来看迁都洛阳的理由时，政治、经济因素无疑是决定性因素。正式确立洛阳东都地位后，高宗一直往返于两京，其在一都时，另一都会派人留守。

永徽五年（654）高宗离开长安前往万年宫时，"（阎立德）留守京师，领徒四万治京城。"② 显庆二年（657）高宗到洛阳，安排于志宁留守京城。③ 显庆四年、龙朔初，李宽两任东都留守。《李宽神道碑》载："显庆四年，擢拜太子詹事。……是岁，兼检校右武侯大将军。驾幸并州，诏公东都留守，检校礼部、吏部、户部三尚书及东宫十六司事。龙朔初，幸合璧宫，又讲武于广成泽，咸委公留守。"④ 以上是洛阳在升为东都后设立东都留守的人员情况。麟德二年（665）再到洛阳时，又以李宽为京师留守，右威卫大将军李孟常也留守京城承担"关中之任"⑤，从其职务来看，应是担任皇城、宫城的留守防卫工作。咸亨二年（671）高宗到洛阳，以雍州长史李晦为西京留守，"关中之事，一以付卿。但令式䟃人，不可以成官政。令式之外，有利于人者，随即行，不须闻奏"⑥。说明留守在皇帝不在都城时，有相当的行政自主权，处理各种政务。⑦ 咸亨四年（673）《董仁墓志》的撰者杨再思署衔"东都留守御史兼敕勾大使"⑧，可知杨再思为留守东都之御史。仪凤三年（678）高宗居东都，冯师训"除太子左监门副率，敕

---

① 岑仲勉《高、玄二宗频幸东都及武后长期留居之问题》，见其著《隋唐史》，商务印书馆2015年版（据亚东图书馆1923年版排印），第128-133页。
② 《新唐书》卷一〇〇《阎立德传》，第3941页。
③ 《金石萃编》卷五六《于志宁碑》，第933页。
④ 权敏：《新见〈唐太常卿陇西公李宽碑〉考释》，《文博》2016年第6期。
⑤ 《李孟常碑》，见孙迟：《唐李孟常碑——昭陵新发现碑刻介绍之四》，载《考古与文物》1985年第5期，第56-60页。
⑥ 《唐会要》卷六七《留守》，第1400页。
⑦ 具体京师留守职责，见李永：《唐代京师留守研究》，载《唐研究》（第21卷），北京大学出版社2015年版，第339-355页。
⑧ 《全唐文补遗》（三）《董仁墓志》，第19页。

第一章 唐代留守与分司的初置

于京皇城留守"①。调露至永淳年间，高宗、武后前往洛阳时，于遂古两任京留守，"调露初岁，驾幸神都，奉敕于京留守。永淳元年，天皇幸洛，又敕京留守，兼知禁御"②。第二次任京留守时"兼知禁御"，即负责宫城、皇城的看守，墓志中云"帝城百雉，圣宅千门。森沉指青琐之闱，缭绕经紫泉之苑。銮舆顺动，凤辇宣游。留镇之职，诚为重寄"，正是对留守之职的描写。

从以上高宗朝留守设置的情况可以看出，此时留守人员的职能已有明确划分，留守人员分为两类：一为留守，为都城最高负责人，由文官担任，辖各司之事，此时东都已经设置中央机构的留守；一为诸卫将军，为武职人员，负责护卫皇城。于遂古墓志中特意交代他"敕京留守，兼知禁御"，由此可知，都城留守与留守皇城、宫城的内郭城留守职责是不一样的，不然不会特意交代他"兼知禁御"。高宗时，东都已经设置各类中央机构，李宽于东都留守"检校礼部、吏部、户部三尚书及东宫十六司事"，杨再思为"东都留守御史兼敕勾大使"等都说明，此时东都已具备中央机构，在皇帝不在时设人员留守。

武则天一朝，从登基到神龙政变，其间除长安元年（701）十月到长安三年居于长安及外出封禅等时间外，其他时间一直居住在洛阳以及附近行宫。居洛期间，在长安设立留守，在长安的三年中，分别以李峤、韦巨源、敬晖等担任东都留守或副留守。其留守的设置分工与高宗朝相同，由文臣为留守，皇城、宫城由禁军留守。之后的中宗、睿宗，都设置西京、东都留守。③

武则天一朝东都留守的设置同高宗朝一样，分为文职人员与武职宿卫军。文职人员以东都留守为最高行政长官，留守选任下属，处理行政事务。《旧唐书》卷一〇二《徐坚传》载："圣历中，车驾在三阳宫，御史大夫

---

① 《全唐文补遗》（三）《冯师训墓志》，第5—6页。
② 《唐代墓志汇编续集》圣历019《于遂古墓志》，第374页。
③ 详见附录"历任东都留守统计表"。

杨再思、太子左庶子王方庆为东都留守，引坚为判官，表奏专以委之。"① 可知唐前期留守居任期间已开始设专门的文职僚佐。

至于设置的留守，的确能发挥保卫都城安全的作用。景云元年（710），中宗在长安，李重福谋划在东都发动政变。《旧唐书》卷八六《李重福传》载：

> 洛阳人张灵均进计于重福曰："大王地居嫡长，自合继为天子。相王虽有讨平韦氏功，安可越次而居大位。昔汉诛诸吕，犹迎代王，今东都百官士庶，皆愿王来。王若潜行直诣洛阳，亦是从天上落，遣人袭杀留守，即拥兵西据陕州，东下河北，此天下可图也。"②

张灵均为李重福分析占领东都的理由，一为东都地位关键，占领可以号令全国，而且"东都百官"说明东都有相当一部分留守的官员；二为东都此时防御稍弱，只需要除掉留守即可。关于此次叛变的详细经过，《旧唐书》卷八六《李重福传》详载：

> 王道始至东都，俄有泄其谋者，洛州司马崔日知捕获其党数十人。顷闻重福至，王道等率众随重福径取左右屯营兵作乱，将至天津桥，愿从者已数百人，皆执持器仗，助其威势。侍御史李邕先诣左掖门，令闭关拒守。又至右屯营号令云："重福虽先帝之子，已得罪于先帝，今者无故入城，必是作乱。君等皆委质圣朝，宜尽诚节，立功立事，以取富贵。"有顷，重福果来夺右屯营，坚壁不动，营中矢射如雨。便趣左掖门，拟取留守，遇门闭，遂纵火以烧城门。左屯营兵又来逼之，重福度数穷，出自上东门而遁，匿于山谷间。明日，东都留守裴谈等大出兵搜索，重福窘迫，自投漕河而死。③

---

① 《旧唐书》卷一〇二《徐坚传》，第3175页。
② 《旧唐书》卷八六《李重福传》，第2836页。
③ 《旧唐书》卷八六《李重福传》，第2836—2837页。

第一章 唐代留守与分司的初置

最后动乱被平定,从中可以看出,留守留镇时可以兼领"百官",至于守卫内郭城左右屯营兵人数不多,不然李重福也不会贸然攻洛阳城。

开元十年(722)权梁山在京师长安联合左右屯营兵谋叛,事情发生在玄宗前往东都的时间内,玄宗于开元十年二月至东都,十一年三月才回到长安。在离开长安时,任命王志愔为京师留守,京兆人权梁山伪称襄王男,勾结屯营兵数百人,意图不轨。①《旧唐书》卷一八五上《权怀恩附权楚璧传》载:

> 楚璧,官至左领军卫兵曹参军。开元十年,驾在东都,楚璧乃与故兵部尚书李迥秀男齐损、从祖弟金吾淑、陈仓尉卢玢及京城左屯营押官长上折冲周履济、杨楚剑、元令琪等举兵反。立楚璧兄子梁山,年十五,诈称襄王男,号为光帝。拥左屯营兵百余人,梯上景风门,逾城而入,踞长乐恭礼门。入宫城,求留守、刑部尚书王志愔,不获。属天晓,屯营兵自相翻覆,尽杀梁山等,传首东都,楚璧并坐籍没。②

叛军从景风门进入皇城,进而进入宫城欲擒留守。这里提到西京留守居宫城,至于洛阳,也应如此,唐后期的东都"留守之官,居禁省中,岁时出旌旗,序留司文武百官于宫城门外而衙之"③。

中宗即位后长期居住在洛阳,神龙元年(705)二月恢复国号为"唐",即以中书令杨再思为户部尚书、同中书门下三品、京留守。④二年春正月,中宗护送武则天灵柩往长安,⑤此时以李怀远为东都留守。⑥三月甲辰"户部尚书苏瓌为侍中、京留守"⑦,当是此时中宗又离开了长安。

---

① 《旧唐书》卷一〇〇《王志愔传》,第3123页。
② 《旧唐书》卷一八五上《权怀恩附权楚璧传》,第4799页。
③ 韩愈《河南府同官记》,见《韩昌黎文集校注》,第683—684页。
④ 《旧唐书》卷七《中宗纪》,第137页。
⑤ 《旧唐书》卷七《中宗纪》,第141页。
⑥ 《旧唐书》卷九〇《李怀远传》"中宗将幸京师,又令以本官知东都留守"(第2920页)。又《新唐书》卷一九一《李憕传》续图凌烟阁功臣中李怀远结衔为:"左散骑常侍、同中书门下三品、知东都留守、赵郡公李怀远"(第5521页)。
⑦ 《旧唐书》卷七《中宗纪》,第141页。

玄宗朝的留守设置情况比较清晰。在开元二十四年（736）玄宗从洛阳回到长安之前，一直往返居住两都，两都轮番设留守。据李永《唐代京师留守研究》所统计，开元五年的京师留守为宋璟、源乾曜；开元十年为王志愔、宋璟；开元十二年为宋璟；开元二十二年为杜暹；另有李慎名也在玄宗时期担任过京师留守。① 玄宗朝开元元年至二十九年，共设十四任留守，详细情况见附录"历任东都留守统计表"。

玄宗时留守的特点表现为：正式在两京有关制度规定中明确留守的权责，即与另一都中书门下担任同样职责。《册府元龟》卷八五《帝王部·赦宥四》载开元十三年（725）正月戊子降囚徒死罪制云："都城内委中书门下当日疏决处分。京城委留守，制到日处分。"② 当时玄宗在洛阳，京城设置留守。同卷又载开元二十年（732）二月壬午制云："其上都委中书门下疏理，京城委留守。天下诸州长官，当日处理。"③ 不过这里上都即是西京，又何来"京城委留守"，查当时玄宗在长安，所以这里应该是"都城委留守"。开元二十二年（734）五月诏："其两京都城见禁囚，宜令中书门下及留守检校覆讫……天下诸司委刺史，并准此。"④《册府元龟》卷一五〇《帝王部·慎罚》开元二十三年四月壬子诏："其都城已令中书门下疏理；其京城及北都各委留守，天下诸州委本道采访使及本州长官随事决断。"⑤《册府元龟》卷八五《帝王部·赦宥四》开元二十四年四月丁丑敕："都城内宜令中书门下，京城委留守，外州委本州长官，即疏决处分。"⑥ 这五次疏狱的诏敕中指明，皇帝所在的都城由中书门下负责，另一都由留守负责，可见在玄宗时从制度层面强化了留守作为皇帝不居于此都时都城最高行政负责人的身份。

从高宗到玄宗开元年间，这一阶段的留守设置表现为留守职任的暂时

---

① 李永：《唐代京师留守研究》，载《唐研究》（第21卷），第353-354页。
②《册府元龟》卷八五《帝王部·赦宥四》，第937页。
③《册府元龟》卷八五《帝王部·赦宥四》，第941页。
④《册府元龟》卷八五《帝王部·赦宥四》，第942页。
⑤《册府元龟》卷一五〇《帝王部·慎罚》，第1684页。
⑥《册府元龟》卷八五《帝王部·赦宥四》，第943页。

性，皇帝回到西京或东都之时随即解除此都城之留守。开元二十七年去世的崔沔，① 曾"充东都副留守。十七年，有事陵庙追赠安平公及太君曰安平夫人，驾还，罢留守"。② 查玄宗开元十七年十一月辛卯发京师。回到东都后，自然要罢去东都留守官。

自玄宗开元二十四年（736）离开洛阳后，到天宝十四载（755）安史之乱发生时，未曾再有东行洛阳之举。这期间东都一直通过设置留守进行管理。

表1-1　开元二十四年（736）至天宝十四载（755）东都留守

时间	姓名	相关材料	出处
开元二十四年（736）	崔隐甫	复为刑部尚书，兼河南尹。二十四年，车驾还京，以隐甫为东都留守，为政严肃，甚为人吏之所叹服	《旧唐书》卷一八五下《崔隐甫传》
开元二十四年至二十八年（736—740）	李尚隐	二十四年，拜户部尚书、东都留守。二十八年，转太子宾客	《旧唐书》卷一八五下《李尚隐传》
开元二十九年（740—741）前	韦虚心	历户部尚书、东京留守	《旧唐书》卷一〇一《韦凑附韦虚心传》
开元二十九年（741）	裴伷先	进工部尚书。年八十六，以东京留守累封翼城县公，卒官下	《新唐书》卷一一七《裴炎附裴伷先传》
		（开元二十九年四月）丙辰，以太原裴伷先为工部尚书	《旧唐书》卷九《玄宗纪下》
天宝元年（742）	王倕	东都留守王倕	《资治通鉴》卷二一五天宝元年二月条
天宝四载（745）前后	陆景融	景融，历大理正、荥阳郡太守、河南尹、兵吏部侍郎、左右丞、工部尚书、东都留守、襄阳郡太守、陈留郡太守，并兼采访使	《旧唐书》卷八八《陆象先附陆景融传》
约天宝七载至九载（748—750）	崔翘	东京留守、礼部尚书崔翘又奏为判官	《唐代墓志汇编》天宝271《李昍墓志》
约天宝九载（750）后	张齐丘	父齐丘，朔方节度使、东都留守	《新唐书》卷一五二《张镒传》
天宝十三载至十四载（754—755）	苗晋卿	寻改河东太守、河东采访使，入为尚书、东京留守，征为宪部尚书	《旧唐书》卷一一三《苗晋卿传》

---

① 《旧唐书》卷九《玄宗纪下》，第212页。
② 《全唐文》卷三三三颜真卿《崔孝公宅陋室铭》，第3427页。

天宝十四载（755），安禄山、史思明在范阳发动叛乱时，"玄宗遣安西节度封常清兼御史大夫为将，招募于东京以御之"。东都留守李憕"与留台御史中丞卢奕、河南尹达奚珣，绥辑将士，完缮城郭，遏其侵逼"。①最后洛阳城寡不敌众。

综上来看，在安史之乱前，两京留守的设置已呈现常态化，留守以他官兼任，"检校"的性质② 开元二十四年以前，在皇帝还都城后，即解除此城留守之任。留守人员有文职有武职，其中所设西京留守、东都留守一职由重臣担任，负责处理都城日常政务，武职人员主要是左右屯营守卫皇城、宫城的安全。

第二节　唐前期东都分司设置情况考察

太宗时开始频繁往来长安、洛阳两城，高宗时确立洛阳、长安为东西两都，一直到玄宗开元二十四年（736）从洛阳返回长安，才结束了唐前期皇帝们往返于两京的状态。皇帝居住在一都时，另外一都设置人员留守，自皇帝不再东幸洛阳，洛阳作为唐王朝政治中心、权力中心时期已结束，但一直保持着曾作为都城的权威，一直到唐末。到唐亡时，东都也还有中央尚书省的分司，黄巢攻占洛阳时李磎"挟尚书八印走河阳"。③

一、何为分司

唐代后期的文献中常见有某某官分司或分司东都的记载。分司官设置

---

① 《旧唐书》卷一八七下《李憕传》，第4889页。
② 《册府元龟》卷五〇一《邦计部·钱币三》载："开元四年十一月诏曰：如闻东都用钱，渐有变动，留守及河南尹作何检检？宜敕刘知柔、单思远稍自勖励，严加捉搦"（第5684页）。
③ 《新唐书》卷一四六《李廙附李磎传》，第4746页。

第一章 唐代留守与分司的初置

的缘起，宋代典籍中一般都会提到承袭唐朝而来。《却扫编》卷上："唐东都有尚书省，留守兼判其余百司，略如京师。居其官者谓之分司，大抵皆闲秩，故当时有诗云'犹被妻孥教渐退，莫求致仕且分司'是也。"①

清代王鸣盛《十七史商榷》卷八五《分司官》：

> 唐都长安，洛阳为东都，相去非远。其官阙盖亚于西都，不特人主临幸频数，而官于朝者，亦多置别业于其中。士自江淮来者，至此则解装憩息焉。又设为分司官，不关政事而食其禄。本以处罢黜之人，或既远黜，复量移于此。而性乐恬退者，亦或反而求为之。此其制颇似明南京官，而宋奉祠亦似之。②

基本代表了从宋代开始对唐代分司官的认识为闲散之官，也就是阎步克所指出分司"具有浓厚的品位性意义"。③

以往关注过唐代分司官的，有苏小华《文献所见唐东都制度考略》一文，简要梳理过从唐初到唐后期分司官的沿革流变④。勾利军《唐代东都分司官研究》一书考察过分司官的发展脉络，认为唐代前期分司官以事务性分司为主，后期以安排闲散为主⑤。实际上，唐前期东都作为名副其实的政治中心，其留司或分司，必然会发挥中央机构的作用，唐后期，东都仅有都城权威，其机构自然不如前期重要，但分司官中哪些仍然发挥着实际作用，哪些是品位性的，它们与留守府之间是怎样的关系，与河南府之间又有着怎样的关系，这是笔者要讨论的问题。因此有必要重新梳理东都分司官的沿革，注意区分唐前期与唐后期不同时段内分司官的演变。

唐高宗时确立两都制，皇帝往来居住于两都，两都均设有中央机构，安置文武职事官。《太平御览》引《两京记》叙述了高宗到武则天时期营建洛阳的建立经过："高宗尝谓（韦）机曰：'两京朕东西二宅，来去不恒，

---

① 《却扫编》卷上，第124页。
② 王鸣盛：《十七史商榷》卷八五《分司官》，第747页。
③ 阎步克：《中国古代官阶制度引论》，第287—288页。
④ 苏小华：《文献所见唐东都制度考略》，硕士学位论文，陕西师范大学2002年。
⑤ 勾利军：《唐代东都分司官研究》，第165—213页。

卿宜善思修建.'始作上阳等宫。至武太后，遂定都于此，日已营构而宫府备矣。"① 其中讲到洛阳在武则天时"宫府备矣"，也就是说东都建立起完备的中央机构。其实，从洛阳升为东都后，中央机构已经陆续在洛阳设官分职。显庆四年（659），李宽为东都留守，"驾幸并州，诏公东都留守，检校吏部、礼部、户部三尚书及东宫十六司事"。② 十六司当为东宫十六个坊、寺、率府，③ 这里之所以会有完备的东宫官在于皇太子监国制度。以往皇帝巡幸时，由皇太子监国，皇太子倚赖东宫官。④ 李宽以太子詹事辅佐皇太子监国，兼任东都留守，检校三尚书以及东宫事。

　　唐王朝奉行"关中本位政策"⑤，出身关陇集团的李唐皇室，基于政治形势的需要，在名义上始终将西京长安作为江山一牢永固的都城，东都作为陪都所在，实际上从高宗到玄宗开元年间，皇帝居住在东都的时间比西京长。东都建立起完备的文武百官后，皇帝不在时，留置部分文武官员留守已经成为常态。《唐六典》卷四尚书礼部："凡车驾巡幸及还京，百官辞迎皆于城门外；留守宫内者，在殿门外。行从官每日起居，两京文武职事五品已上三日一奉表起居，三百里内刺史朝见。东都留司文武官每月于尚书省拜表，及留守官共遣使起居，皆以月朔日，使奉表以见，中书舍人一人受表以进。北都留守每季一起居。"⑥ 从这条记载可以看到《唐六典》成文的开元二十六年（738）前后东都的中央机构留守者为留司，其统领机构为尚书省。此处提到了"东都留司文武官"与"留守官"的不同，留守东都诸司者可以称为留守官，但留守官并不一定是留司官，应该还包括屯营兵等。很显然，留守司或者留司是指留置洛阳的中央机构，其分司是相对于西京长安来说的。

---

① 《太平御览》卷一五六《州郡部二》引《两京记》，中华书局影印本1960年版，第760页。
② 权敏：《新见〈唐太常卿陇西公李宽碑〉考释》，《文博》2016年第6期。
③ 李军：《新出李宽碑志与唐初政局》，《东岳论丛》2018年第3期。
④ 郭锋：《试论唐代太子监国制度》，《唐史与敦煌文献论稿》，中国社会科学出版社2002年版，第101—113页。
⑤ 陈寅恪在《唐代政治史述论稿》上篇，提出了"关中本位政策"，生活•读书•新知三联书店2001年版。
⑥ 《唐六典》卷四"礼部郎中员外郎"条，第114页。

至于分司的说法，至少在中宗、睿宗时已出现。韦安石于景云二年（711）十月任东都留守①。任职期间，以韦安石为代表的分司、留守诸官僚，诗歌唱和，悠游乐哉。《酬崔光禄冬日述怀赠答并序》："太极殿众君子，分司洛城。自春涉秋，日有游讨。既而韦公出守，兹乐便废。"② 此时，太平公主以张说为尚书左丞分司东都，"俄而太平公主引萧至忠、崔湜等为宰相，以说为不附己，转为尚书左丞，罢知政事，仍令往东都留司。"③ 张说在《东都酺宴诗五首并序》中写道："先天元祀孟冬十月，东都留守韦公，亹奉圣朝，述宣嘉旨，乃合洛京之五省，招河尹之二县，将吏咸集，佩章有序。锵锵济济，侃侃誾誾，供帐于兴教之门，式酺宴也。"④ 酺宴诗有云："皇舆久西幸，留镇在东京。合宴千官入，分曹百戏呈。"⑤ 又云："留台少人务，方驾递寻追。"这些材料中提到东都留司、分司，并无含义不同。另外可知，至少在中宗、睿宗时，东都中央机构在皇帝不居于都时即称为"留司""分司"，与皇帝居住的西京相比，自然重要性略低。从留司、分司两词的语境来看，在唐前期多称之为留司，唐后期皇帝不再前往洛阳，洛阳存在的以往的中央机构相对于实际首都的长安而言便成为分司机构。因此，本书在论述中将安史之乱前的分司称为留司阶段，安史之乱后为分司阶段。

至于分司官员的俸禄，开元、天宝年间也对两京文武官俸禄作过规定。《新唐书》卷五五记载："（开元）二十九年，以京畿地狭，计丁给田犹不足，于是分诸司官在都者，给职田于都畿，以京师地给贫民。"⑥"（天宝）十二载，国忠以两京百官职田送租劳民，请五十里外输于县仓，斗纳直二钱，百里外纳直三钱，使百官就请于县。然县吏欺盗盖多，而闲司有不能自直者。十四载，两京九品以上月给俸加十之二，同正员加十之一。兵

---

①《旧唐书》卷七《睿宗纪》，第158页。
②《张燕公集》卷七，第47页。
③《旧唐书》卷九七《张说传》，第3051页。
④《张燕公集》卷五《东都酺宴诗五首并序》，上海古籍出版社1992年版，第33页。
⑤《张燕公集》卷五《东都酺宴诗五首并序》，第33页。
⑥《新唐书》卷五五《食货志五》，第1399页。

兴，权臣增领诸使，月给厚俸，比开元制禄数倍。"①

不过，在武则天之后，分司东都成为中央权力斗争中用来排除异己的手段。前引中宗、睿宗时，太平公主把不依附自己的张说分司东都。先天二年（713）冬，魏知古被派往东都负责铨选事，皇帝手制曰："卿以宰臣，往知大选，官人之委，情寄尤切。遂能端本革弊，忘私徇公，正色而行，厉心不挠。镜已澈则妍媸必鉴，衡已举则轻重罔违。朕远闻之，益用嘉叹。今赐卿衣裳一副，以示所怀。"②实际上，魏知古被派往东都知选的原因是为姚崇所排挤。"魏知古，崇所引，及同列，稍轻之，出摄吏部尚书，知东都选，知古憾焉。"③

玄宗后期，常年不往洛阳，东都留司更成为大臣政治斗争、安置失势者的散地。把政敌调入东都留司，远离首都长安最高政治权力圈，又不失其品位，东都的留司承担这一功能。李林甫时为确保自己独掌大权，面对玄宗提拔文学派引入中枢，④暗中进行了有效阻止，值得注意的事件是天宝初年阻止玄宗提拔卢绚、严挺之一事，两人都被留司东都。《明皇杂录》卷下载：

> 玄宗宴于勤政楼，下巷无居人。宴罢，帝犹垂帘以观。兵部侍郎卢绚谓帝已归宫掖，垂鞭按辔，纵横楼下。绚负文雅之称，而复风标清粹，帝一见不觉目送之，问左右曰："谁？"近臣具以绚名氏对之，帝亟称其蕴藉。是时林甫方持权忌能，帝左右宠幸，未尝不厚以金帛为贿，由是帝之动静，林甫无不知之。翌日，林甫召绚之子弟谓曰："贤尊以素望清崇，今南方藉才，圣上有交广之寄，可乎？若惮遐方，即当请老；不然以宾詹仍分务东洛，亦优贤之命也。子归而具道建议可否。"于是绚以宾詹为请。林甫恐乖众望出为华州刺史。不旬月诬其有疾。为郡不理，

---

① 《新唐书》卷五五《食货志五》，第1400页。
② 《旧唐书》卷九八《魏知古传》，第3063-3064页。
③ 《新唐书》卷一二四《姚崇传》，第4387页。
④ 丁俊：《李林甫研究》，第374-378页。

授太子詹事员外安置。①

这里讲到"以宾詹仍分务东洛,亦优贤之命"都是以太子宾客、詹事这些品位高的职官来分司,明升暗降。到东都后的严挺之"郁郁不得志,成疾。自为墓志曰:'天宝元年,严挺之自绛郡太守抗疏陈乞,天恩允请,许养疾归闲,兼授太子詹事'"。②

从以上梳理可知,唐前期即有分曹东都的做法,安史之乱后,分司东都者更为常见。总的来看,分司是唐代职官出现的新现象,至宋代成为正式制度③。其出现与两京制相关,留守人员属于中央机构的人员,其所在官司,文献称之为"留守司"。到了唐后期,相对于皇帝一直居住的长安,原洛阳存在的留守司逐渐演变为中央机构的分支机构——东都分司,官员称为分司官。分司是在洛阳设置的中央机构的派出机构,分司机构具有中央性,地点分布具有地方性。勾利军揭示东都分司作为唐王朝在洛阳设置的职官体系应具备中央职官与分设陪都洛阳这两个特点④。

关于东都分司官设置的原因,勾利军总结为:从政治上看,隋唐王朝需要以洛阳为据点,与长安互为犄角,控制全国;从经济因素看,洛阳附近便利的水陆交通网,使其经济枢纽作用凸显;此外,铨选、检查等工作的需要,故而在洛阳设置职官⑤。其实,东都设置分司的直接原因来自于皇帝制度以及高宗时确立的两都制。君主专制政体下,皇帝是一切政治制度的核心,皇帝所居即是政治中心,即有中央机构。当两都制确立后,皇帝不可能同时居住在两个地方,其在一都时,另一都设置留守,而开元二十四年(736)之后,唐王朝的历任皇帝不再巡幸洛阳,原留守的职官转变为中央机构派出机构——东都分司的分司官。当然,洛阳设置分司官的原因也与洛阳的战略地位相关,通过中央分司官的设置,也从政治上强化

---

① 郑处诲撰,田廷柱点校:《明皇杂录》卷下,中华书局1994年版,第25—26页;又参见《新唐书》卷二二三上《李林甫传》,第6346页,《资治通鉴》卷二一五天宝元年三月条,第6853—6854页。
② 《旧唐书》卷九九《严挺之传》,第3106页。
③ 《宋史》一六七《职官志七》,第3959—3960页。
④ 勾利军:《唐代东都分司官研究》,第1页。
⑤ 勾利军:《唐代东都分司官研究》,第9—12页。

两都制，保持洛阳作为东都的政治地位，进而起到巩固唐王朝东部统治的作用。

分司官制度并不仅存在于唐代，唐代的分司官制度为五代及宋所承袭。五代各朝都曾在陪都设置分司官，所设分司机构有御史台、尚书省、寺监等。后唐天成元年（926）十二月庚寅，杨凝式上奏："旧制，台、省在西京，东都置留台、留省及分司官属。请依旧制于西京置留台、省，如本朝东都之置。"①杨凝式为唐末昭宗时进士，其提议后唐按照唐朝旧制，设立留台、留省、分司官。

宋代依然设置分司官。李焘《续资治通鉴长编》卷三七八哲宗元祐元年五月甲戌条载"诏三京依旧置分司官"，②三京分别是北京大名府、南京应天府、西京河南府。并且明确规定其行香拜表之制，《宋史》卷一二〇载："西京留守拜表仪制，留司百官每五日一上表起居，质明，并集长寿寺立班，置表于案，再拜以遣其春秋赐服及大庆瑞并如之。或令分司官赍诣行在，或只驿付南京留司，约用此制。若巡幸，东京则留司百官亦五日一上表起居，并集大相国寺。"③西京留守司的最高长官是留守，统领分司百官。皇帝离开常居住的东京时，东京留司的制度规定也如西京。龚延明《宋代官制辞典》中有对分司官有总括介绍④。徐东升《宋代官员分司制度》认为宋代分司制度承袭唐代，枢要部门不设分司官，以事务性部门为主，后期为闲散官。与唐代不同的是在开封外的三都，西京洛阳、北京、南京均设立分司官，并且分司地渐渐与居住地分离。⑤张祥云在对西京河南府进行研究时，专门讨论了宋代西京分司机构的建置沿革，分司机构有御史台、国子监、嵩山崇福宫、礼院等⑥。这承袭的是唐代的东都分司官制度。

---

① 《册府元龟》卷四七五《台省部·奏议六》，第566页。
② 李焘：《续资治通鉴长编》卷三七八哲宗元祐元年五月甲戌条，第9177页。
③ 《宋史》卷一二〇《礼志二三》，第2818页。
④ 龚延明：《宋代官制辞典》，第668页。
⑤ 徐东升：《宋代官员分司制度》，《史学月刊》2007年第1期，第43页。
⑥ 张祥云：《北宋西京河南府研究》，河南大学出版社2012年版，第110–183页。

二、唐前期东都中央机构设置考察

勾利军《唐代东都分司官研究》一书中界定"东都分司机构是指唐代在陪都洛阳的中央机构",将东都分司机构的设立之始追溯到开始在东都设立的中央机构①。准确地说,唐前期,洛阳作为政治中心的都城,它的中央机构的建设过程,与洛阳作为东都的地位有关,在追溯分司机构的起源时不能将这作为东都分司的源头。不过提到分司官自然会追溯到洛阳这些机构的最初设置,因此有必要来看一下唐王朝在建设东都过程中的中央机构是如何一步步建设起来的。

前文关于留守官的沿革中已论及太宗开始频频设立洛阳留守官。太宗时开始在洛阳设置中央机构,目前所见似乎仅有武器署一例。《唐会要》卷六五《卫尉寺》:"武器署,贞观年中,分东都置。"②《新唐书》卷四八《百官志三》武器署注云:"贞观中,东都亦置署。"另外,关于东都武器署的设置时间,也有不同记载。《唐六典》卷一六《卫尉宗正寺》武器署条注云:"皇朝永徽中始置其署,以主器仗。"③若是永徽年间始置武器署,则贞观年间就不可能有武器署分司东都。《通典》卷二五《职官七》卫尉寺下:"武器署令丞:隋行台尚书省有武器监令。大唐永徽中,始置各一人,掌祭祀及朝会、巡幸及公卿婚葬卤簿之事。"④这些记载都说明永徽年间开始置武器署。从职责来看,"武器署令掌在外戎器,辨其名物,会其出入;丞为之贰。凡大祭祀、大朝会、大驾巡幸,则纳于武库、供其卤簿。若王公、百官拜命及婚、葬之礼应给卤簿,及三品已上官合列启戟者,并给焉"⑤。它是皇帝制度中礼仪性的机构。东都武库署的设置时间为开元二十

---

① 这表现在对东都相关机构最初设立时间的探讨,如对东都事务机构设立的时间的追溯(《唐代东都分司官研究》,第14、75–130页)。
②《唐会要》卷六五《卫尉寺》,第1346页。
③⑤《唐六典》卷一六《卫尉宗正寺》,第464页。
④《通典》卷二五《职官七》,第702页。

五年（737）。《唐会要》卷六五《卫尉寺》："武库署，开元中分两京置。"①《新唐书》卷四八《百官志三》两京武库署注云："开元二十五年，东都亦置署。"②这样看来，太宗时期于东都设掌军器的礼仪性机构武器署的记载也有一定可疑性。

此外，太宗时还在东都置选。《唐会要》卷七五《东都选》载："贞观元年，京师米贵，始分人于洛州置选。"《新唐书》卷四五《选举志下》："太宗时，以岁旱谷贵，东人选者集于洛州，谓之'东选'。"③《册府元龟》卷六二九《铨选部·总序》："其东铨者，贞观元年，京师谷贵始分人于洛州置选。"④《唐会要》卷七四载贞观十七年（643）"吏部尚书高季辅知选，凡所铨综，时称允协。十八年，于东都独知选事，太宗赐金背镜一面。以表其清鉴焉"。可知，贞观年间确有东都分置常选的情况。除了常选外，太宗还曾在东都开设制举。贞观十一年（637）三月，太宗到洛阳，改洛州为洛阳宫，四月丙寅"诏河北、淮南举孝悌淳笃，兼闲时务；儒术该通，可为师范；文辞秀美，才堪著述；明识政体，可委字人；并志行修立，为乡间所推者，给传诣洛阳宫"。⑤这次洛阳举行的选拔人才工作，不是常选。又贞观二十一年（647）时计划第二年封禅泰山，当时计划让"朝集使及选举人等前令诣洛阳宫"。⑥最终这次在洛阳大集天下选人的计划因封禅计划的取消而没有实现。在洛阳置选，应该还是由中央派吏部尚书亲自知选任，如高季辅担任吏部尚书去东都知选，此时东都不见有专门知选的机构设置。

综上来看，太宗时开始注重有关洛阳的政治机构与制度的建设，洛阳地位得以提升。高宗时将洛阳升为"东都"，洛阳迎来了中央机构的大规模建设时期。

---

① 《唐会要》卷六五《卫尉寺》，第1345页。
② 《新唐书》卷四八《百官志三》，第1249页。
③ 《新唐书》卷四五《选举志下》，第1180页。
④ 《册府元龟》卷六二九《铨选部·总序》，第7264页。
⑤ 《旧唐书》卷三《太宗纪下》，第48页。
⑥ 《唐大诏令集》卷六六，第369页。

1. 高宗朝——东都中央机构的建设期

高宗显庆二年（657），洛阳成为唐王朝的东都，高宗对洛阳城进行了大规模建设并且长期居于此，随之东都尚书省等机构设立，作为最高中央行政机构。此时的西京长安一直设"京师留守"，管辖留守的中央机构，处理相关事务。武则天称帝后，除长安元年（701）十月到长安三年十月西到长安外，①长期居于洛阳，洛阳作为实际首都而不必再设置分司。中宗，特别是玄宗登基后，长期在两京设立留守、分司官，到安史之乱前，于洛阳设立分司官已经成为定制。

高宗改洛阳为东都后，开始在洛阳设立不少行政机构。其中，最值得关注的是高宗年间东都尚书省的建置。有关唐代东都尚书省的情况，最早的材料是永徽三年（652）。段会墓志说他在永徽三年七月十七日卒于"洛阳宫尚书省"。②从段会本人的经历来看，"武德五年，任并州节府左车骑将军。六年，以公浩州守固，又授开府仪同。贞观廿年，又授右骁卫朔坡府折冲都尉，封曲沃县开国男"，与尚书省没有联系。但据墓志中称"司勋之春秋"，则他应该在贞观末、永徽初入职东都尚书省。《唐六典》卷二《尚书吏部》："司勋郎中一人，从五品上；员外郎二人，从六品上"，注云："隋文帝立司勋侍郎二人，炀帝改为司勋郎。武德初，为司勋郎中。龙朔二年改为司勋大夫，咸亨元年复故。"③从段会墓志来看，东都尚书省至少在高宗永徽初年已设置。显庆四年（659），李宽为东都留守，"驾幸并州，诏公东都留守，检校吏部、礼部、户部三尚书及东宫十六司事"。④

有关高宗朝东都尚书省的设置情况，从出土官印可窥其一斑。20世纪80年代末，河南省灵宝县文管会曾征集到一方"东都尚书吏部之印"，为正方形，边长5.7厘米，厚1.7厘米（见图1-1），⑤当时尚不能确定此

---

① 详见附录"历任东都留守统计表"。
②《唐代墓志汇编》永徽094《段会墓志》，第191页。
③《唐六典》卷二《尚书吏部》，第40页。
④ 权敏：《新见〈唐太常卿陇西公李宽碑〉考释》，《文博》2016年第6期。
⑤ 郭敬书：《灵宝县发现唐"东都尚书吏部之印"》，《文物》1989年第7期，第95页。

印行用的具体年代，推断为玄宗后东都尚书省吏部官员印。

图 1-1　东都尚书吏部之印（河南灵宝）

2004 年吐鲁番文物局抢救挖掘的巴达木 2 号台地 207 墓地中出土了一组唐代文书。经整理后，其中三片残片缀合为一件基本完整的文书定名为《唐调露二年（六八〇）七月东都尚书吏部符为申州县阙员事》①（2004TBM207∶1-3+2004TBM207∶1-7+2004TBM207∶1-11g）。据史睿研究，此件文书为东都尚书省吏部下到地方州县的符。②此文书正反两面共有六枚朱印，为正方形，边长 5.2 厘米，上钤"东都尚书吏部之印"（见图 1-2 "东都尚书吏部之印 B"）。此印"印文风格所示年代早于前者，当为唐代早期"。③对比两方印字体，几为一致，所不同者为印的边长，一为 5.7 厘米，一为 5.2 厘米。

高宗于调露元年（679）正月己酉到洛阳，二年十月己酉回到长安，期间除四月乙丑至八月丁未，去渑池西的离宫小住外，其他时间一直居洛阳。④此时西京长安设置人员留守，于遂古"以功授上柱国、游击将军，转右金吾卫永平府左果毅都尉。调露初岁，驾幸神都，奉敕于京留守"。⑤据史睿推算，"唐调露二年东都尚书省吏部符"七月从东都吏部行下，大概

---

① 《新获吐鲁番出土文献》，第 81-83 页。
② 史睿：《唐调露二年东都尚书省吏部符考释》，《敦煌吐鲁番研究》第十卷，上海古籍出版社 2007 年版，第 115-130 页。
③ 孙慰祖、孔品屏：《隋唐官印研究》，上海书画出版社 2014 年版，第 67 页。
④ 《旧唐书》卷五《高宗纪下》，第 104-107 页。
⑤ 《全唐文补遗》（三），第 30-31 页。

第一章　唐代留守与分司的初置

东都尚书吏部之印 A

东都尚书吏部之印 B
《唐调露二年七月东都尚书吏部符为申州县阙员事》文书（背面）

图 1-2　东都尚书吏部之印（吐鲁番）

图片来源：《隋唐官印研究》，第 68 页。

在八月二十日到达西州。① 这件文书中东都尚书省已经开始以尚书省的名义运转，但这里并不是所谓分司，而是有东都之名的中央机构。《新获吐鲁番出土文献》还收有"唐龙朔二、三年西州都督府案卷为安稽哥逻禄部落事"五组文书。② 其中第三组有"都尚书省"字样，前后文阙，荣新江据文书内容补为"东都尚书省"，指出这组文书反映的是龙朔元年十一月，唐朝自东都尚书省分别给漠北的燕然都护府、哥逻禄部落下发的敕文。③

唐代吏部有"尚书吏部之印"，目前可见的印文有法国集美博物馆藏编号为 EO.1208 的《令狐怀寂告身》上钤有"尚书吏部之印"以及宋拓本《宝应元年颜惟贞赠秘书少监制》钤印。据《隋唐官印研究》印文为唐代早期至中期风格（见图 1-3）④。

---

① 史睿：《唐调露二年东都尚书省吏部符考释》，《敦煌吐鲁番研究》（第十卷），第 115-130 页。
② 《新获吐鲁番出土文献》，第 309 页。
③ 荣新江：《新出吐鲁番文书所见唐龙朔年间哥逻禄部落破散问题》，《西域历史语言研究所集刊》（第一辑），科学出版社 2007 年版，第 13-43 页。
④ 《隋唐官印研究》，第 65 页。

唐代东都职官制度研究

尚书吏部之印 A　　　　　　　　　尚书吏部之印 B
EO.1208《令狐怀寂告身》（复原本）　　《宝应元年颜惟贞赠秘书少监制》

图 1-3　尚书吏部之印

图片来源：《隋唐官印研究》，第 65 页。

除东都尚书吏部之外，能反映唐前期东都尚书省运作的材料，还有东都尚书省兵部印。宋代魏了翁《跋游景仁侣所藏裴绍业告》云："此告所用印以'东都尚书兵部之印'为文。特进尚书右仆射下'在京'二字。当是在东都所给告耳。然印文自'尚之'，率与篆法不合，东不从木而平其上下，都不从邑而巴上为口，书不从者而其下为日，如'兵部印'三字则乃若传摹失者更无一笔可取，唐士大夫于书法极工而此独不合。"① 游侣所藏的裴绍业告身仅见于魏了翁此处注录。检索史籍，裴绍业事迹见于武则天光宅年间任职左鹰扬将军，② 其告身大致颁于高宗或武后时期。从魏了翁对此印文文字所作的记述，"东不从木而平其上下，都不从邑而巴上为口，书不从者而其下为日"，正与前文所述"东都尚书吏部之印"的字体基本一致，为同时期。

据以往研究知尚书省六部无部印，③ 上述两印当为东都尚书吏部司、

---

① 魏了翁：《鹤山题跋》卷四《跋游景仁侣所藏裴绍业告》，丛书集成初编本，商务印书馆 1936 年版，第 33 页。
② 《旧唐书》卷八三《程务挺传》，第 2785 页；《资治通鉴》卷二〇三光宅元年十二月条，第 6432 页。
③ 吴宗国主编：《盛唐政治制度研究》第三章"隋与唐前期的尚书省"（雷闻撰），上海古籍出版社 2003 年版，第 85-86 页。

兵部司之官印。《唐会要》卷五七《尚书省》："故事，除兵部、吏部外，共用都司印。至圣历二年二月九日，初备文昌台二十四司印，本司郎官主之，归则收于家。建中三年，左丞赵涓始令纳于直厅。其假日及不及日，即都用当郎官本司印，余印亦都不开。"①可知最初尚书省有都司印、兵部印、吏部印。又《唐六典》卷四《尚书礼部》："凡内外百司皆给铜印一钮。注云：其吏部、司勋各置二印，兵部置一印，考功、驾部、金部、尚食·尚乘局各别置一印。其文曰'某司之印'，东都即云'东都某司之印'。"②这里强调了兵部只有一印，需要注意的是，这反映的是《唐六典》修成的开元二十六年（738）前后唐代百司的用印规定。游景仁所藏告身的年代为高宗、武后年间，其"东都尚书吏部之印"应该就是中央之吏部司之印。

以上就目前所看到的东都尚书省吏部、兵部司之印及相关文书来看，高宗显庆元年（656）十二月，改洛阳宫为东都后，至晚在龙朔二三年间，东都尚书省已经开始正式办公，并且在下行文书中标明来自东都尚书省，东都尚书省即为中央尚书省，其下兵部司、吏部司都有官印。此时东都尚书省并非分司，而仅仅是名字冠以"东都"字样的中央机构。至于行用时间，目前可确定的是从龙朔到调露，将近二十年间的时间内都有行用。至于武后朝是否是这样，留待日后新材料的出现。通过高宗、武则天两朝不断建设，东都"日已营构而宫府备焉矣"。③

2. 中宗、睿宗、玄宗朝（安史之乱前）——中央机构的留司

开元年间开始出现以留守或副留守判尚书都省，目前看到的材料是留守西京。开元二十八年（740）的《张沇墓志》载："未几，拜少府监中尚使，后充京副留守兼判都省。百工之地，众艺毛举，时称其诎，公独怡然，俄迁国子祭酒。"④张沇拜少府监中尚使，后充京副留守兼判都省，墓志记载这段经历"百工之地，众艺毛举，时称其诎，公独怡然"。因此以

---

① 《唐会要》卷五七《尚书省》，第1154页。
② 《唐六典》卷四《尚书礼部》，第116页。
③ 《太平御览》卷一五六《州郡部二》引《两京记》，第760页。
④ 《洛阳新获七朝墓志》230《张沇墓志》，第230页。

留守判尚书省事，是开元十一年政务决策中心由政事堂改为中书门下，尚书都省没有决策权之后的事情。中书门下取代尚书都省成为政务决策中心，尚书都省地位下降，成为"没有实权的象征性的机构和礼仪中心"。①目前所见东都留守判尚书省事最早的事例在天宝初。②天宝二年（743）去世的裴伷先，曾"迁工部尚书、东京留守兼判尚书省事。豺狼路上，已埋使者之车；龙凤署中，更曳尚书之履"。③

以往对东都三省的考察中，以尚书省六部的分司最为系统，勾利军认为"东都不设'机要之司'中书、门下两省"，④事实上这一看法有待探讨。《张燕公集》卷五《东都酺宴诗五首并序》："先天元祀孟冬十月，东都留守韦公，寅奉圣朝，述宣嘉旨，乃合洛京之五省，招河尹之二县，将吏咸集，佩章有序。锵锵济济，侃侃訚訚，供帐于兴教之门，式酺宴也"，⑤这里提到"洛京之五省"。⑥又开元二十七年（739）去世的崔沔，其墓志云："始东都副留守，复秘书监。上籍田，东都留守，册太子宾客兼怀州刺史。俄而去兼，加通议大夫。终东都副留守……以开元廿七年十一月十七日薨于居守之内馆。门下省居守以闻，圣上哀悼，追赠礼部尚书。"⑦墓志主崔沔开元二十七年死于东都留守之内馆后，"门下省居守以闻，圣上哀悼"，这里当是门下省居守把留守去世的消息上奏中央。留守的职责之一就是上奏皇帝留守都的大事。如垂拱二年（686），长安附近的新丰县突发地震引起地面高耸，《长安志》卷一五引《两京道里记》曰："居守以闻，百寮毕贺。"⑧此时武则天居洛阳，所以"居守以闻"，即来自长安的留守把消息汇

---

① 刘后滨：《唐代中书门下体制研究——公文形态·政务运行与制度变迁》，第225-226页。
② 勾利军将最早东都留守判尚书省事定为天宝十载至十三载（见《唐代东都分司官研究》，第43-44页）。
③ 《全唐文补遗》（八），第45页。
④ 勾利军：《唐代东都分司官研究》，第73页。
⑤ 《张燕公集》卷五《东都酺宴诗五首并序》，第33页。
⑥ 勾利军：《唐代东都分司官研究》，第43页。
⑦ 《唐代墓志汇编》大历060《崔沔墓志》，第1800页。
⑧ （宋）宋敏求撰，辛德勇、郎洁点校：《长安志》，三秦出版社2013年版，第451页。

报给中央。唐代墓志中常将留守称居守,^① 留守上报中央也见"居守以闻"的说法。宝历元年（825），分司东都的太子宾客卢士玫逝世，去世后"居守以闻，皇上罢朝，公卿废事，亲友相吊，齐咨涕演"^②。由此，墓志中所云"门下省之居守"当是尚书省、中书省、门下省、殿中省、秘书省五省之门下省，不过，安史之乱后失去政治中心地位的洛阳就仅见尚书省了。

本章考察唐代留守制的渊源，认为它直接沿袭了隋朝在都城、重要地点设立留守的做法。太宗时开始设立留守，至高宗显庆二年（657）升洛阳为东都，高宗、武则天常居东都洛阳，开始设东都留守作为东都最高行政负责人，负责处理皇帝离开东都时的行政事务。中宗至玄宗时，多次往来两都，两都常设留守成为定制。留守成为皇帝不在都的最高行政负责人，负责政务处理、都城防御。唐高宗时期已在东都设尚书省等机构，皇帝居于东都时作为实际中央机构，皇帝不在时，尚书省等诸司称为留司。安史之乱后，尽管东都已非政治权力中心，但洛阳依然拥有作为东都的都城权威，唐王朝名义上依然为两都制，东都持续设置分司直至唐亡。

---

① 种种"居守"都是东都留守之意。贞元二年（786）的《郑府君夫人胡氏墓志》志主之子郑公文："行素直，忠孝承家，出佐辎轩，长孤台鼎，居守擢用，奏授品璋，即东都留守也。"（《唐代墓志汇编续集》元和 027《郑府君夫人胡氏墓志》，第 820 页）。开成三年（838）的《吕汶墓志》其在贞元中"故居守韦尚书至洛，署留守押衙中军兵马使"。（《秦晋豫新出墓志搜佚续编》841《吕汶墓志》，第 1167 页）。咸通年间的《孙简墓志》云："东都居守左仆射孙公陈疏移病，请罢其任。"（《唐代墓志汇编续集》咸通 099《孙简墓志》，第 1110 页）。
②《秦晋豫新出墓志搜佚续编》799《卢士玫墓志》，第 1105 页。

第二章 东都留守府之留守体系

通过对唐前期东都留守设置情况的考察,可以看到前期东都留守的设置已呈现常态化的特点。此时留守虽掌东都大权,但并未形成层级分明的留守职官体系。天宝十四载(755),安禄山、史思明的军队从幽州一路南下,攻破洛阳,直驱长安,唐王朝遭受重创。在平定战乱的过程中,东都一直设置东都留守并且由留守兼任采访、处置等使。战争结束后,东都迎来了恢复建设期,开始常置东都留守这一使职直到唐亡,与留守同置的还有采访处置使、观察等使,后来形成他官兼任东都留守必兼任东都畿防御使的惯例。留守一般由六部尚书充任,判东都尚书省事,兼都畿防御使,留守、防御使下各形成层级明确的官僚体系,形成了以留守为中心的留守幕府。本章主要探讨唐后期形成的留守府以及留守府内留守系统的文武僚佐设置情况。

第一节 东都留守的选任与留守府的形成

当安禄山、史思明的军队攻向洛阳时,身为光禄卿、东都留守的李憕"与留台御史中丞卢弈、河南尹达奚珣缮城垒,绥励士卒",[①] 叛军攻陷洛阳

---

① 《新唐书》卷一九一《李憕传》,第 5511 页。

后,"憕坐留守府",卢弈"前遣妻子怀印间道走京师,自朝服坐台"。① 虽然东都的留守官员最终没有抵御住叛军的进攻,不过可借以窥见玄宗离开洛阳后至安史之乱发生前东都留守的设置情况。

平定安史之乱过程中,东都常置留守,并且开始设置观察使,《新唐书》卷六四《方镇表一》载至德元载(756)"置东畿观察使,领怀、郑、汝、陕四州,寻以郑州隶淮西"。② 留守与观察使均为一人由他官兼任。乾元元年(758)四月癸卯"以太子少师虢王巨为河南尹,充东京留守",③ 同时"充东京畿采访处置使"。④ 乾元二年正月庚子"以太子少师崔圆充东京留守,判尚书省事"。⑤ 二月丙申又"以郭子仪为东畿、山南东、河南等道节度、防御兵马元帅,权东京留守,判尚书省事"。⑥ 秋七月乙丑"以礼部尚书韦陟充东京留守"。⑦ 乾元年间担任过东京留守的还有崔光远。马望墓志中云:"时东京居守崔光远奏公复旧官,见公隐见之节也。"⑧ 宝应元年(762),郭英乂"诏领东京留守,又兼河南尹",⑨ 同年卢正己以工部尚书任东都留守。⑩ 广德元年(763),李光弼为东京留守。《旧唐书》卷一一〇《李光弼传》载广德元年吐蕃侵犯长安,代宗避难走陕,李光弼因与程元振不和,"迁延不至","朝廷方倚光弼为援,恐成嫌疑,数诏问其母。吐蕃退,乃除光弼东京留守,以察其去就。光弼伺知之,辞以久待敕不至,且归徐州,欲收江淮租赋以自给。代宗还京,遣中使往宣慰"。⑪ 朝廷任命李光弼为东京留守,目的在于试探他,李光弼深知皇帝此意,借口推辞不

---

① 《新唐书》卷一九一《卢弈传》,第5526页。
② 《新唐书》卷六四《方镇表一》,第1766页。
③ 《资治通鉴》卷二二〇乾元元年四月癸卯条,第7053页。
④ 《旧唐书》卷一〇《肃宗纪》,第252页。"东京畿"原作"京畿",东都所在为东都畿地区,故而补一"东"字。
⑤ 《旧唐书》卷一〇《肃宗纪》,第254页。
⑥ 《旧唐书》卷一〇《肃宗纪》,第255页。
⑦ 《旧唐书》卷一〇《肃宗纪》,第256页。
⑧ 《唐代墓志汇编》显圣001《马望墓志》,第1748页。据《旧唐书》、《资治通鉴》崔光远于乾元元年五月为河南节度使,二年九月"充荆、襄等州招讨使",担任居守应在此期间。
⑨ 《文苑英华》卷八九一元载《故定襄王郭英乂神道碑》,第4689–4690页。
⑩ 《文苑英华》卷三八七贾至《授卢正己工部尚书河南尹东都留守制》,第1973–1974页。
⑪ 《旧唐书》卷一一〇《李光弼传》,第3310–3311页。

第二章 东都留守府之留守体系

任,经受住代宗的考验。前述安史之乱中任命的东京留守,均是朝廷重臣,在平定叛乱中,持续设置的东京留守为取得战争最后胜利增加了砝码。此后至唐末,唐王朝持续、稳定地设置东都留守来管理东都及其所在的都畿地区。

以往研究常强调唐后期"担任东都留守有被贬逐之意,而且东都留守已是朝廷安置失势者的官位"。① 其实,这并非唐后期东都留守的全部内涵。若从两都制角度来看,担任洛阳的留守确实不如政治权力所在的长安的中央官职重要,但洛阳是长安之外的都城。可从任命留守的制书中来看留守的选任。贞元元年(785),陆贽撰《贾耽东都留守制》云:"河洛旧都,时巡久旷,命以居守,俾之保绥。居守之重,固难其人。间者淮甸不宁,汝坟屡警,增置军府,作蕃王畿。职任既分,威望非重,思有总制,一其典刑,爰资信臣,往乂东夏。"② 这里提到了"增置军府,作蕃王畿",留守兼任观察使、防御使,故而谓之"军府"。贞元二年(786),陆贽撰《崔纵东都留守制》云:"居守之重,固难其人。近岁以来,益又繁综。领廉察之任,专御备之权,地广务殷,一皆咨禀。非利用罔以通济,非纯德不能保绥,周爰咨询,公论有属。""擢居春官之长,且兼任副相之雄"③。制书中强调留守领"廉察之任,专御备之权","兼任副相"的地位。纵观唐后期,东都留守职任表现出以下几个特点:

其一,东都留守为使职差遣,均由他官兼任,任命多以"充"、"知"、"权知"、"兼"东都留守等。④ 任命时书写格式一般是以某某官(多为六部尚书)充东都留守、判东都尚书省、兼东都防御使。⑤ 本官通常为太子宾客,左、右仆射,司徒,司空,同中书门下平章事以及六部尚书等,故而

---

① 程存洁:《唐代城市史研究初编》,第43页。
② 陆贽撰,王素点校:《陆贽集》卷八《贾耽东都留守制》,中华书局2004年版,第240-241页。
③ 《陆贽集》卷八《崔纵东都留守制》,第243-244页。
④ 诚如王孙盈政所言,"唐代职事官体系内的使职化运作,主要是当某个职位空缺,任命他官'检校、判、摄、知(权知)',即没有正官在任时,令他官以某种形式行使正官权力,等于兼任正官。"《再论唐代的使职、差遣》,《历史教学》2016年第20期。
⑤ 关于东都留守任命书写形式的更多事例,详见附录"历任东都留守统计表"。

留守又有"副相"之称,所谓"擢居春官之长,且兼任副相之雄",①"副相威名重,春卿礼乐崇"。②

比如广德二年(764)"宰臣王缙为侍中,持节都统河南、淮西、淮南、山南东道节度行营事",又"兼领东京留守"。③继王缙之后,大历三年(768)"以门下侍郎、同中书门下平章事、山剑副元帅、太清宫使、崇玄馆大学士杜鸿渐兼东都留守"。④陆贽撰《崔纵东都留守制》"居守之重,固难其人。近岁以来,益又繁综。领廉察之任,专御备之权。……可检校吏部尚书,兼御史大夫,充东都留守,判东都尚书省,充东都畿汝唐邓等州防御、观察、处置使"。⑤即以吏部尚书为本官,充任东都留守与东都观察、防御等使。授贾耽留守制中云"可守本官兼御史大夫,充东都留守东都畿汝州都防御观察等使,判东都尚书省事"。⑥以往讨论东都留守多就其本官从前期到后期的变化看东都留守地位的下降。⑦事实上尚书等地位的变化不是考察留守重要与否的关键。从开元二十四年(736)玄宗返回长安后,再未有皇帝到过洛阳。安史之乱后,洛阳名义上的东都称号虽在,但政治中心地位明显不复存在,这就决定了此后的东都留守比之皇帝居于两都时重要性有所下降,但并非是养老、位尊职闲的官,⑧这从东都留守兼任东都观察使、防御使,负责保卫都畿可以看出,留守一职比之长安所在的中央同级职官略逊一筹,但职任却具有一定特殊性。

其二,留守判东都尚书省事,"擢居春官之长,且兼任副相之雄"。⑨前文讨论过高宗显庆时期有李宽以东都留守检校礼部、吏部、户部三尚

---

① ⑨《陆贽集》卷八《崔纵东都留守制》,第243—244页。
②《全唐诗》卷二六九,第2996页。
③《旧唐书》卷一一《代宗纪》,第275—276页。
④《旧唐书》卷一一《代宗纪》,第290页。
⑤ 陆贽撰,王素点校:《陆贽集》卷八《贾耽东都留守制》,中华书局2004年版,第240—243页。
⑥《陆贽集》卷八《贾耽东都留守制》,第240页。
⑦ 程存洁:《唐代城市史研究初编》(第38—44页)统计了东都留守的本官,发现在唐代前期东都留守多由尚书省之刑部、工部二尚书兼任,唐后期东都留守虽然还常以尚书兼任,但尚书省地位衰落,故而显示东都留守地位的下降。认为后期东都留守多是朝廷安置失势者、位遵职闲。
⑧ 程存洁:《唐代城市史研究初编》,第42—44页。

书。到开元年间，较多出现以留守（副留守）判尚书都省，最早可看到的是在西京。开元二十八年（740）的《张汯墓志》载："无何，转御史中丞，都畿按察。是时，黄门侍郎宇文融，执权者所嫉，司农少卿蒋岑同恶而相附……未几，拜少府监中尚使，后充京副留守兼判都省。百工之地，众艺毛举，时称其诎，公独怡然，俄迁国子祭酒。"①留守判都省的背景是整个尚书省地位在下降。《旧唐书》卷四三《职官志二》门下省注云："开元十一年，中书令张说改政事堂为中书门下"，②中书门下取代尚书都省成为政务决策中心，尚书都省地位下降，成为"没有实权的象征性的机构和礼仪中心"。③张汯拜少府监中尚使，后充京副留守兼判都省，墓志云其这段经历"百工之地，众艺毛举，时称其诎，公独怡然"。以留守判尚书省事，发生在开元十一年政务决策中心由政事堂改为中书门下，尚书都省没有决策权之后，所以"时称其诎"。

天宝二年（743）去世的裴仙先，曾"迁工部尚书、东京留守兼判尚书省事。豺狼路上，已埋使者之车；龙凤署中，更曳尚书之履"。④此后留守东都者，都会在结衔中体现判尚书省事，确切地说所判为东都尚书省。天宝十三年《大唐嵩阳观纪圣德感应颂》裴迥系衔为"太中大夫、守河南尹、河南水陆运使、上柱国赐紫金鱼袋、东京留守、判留司尚书省事⑤"。安史之乱中任命的东都留守亦判尚书省。郭子仪于乾元二年（759）三月"为东畿、山东、河南等道节度、防御兵马元帅，权东京留守，判尚书省事"。⑥又如长庆二年（822）七月，以前义武军节度使陈楚为东都留守、判尚书省事、东畿汝防御使。⑦再如韩皋两任东都留守，第二次任职期间是

---

① 《洛阳新获七朝墓志》230《张汯墓志》，第230页。
② 《旧唐书》卷四三《职官志二》，第1842页。
③ 刘后滨：《唐代中书门下体制研究——公文形态·政务运行与制度变迁》，第225-226页。
④ 《全唐文补遗》（八），第45页。
⑤ 《金石萃编》卷八六《大唐嵩阳观纪圣德感应颂》，第1461页。原纪年为"天宝三载"，李林甫天宝六载为开府仪同三司，裴迥为河南尹事在天宝十载后，故当为天宝十三载。
⑥ 《旧唐书》卷一〇《肃宗纪》，第255页。
⑦ 《旧唐书》卷一六《穆宗纪》，第499页。

在长庆二年至四年（822—824）为东都留守、判尚书省事、东畿汝防御使。①留守判东都尚书省至迟在开元年间已成为惯例，一直延续到唐末。

其三，留守本官以文臣为主，武臣少。长庆二年（822）七月，"以前义武军节度使陈楚为东都留守、判尚书省事、东畿汝防御使。本朝故事，东都留守罕用武臣，今用楚，以李⋅抚汴宋故也。"②从笔者所统计历任东都留守的本官来看，主要以六部尚书为主。

其四，留守职任成为与节度、防御等一样的使职。如《宝历元年正月七日赦文》将东都留守与其他诸使一并称"使"："东都留守、度支盐铁使、观察处置、都团练、都防御、经略、招讨等使。"③又《唐会要》卷二五《辍朝》记大和元年（827）七月，太常博士崔龟从奏大臣薨辍朝时提到"其留守、节度、观察、都护、防御、经略等使"。④元和九年（814）前还赐留守旗甲。元和九年，以尚书左丞吕元膺检校工部尚书、东都留守，"旧例，留守必赐旗甲，与方镇略同。及元膺受任，竟无所赐。朝论以东有寇虞，特用元膺，尤不当削其仪，以沮威望。谏官上疏，援华汝寿三州例，赐戎械，居守之重，固宜宠借。上曰：此数处并不当与，其后遂皆停。"⑤耿纬《奉送蒋尚书兼御史大夫东都留守》有云："副相威名重，春卿礼乐崇。锡珪仍拜下，分命遂居东。高旆翻秋日，清铙引细风。"⑥"高旆"一句描写旌旗翻动的时刻。留守虽赐旗甲，但入朝并无特诏。《唐会要》载："开成三年九月，东都留守牛僧孺征拜左仆射，上令左军副使王元直赍告身宣赐。旧例，留守入朝，无中使赐诏例，上特宠异之。"⑦牛僧孺由中使赐诏为特例。

其五，留守兼任观察使、防御使为唐后期的惯例。此不赘述，下章讨

---

① 《旧唐书》卷一六《穆宗纪》，第499页；《新唐书》卷一二六《韩休附韩皋传》，第4438页。
② 《唐会要》卷六七，第1402页。
③ 《文苑英华》卷四二七《赦书部·禋祀赦书四》，第2163页。
④ 《唐会要》卷二五《辍朝》，第550页。
⑤ 《唐会要》卷六七《留守》，第1401页。
⑥ 《全唐诗》卷二六九，第2996页。
⑦ 《唐会要》卷六七《留守》，第1402页。

论东都防御使时再作具体考察。

其六,留守待遇颇丰。东都留守为一使职,其又兼任东都畿都防御使,因此留守的俸钱当为留守与防御使之和。东都留守俸钱的具体数额难以知晓,不过考虑到节度使每月俸钱300贯,都防御使150贯,①东都留守兼任都防御使俸钱当为两者数目之和,应该在450贯左右。②大历四年(769),"以左仆射、翼国公裴冕同中书门下平章事,充东都留守、河南淮南淮西山南东道副元帅"。③裴冕被任命东都留守时,"冕时已衰瘵,载以其顺己,引为同列。受命之际,蹈舞绝倒,载趋而扶起,代为谢词。冕兼掌兵权留守之任,俸钱每月二千余贯。性本侈靡,好尚车服及营珍馔,名马在枥,直数百金者常十数。每会宾友,滋味品数,坐客有昧于名者。"④本传中提到裴冕"俸钱每月二千余贯"的原因是"兼掌兵权留守之任",也就是说因留守之职任以及河南等道副元帅的兵权才能有如此多俸钱。据《册府元龟》卷五○六《邦计部》大历年间京官月俸,左右仆射为从二品,每月80贯,唐后期"地方官吏的俸钱与他们的理财能力有关,也与该州地理位置远近、自然条件丰薄、经济状况好坏有关"。⑤从东都留守的俸钱来看,也体现了"唐代中晚以后,除法定俸料之外,其它不载于法令而可以认为正当收入者,为数远在中央官吏之上"。⑥

综上来看,安史之乱后,在持续任命留守管理东都、都畿的过程中,逐渐形成留守的制度规定。留守之下有副留守,经常由河南尹兼任。留守掌管三类职官体系,一类是留守系统文武官,一类是防御使系统文武官,一类是东都分司官。留守的职责为"守卫东都、实行教化、维护东都社会治安、修葺东都、发展畿内经济和主管畿内兵民财政等"。⑦

---

① 《新唐书》卷五五《食货志》,第1402-1403页。
② 李锦绣估算节帅月俸不会超过500贯。见李锦绣:《唐代财政史稿》(第五册),社会科学文献出版社2007年版,第432页。
③ 《旧唐书》卷一一《代宗纪》,第294页。
④ 《旧唐书》卷一一三《裴冕传》,第3354页。
⑤ 阎守诚:《唐代官吏的俸料钱》,《晋阳学刊》1982年第2期。
⑥ 陈寅恪:《元白诗中俸料钱问题》,见《陈寅恪集·金明馆丛稿二编》,三联书店2001年版,第76-78页。
⑦ 程存洁:《唐代城市史研究初编》,第45-47页。

对以东都留守为长官的东都留守机构，唐代文献中称之为"留守府"，天宝年间始见此说法，天宝十四载（755）安禄山军队攻入东都，留守李憕"坐留守府"。①石云涛注意到东都留守府的幕府化，指出唐代后期东都留守府已成为藩镇使府一样的幕府，东都留守成为节度使或观察使的别名，并开始辟属。②在安史之乱后开始较频繁地出现"留守府"、"留守幕"，如贞元中被辟为从事的卢处约"历留守、浙江西道二府"。③墓志中也屡见将留守府称幕府，如咸通二年（861）的《杨汉公墓志》中称："府罢，入故相国郑公东都留守幕。"④留守府内文武僚佐颇众，《旧唐书》卷一五五《窦群附窦牟传》载窦牟贞元二年始任东都留守巡官"再为留守判官"，⑤历"六府五公"，"六府从事几且百人"。⑥

第二节　留守体系文武僚佐考

唐前期，留守只判尚书省事，其下未形成固定的官僚隶属关系，并且留守在皇帝到洛阳后解除职任。唐后期，随着皇帝长期居于长安，洛阳设留守成为稳定的制度，其下有留守与防御使两套系统的文武职官。程存洁按严耕望《唐代方镇使府僚佐考》一文考证方镇使府文武僚佐的方式，将东都留守分为文职系统、武职系统、防御系统，首次考察了留守文武官。⑦苏小华考证出留守僚佐有副留守、判官、推官、巡官、参谋、要籍。⑧以往

---

① 《新唐书》卷一九一《李憕传》，中华书局1975年版，第5511页。
② 石云涛：《唐代幕府制度研究》，中国社会科学出版社2003年版，第233—237页。
③ 《全唐文补遗》（八）《卢处约墓志》，第154页。
④ 《唐代墓志汇编》咸通008《杨汉公墓志》，第1037页。
⑤ 《旧唐书》卷一五五《窦群附窦牟传》，第4122页。
⑥ 韩愈：《唐故国子司业窦公墓志铭》，见《韩昌黎文集校注》，第524—527页。
⑦ 程存洁：《唐代城市史研究初编》，第47—54页。
⑧ 苏小华：《文献所见唐东都制度考略》，第32—34页。

第二章　东都留守府之留守体系

研究常将防御系统的设置与留守系统混为一体，笔者通过爬梳唐代墓志资料，认为留守府下有清晰的两套系统，一为留守系统，一为防御系统，两套职官体系的最高长官均为东都留守。防御系统涉及东都防御使的沿革，下一章专门讨论。本章主要利用近年出土的墓志材料，通过对大量个体事例的搜证，重新考察东都留守府下文武僚佐的设置情况，勾勒出东都留守府这一独特使府内留守系统的详情。

一、文职僚佐

有关节度、观察、防御等使府文职僚佐的设置情况，《新唐书》卷四九下《百官志四下》的记载最为详细：

> 节度使、副大使知节度事、行军司马、副使、判官、支使、掌书记、推官、巡官、衙推各一人，同节度副使十人，馆驿巡官四人，府院法直官、要籍、逐要亲事各一人，随军四人。节度使封郡王，则有奏记一人；兼观察使，又有判官、支使、推官、巡官、衙推各一人；又兼安抚使，则有副使、判官各一人；兼支度、营田、招讨、经略使，则有副使、判官各一人。①

> 观察使、副使、支使、判官、掌书记、推官、巡官、衙推、随军、要籍、进奏官，各一人。团练使、副使、判官、推官、巡官、衙推，各一人。防御使、副使、判官、推官、巡官，各一人。②

《通典》记载较为简略："有副使一人，行军司马一人，判官二人，掌书记一人，参谋无员，随军四人。"③

以往对藩镇使府僚佐的研究已经比较深入，此处略作回顾。最早对方镇使府僚佐进行探讨的是严耕望的《唐代方镇使府僚佐考》，其文按文武两

---

① 《新唐书》卷四九下《百官志四下》，第1309页。
② 《新唐书》卷四九下《百官志四下》，第1310页。
③ 《通典》卷三二《职官一四》，第895页。

· 53 ·

系统详细考察了藩镇使府的僚佐，其中文职僚佐有：副使、行军司马、判官、掌书记、支使、推官、巡官与馆驿巡官、衙推、参谋、孔目官、府院法直官、要籍、逐要、驱使官、随军（随身、随军）、傔人与别奏。① 戴伟华《唐代使府与文学研究》第一章中专门讨论方镇使府的制度以及使府僚佐的职掌，在严文基础上补充了副使、行军司马、判官、掌书记、支使的具体事例。② 同作者《唐方镇文职僚佐考》以方镇（节度使、观察使、经略使等）为单位，考证每一方镇内文职僚佐之设置，其中"东畿"列出留守府宾佐的几例具体事例。③ 渡边孝《唐代藩镇における下級幕職官について》主要利用石刻碑志材料考证了方镇使府中处于下层的随军、要籍、驱使官、逐要、孔目官、衙推、进奏官等设置。④ 李翔《中晚唐五代藩镇文职幕僚研究》系统论述了藩镇副使、行军司马、判官、掌书记、推官、巡官六类幕僚。⑤

有关东都留守府的宾佐设置情况为史籍所阙略。《唐会要》卷七九《诸使杂录下》会昌五年（845）九月，中书门下所奏"条流诸道判官员额"的整顿中提到："东都留守、陕府，旧有五员，并望不减。"⑥ 不过对五名人员的身份没有具体明示，可参看此次整顿中其他诸道方镇的整顿情况（见表2-1）：

表2-1　会昌五年"条流诸道判官员额"表⑦

方镇	旧有人员数	新改后
西川	十二员	望留八员，节度副使、判官、掌书记、观察判官、支使、推官、云南判官、巡官
淮南、河东		各除向前职额外，淮南留营田判官，河东留留守判官

---

① 严耕望：《唐代方镇使府僚佐考》，第406-432页。
② 戴伟华：《唐代使府与文学研究》，广西师范大学出版社2007年版，第28-36页。
③ 戴伟华：《唐方镇文职僚佐考（修订本）》，广西师范大学出版社2007年版。
④ 渡边孝：《唐代藩镇における下級幕職官について》，《中国史学》2001年第10卷，第83-107页。
⑤ 李翔：《中晚唐五代藩镇文职幕僚研究》，博士学位论文，南开大学2014年，第427-429页。
⑥ 《唐会要》卷七九《诸使杂录下》，第1715页。
⑦ 资料来源：《唐会要》卷七九《诸使杂录下》，第1714-1715页。

第二章 东都留守府之留守体系

续表

方镇	旧有人员数	新改后
幽州、淄青	各有九员	望各留七员，幽州除向前职额外，留卢龙军节度推官；淄青除向前职额外，留押新罗、渤海两藩巡官
山南东道、郑滑、河阳、京南、汴州、昭义、镇州、易定、郓州、魏博、沧州、陈许、徐州、兖海、凤翔、山南西道、东川、泾原、邠宁、河中、岭南	各有八员	望各留六员，节度副使、判官、掌书记、推官、观察判官、支使
振武、灵夏、益州、鄜坊	各有八员	望各留五员，节度副使、判官、掌书记、推官、观察判官
浙东、浙西、宣歙、湖南、江西、鄂岳、福建	各有六员	望各留五员，团练副使、判官、观察判官、支使、推官
黔中	十员	望各留六员，经略副使、判官、招讨判官、观察判官、度支、盐铁判官
天德	三员	亦望不减
同州	四员	并望不减
商州	两员	并望不减
莘州、泗州	防御副使，各有两员	并望不减
楚州、寿州	各有三员	寿州望减团练副使一员；楚州望减营田巡官一员
汝州、盐州、陇州	各有一员	望不减
桂管	六员	望减防御巡官一员
容管	五员	望减招讨巡官一员
延州	两员	亦望减防御推官一员
楼烦、龙陂	各有两员	望各减巡官一员

从条流天下诸道判官员额的奏书中可知，要求东都留守府所保持五名人员，应该同其他道一样，大致有副使、判官、推官、巡官等。除此之外，史籍中不见对东都留守府的宾佐设置情况的记载。程存洁曾据墓志所见材料，将东都僚佐分为文职系统、押衙系统、防御系统，其中考证出文职系统有副留守、判官、记室、推官、从事、巡官、参谋七种。① 近年来，

---

① 程存洁：《唐代城市史研究初编》，第48—50页。

随着新的墓志材料的出土，可以补充留守系统僚佐的具体细节。下文将对留守府下留守系统的文职宾佐依次考释。

1. 副留守

前引《新唐书·百官志》载节度、观察、团练、防御等使下皆设副使。①《通典》卷三二《职官一四》节度使副使注云"副贰使"。②严耕望指出，节度使府、经略使府还有"同副使"之职位。③东都设留守时，一般都设有副留守。副留守的设置，始于唐代前期。如长安二年（702）武则天居于长安，六月壬戌，"召神都留守韦巨源诣京师，以副留守李峤代之"。④《旧唐书》卷九一《敬晖传》："天后幸长安，令晖知副留守事。"⑤开元二十七年（739）逝世于居守之内馆的崔沔，"始东都副留守，复秘书监。上籍田，东都留守，册太子宾客兼怀州刺史。俄而去兼，加通议大夫。终东都副留守。"⑥可见唐前期已形成副留守与留守同设置的惯例。

唐后期，留守府下依然设有副留守，多以河南尹兼之，"旧制河尹，多兼副职"。⑦《旧唐书》卷一二六《裴谞传》载其贞元年间任河南尹、东都副留守。⑧大历五年（770），张延赏以河南尹兼御史中丞充东都留守。⑨大历十二年（777），元载秉政时期"廉洁守道者多不更职"，廉洁清政的蒋沇"滞于郎位"，"常衮以群议称沇屈，擢拜御史中丞、东都副留守"。⑩长庆二年（822）八月，因为汴州之乱，"急诏追弘礼为河南尹、兼御史大夫、东都畿汝都防御副使"。⑪

---

① 《新唐书》卷四九下《百官志四下》，第 1309–1310 页。
② 《通典》卷三二《职官一四》，第 895 页。
③ 严耕望：《唐代方镇使府僚佐考》，第 409 页。
④ 《资治通鉴》卷二〇七长安二年六月壬戌条，第 6559 页。
⑤ 《旧唐书》卷九一《敬晖传》，第 2932 页。
⑥ 《唐代墓志汇编》大历 060《崔沔墓志》，第 1800 页。
⑦ 权德舆撰，郭广伟校点：《权德舆诗文集》卷四六《谢河南尹裴次元充东都副留守状》，第 728 页。
⑧ 《旧唐书》卷一二六《裴谞传》，第 3568 页。又贞元十年（794）的《张敬诜墓志》载其由东都副留守河南尹裴谞命为押衙（《唐代墓志汇编》贞元 061《张敬诜墓志》，第 1880 页）。
⑨ 《旧唐书》卷一一《代宗纪》，第 294 页。"留守"《文苑英华》卷四〇六《授张延赏河南尹制》（第 2060 页）作"副留守"。《旧唐书》本传云"权知东都留守"。
⑩ 《旧唐书》卷一八五下《蒋沇传》，第 4827 页。
⑪ 《旧唐书》卷一六三《崔弘礼传》，第 4265 页。

东都副留守的职级,地位仅次于留守,同留守一样,由中央直接任命,颇为重要。至于副留守的具体职责,可以元和年间担任东都副留守的裴次元为例来看。权德舆《谢河南尹裴次元充东都副留守状》:

> 右。伏奉今月十九日敕,东都留镇,创立新军,所招将士,切须精选,要得府县共详簿书。况分正副守,仰惟旧典,宜令裴次元以本官充东都副留守者。伏以居守之任,分政是崇,旧制河尹,多兼副职。以臣虚薄,谬忝保厘。陛下俯忧败阙,命此陪贰。今淮右狂寇,尚稽天诛;洛京重地,每轸宸虑。况新承诏旨,创置军师,其于选募,多阙府县。以尹守之剧,同此在公,佐庸菲之材,俯矜不逮。受恩斯重,量力难任。见与次元计会,于诸色人中设法招召,续具条奏。无任感恩戴荷之至,谨奉状陈谢以闻。谨奏。①

权德舆在状中请求以河南尹裴次元充东都副留守并陈述其理由,"居守之任,分政是崇,旧制河尹,多兼副职"。最终,权德舆的建议得到朝廷的批准,"令河南尹裴次元以本官充东都副留守"②。从权德舆的上书中可看到,副留守的授予需要经过中央的任命。裴次元上任后,与东都留守权德舆一起积极开展东都、都畿的布防工作。权德舆《谨移义成军一千五百人镇阳翟状》载:"今诏平发步军一千五百人,于阳翟县镇守,令权取臣指㧑,与次元计会,差官专往勾当供顿……应缘置顿,及到县下处,臣已与次元计会排比,差官勾当。"③可见东都留守、副留守为东都地区最高行政长官、副官,在实际政务的处理中,留守(防御使)、副留守(防御副使)紧密配合,最终实现巩固王朝东部都畿的目的。

还需指出的是,副留守可以辟属。前引贞元十年(794)的《张敬诜墓志》载:"东都副留守河南尹裴公谓命公为押衙。奉上以忠贞,抚下以

---

① 《权德舆诗文集》卷四六《谢河南尹裴次元充东都副留守状》,第728页。
② 《唐会要》卷六七《留守》,第1401页。
③ 《权德舆诗文集》卷四六《谨移义成军一千五百人镇阳翟状》,第729页。

信义。"① 张敬诜除了有东都副留守身份，还有河南尹身份。但此处当以副留守之身份征辟张敬诜，押衙为留守府内所设。

综上可知，副留守在留守府中位列留守下，配合留守进行政务处理，一般以河南尹充任，这样可以更好地调动河南府内资源，以方便留守府的运作。

2. 判官

前引《新唐书·百官志》节度使、观察、团练、防御等使皆设有判官。②《通典》载节度使府判官二人，"分判仓、兵、骑、胄四曹事"。③《资治通鉴》卷二一六天宝六载（747）十二月条胡三省注："唐诸使之属，判官位次副使，尽总府事。"④ 据严耕望《唐代方镇使府僚佐考》考察，判官在唐代既可以有广义之义，又有专指之义。广义"参佐"亦称为"判官"，狭义为方镇使府的僚佐。玄宗以后，采访使、节度使、观察使、经略使、招讨使、防御使、团练使、支度使、营田使等，凡立使，皆设判官。⑤

自唐前期开始，东都留守下设判官一职。《旧唐书》卷一〇二《徐坚传》载："圣历中，车驾在三阳宫，御史大夫杨再思、太子左庶子王方庆为东都留守，引坚为判官，表奏专以委之，方庆善《三礼》之学，每有疑滞，常就坚问，必能征旧说，训释详明，方庆深善之。"⑥ 徐坚作为东都留守下的判官，负责表奏文书的写作以及辅佐留守处理政务。又天宝十三载（754）去世的李昢，"东京留守、礼部尚书崔翘又奏为判官，寻迁太子舍人，判官如故。参名居守，矫迹崇贤，政必有章，事无不允。属旁求时彦，精择台郎，乃授尚书驾部员外郎，膺高选也。"⑦ 李昢作为判官"政必有章，事无不允"参与政务。从以上两事例可知，唐前期留守判官主要辅

---

① 《唐代墓志汇编》贞元061《张敬诜墓志》，第1880页。
② 《新唐书》卷四九下《百官志四下》，第1309-1310页。
③ 《通典》卷三二《职官一四》，第895页。
④ 《资治通鉴》卷二一六天宝六载十二月条胡注，中华书局1956年版，第6888页。
⑤ 严耕望：《唐代方镇使府僚佐考》，第414-417页。
⑥ 《旧唐书》卷一〇二《徐坚传》，第3175页。
⑦ 《唐代墓志汇编》天宝271《李昢墓志》，第1721页。

第二章 东都留守府之留守体系

助留守处理表奏文书等政务。

唐代后期，留守府下设有判官一职，并因其在留守府中的位置，有留守判官、衙前判官等称。

首先看留守判官。裴度曾于长庆二年（822）、大和八年（834）至开成二年（837）前后，两任东都留守，任职期间，曾辟皇甫湜为判官。《新唐书》卷一七六《皇甫湜传》：

> 留守裴度辟为判官。度修福先寺，将立碑，求文于白居易。湜怒曰："近舍湜而远取居易，请从此辞。"度谢之。湜即请斗酒，饮酣，援笔立就。度赠以车马缯綵甚厚，湜大怒曰："自吾为《顾况集序》，未尝许人。今碑字三千，字三缣，何遇我薄邪？"度笑曰："不羁之才也。"从而酬之。①

皇甫湜作为判官，因留守请白居易写碑文而认为有辱于自己本职。由此可知，东都留守判官擅长文案工作，主职属文，佐留守。其他擅长文案而担任判官者，还有不少例证。如窦庠"除奉天令、登州刺史、东都留守判官，历信、婺二州刺史"。②窦庠在东都留守府期间诗作两首：《东都嘉量亭诗献留守韩仆射》、《留守府酬皇甫曙侍御弹琴之什》。③《文苑英华》卷二七一收录李嘉祐《送王谏议充东都留守判官》，④王谏议与钱起、独孤及等人交往甚密，自然颇具文采。⑤穆员，在贞元五年（789）至十二年杜亚担任东都留守期间，入留守府幕。《旧唐书》卷一五五《穆宁附穆员传》载："员，工文辞，尚节义，杜亚为东都留守，辟为从事、检校员外郎。"初为从事，后升为判官，其撰《郑氏墓志铭》自署"东都留守判官将仕郎监察御史里行赐绯鱼袋河南穆员"。穆员有《穆员集》十卷。⑥从以上所举皇甫

---

① 《新唐书》卷一七六《皇甫湜传》，第5267-5268页。
② 《旧唐书》卷一五五《窦群附窦庠传》，第4122页。
③ 《全唐诗》卷二七一，第3043-3046页。
④ 《文苑英华》卷二七一，第1369页。
⑤ 储仲君判断钱起《送王谏议任东都居守》和独孤及《自东都还濠州奉酬王八谏议见赠》、《郑县刘少府兄宅月夜登台宴集序》中的王谏议为琅琊王休，《李嘉祐诗疑年》，《唐代文学研究》第2辑，广西师范大学出版社1990年版，第150-151页。
⑥ 《新唐书》卷六〇《艺文志四》，第1605页；《文苑英华》卷七〇四许孟容《穆公集序》，第3632页。

浑、窦庠、穆员等事例来看,留守判官擅属文,掌表奏文案。

严耕望研究认为,方镇使府中判官地位重要,会侵夺他官之职。① 有关判官在留守府中的地位,可以从以下事例窥其一斑。崔弘礼"检校金部员外郎兼侍御史,充东都留守判官,从嘉招登宾席者前后四府,而皆肃给以干事,诚明以报知。又以高朗之韵,居群无疑;苞并之器,与众弥广;识者谓公总大权处高位其见矣"。② "总大权处高位"道出判官在留守府中地位尊崇。判官除负责文书政务处理外,也参与其他政务处理。韩愈为崔侍御崔翃作《祭穆员外文》,追忆与穆员交往。其中提到东都岁月:

> 君从杜侯。我时在洛,亦应其招。留守无事,多君子僚;罔有疑忌,维其嬉游……主人信谗,有惑其下;杀人无罪,诬以成过;入救不从,反以为祸。赫赫有闻,王命三司;察我于狱,相从系缧。曲生何乐,直死何悲;上怀主人,内闵其私;进退之难,君处之宜!③

从崔翃的回忆中,可以了解穆员作为判官时的日常交往以及在崔翃入狱一事上的作为。崔翃所说入狱之事为东都留守杜亚诬陷牙将令狐运盗窃因而逮捕令狐运及属下四十余人一事。《唐会要》卷六二《御史台下》:

> 元和五年四月,命监察御史杨宁往东都按大将令狐运事。时杜亚为东都留守,素恶运。会盗发洛城之北,运适与其部下畋于北邙,亚意为盗,遂执讯之,逮系者四十余人。宁既按其事,亚以为不直。密表陈之,宁遂得罪。亚将逞其宿怒,且以得贼为功,上表指明运为盗之状,上信而不疑。宰臣以狱大宜审,奏请覆之,命侍御史李元素就覆焉。亚迎路,以狱成告,元素验之,五日,尽释其囚以还。亚大惊且怒,亲追送,马上责之,元素不

---

① 严耕望《唐代方镇使府僚佐考》,第417-419页。
② 《唐代墓志汇编》大和039《崔弘礼墓志》,第2123页。
③ 《韩昌黎文集校注》卷五,第306-307页。

第二章 东都留守府之留守体系

答。亚遂上疏,又论元素。①

在整个事件中,留守先是命令判官与从事一同审问留守牙将令狐运等人,之后中央御史台派人审问此事。崔憨为令狐运属下,为此次因留守诬陷而逮捕的四十余人之一。穆员作为留守判官与从事李藩、张弘靖一同负责审讯令狐运等人。可知判官由留守任命,可参与其他事务的处理,如鞫问刑狱。

其他墓志、史籍中所见判官的例子还有:《旧唐书》卷一一八《元载传》:"东都留守苗晋卿又引为判官,迁大理司直。"②《旧唐书》卷一五三《段平仲传》记载,段平仲于贞元末年任东都留守判官。③大中九年(855)去世的李氏"祖郓,皇殿中侍御史东都留守判官"。④乾符二年(875)去世的卢疤,其"曾王父讳恭,尚书工部员外郎,东都留守判官"。⑤《旧唐书》卷一七六《杨嗣复附杨授传》:"李福为东都留守,奏充判官",⑥李福任东都留守的时间为僖宗乾符年间。⑦

综上可知,东都留守判官作为副使下最高文职人员,主要职责为掌管文书表奏,辅佐留守处理政务,也会参与到具体事务的处理,如鞫问刑狱。

东都留守府还有衙前判官一职。"衙前"一词为唐后期、五代方镇使府中所常见,到宋代有衙前役。⑧《封氏闻见记》卷五"公牙"条:"近代通

---

① 《唐会要》卷六二《御史台下》,第1274页。此事经过又见于《旧唐书》卷一二四《令狐彰附令狐运传》(第3531页):"运为东都留守将,逐贼出郊,其日有劫转运绢于道者,杜亚以运豪家子,意其为之,乃令判官穆员及从事张弘靖同鞫其事。"《旧唐书》卷一二九《张延赏附张弘靖传》(第3610页):"留守将令狐运逐贼出郊,其日有劫转运绢于道者,亚以运豪家子,意其为之,乃令判官穆员及弘靖同鞫其事。员与弘靖皆以运职在牙门,必不为盗,坚请不按。"
② 《旧唐书》卷一一八《元载传》,第3409页。
③ 《旧唐书》卷一五三《段平仲传》,第4089页。
④ 《唐代墓志汇编》大中094《李氏墓志》,第2322页。
⑤ 《秦晋豫新出墓志搜佚续编》940《李当妻卢疤墓志》,第1303页。
⑥ 《旧唐书》卷一七六《杨嗣复附杨授传》,第4560页。
⑦ 《新唐书》卷一三一《李石附李福传》,第4517页。
⑧ 有关宋代衙前役的研究,详见:裴汝诚:《略论宋代衙前役》(收入东北师范大学历史系中国古代史教研室编《中国古代经济史论丛》,黑龙江人民出版社1983年版,第272—284页);王曾瑜:《宋代衙前杂论(一)、(二)》(载《北京师范学院学报》1986年第3期,1987年第1期);邓广铭:《宋代"衙前将、吏"考释(未完成稿)》(收入《邓广铭全集》第7卷,河北教育出版社2005年版,第390—397页)。

谓府廷为公衙，公衙即古之公朝也。字本作'牙'。诗曰：'祈父予王之爪牙。'祈父，司马，掌武备，象猛兽以爪牙为卫。故军前大旗谓之'牙旗'，出师则有建牙祃牙之事，军中听号令必至牙旗之下，称与府朝无异。近俗尚武，是以通呼公府为公牙，府门为牙门。字称讹变，转而为'衙'也。……或云：'公门外刻木为牙，立于门侧，以象兽牙；军将之行，置牙竿首，悬旗于上。'其义一也。"① 可知，唐后期称公府为公衙，"衙"即"牙"，方镇使府中"衙前"、"牙军"等词均强调府中亲近爪牙的含义。严耕望已指出"唐世所谓'衙前'，亦犹汉世所谓'门下'，都知兵马使、都虞候无不可以衙前称之"。② 堀敏一指出，"衙前"一词应当与牙军有关。③ 东都留守府也可视为牙门，《旧唐书》卷一二九《张延赏附张弘靖传》："留守将令狐运逐贼出郊，其日有劫转运绢于道者，亚以运豪家子，意其为之，乃令判官穆员及弘靖同鞫其事。员与弘靖皆以运职在牙门，必不为盗，坚请不按。"④ 令狐运为留守府将领，"职在牙门"强调留守府可视为"牙门"。

到宋代，衙前成为一种职役。赵彦卫《云麓漫钞》讨论宋代衙前役的渊源时认为："唐制……百姓则列五军，有前、后、左、右、中军之别，军校有前军、后军、中军、兵马使、左右厢虞候，又有都知兵马使、左右押衙教练使，其目颇繁，择民之豪富者为之。……国初有士夫被遣而责为衙校者……遂有破家之患。荆公当国，始罢差法，敛民钱雇人为之，今之衙前是也。"⑤ 这段论断追溯了唐代军中衙前如何演变为宋代衙前职役。⑥

留守府下有衙前系统，设有判官。长庆四年（824）的《夏侯济墓志》

---

① （唐）封演撰，赵贞信校注：《封氏闻见记》卷五"公牙"条，中华书局2005年版，第39页。
② 严耕望：《唐代藩镇使府僚佐考》，第445页。
③ 堀敏一：《藩镇亲卫军的权力结构》，原载《东洋文化研究所纪要》（第20册，1959年），此据刘俊文主编《日本学者研究中国史论著选译·第四卷六朝隋唐》，中华书局1992年版，第585-644页。
④ 《旧唐书》卷一二九《张延赏附张弘靖传》，第3610页。
⑤ （宋）赵彦卫撰，傅根清点校：《云麓漫钞》卷三，中华书局1996年版，第38页。关于宋代衙前的设置情况，详见《嘉定赤城志》卷一七《吏役门》（中国文史出版社2008年版，第189页）。
⑥ 唐刚卯《衙前考论》一文考察"衙前"第一次在唐后期开始出现，宋代的衙前役源流可追溯到唐，承袭自五代（《宋史论集》，中州书画社1983年版，第124-126页）。

中系衔为"给事郎试詹事府丞上护军充东都留守衙前判官","故留守重司,衙前判务,特委于公矣。公职役数使,始终无谕,军衙敬其仁,行伍钦其德,官勋显于宗祖,余庆光于后昆。"① 大和八年（834）《魏叔元墓志》撰写者李庭为"东都留守衙前判官将仕郎试左千牛卫长史"。② 咸通九年（868）《魏涿墓志》撰写者郝乘为"留守衙前判官文林郎试左内率府胄曹参军"。③ 另外,郝乘撰写的其他墓志中也属衔"留守衙前判官",如咸通九年《魏虔威墓志》亦由郝乘撰,署"留守衙前判官"。④ 咸通十一年（870）《魏顼墓志》亦是由"留守衙前判官试左内率府胄曹参军郝乘撰"。⑤ 衙前判官与留守府内普通判官职务类似,所不同者,强调衙前更为亲近的身份。

3. 推官

前引《新唐书·百官志》载节度使、观察使、团练使、防御使下各设有推官一人。⑥《通典》载推官主要职责为"推鞫狱讼"。⑦ 严耕望指出,推官为中唐以后节度使下常设,掌推勾刑狱之职。此外,其他讨论方镇僚佐的研究中也会涉及推官一职。⑧

东都留守府下设有推官一职,其职责为掌鞫问刑狱之事,故其所带职事官多为大理寺之"大理评事"及御史台监察官。《旧唐书》卷一一三《苗晋卿传》:"初,晋卿东都留守,引用大理评事元载为推官。"⑨ 卢士琼"君少好著文,精晓吏事",常被赞叹"吏材过人",⑩ 卢士琼文章、吏干才能均突出,得以授东都留守推官:"郑少师之留守东都,奏为推官,得大理评事,韩尚书代为留守,请君如初。"长庆三年（823）去世的何抚,"兵部

---

① 《洛阳新获七朝墓志》324《夏侯济墓志》,第324页。
② 《唐代墓志汇编》大和092《魏叔元墓志》,第2161页。
③ 《唐代墓志汇编》咸通067《魏涿墓志》,第2430页。
④ 《唐代墓志汇编》咸通074《魏虔威墓志》,第2437页。
⑤ 《唐代墓志汇编》咸通086《魏顼墓志》,第2446页。
⑥ 《新唐书》卷四九下《百官志四下》,第1309—1310页。
⑦ 《通典》卷三二《职官一四》,第895页。
⑧ 石云涛:《唐代幕府制度研究》,第98—100页；赖瑞和:《唐代基层文官》第五章《巡官、推官和掌书记》,中华书局2008年版,第203—265页。
⑨ 《旧唐书》卷一一三《苗晋卿传》,第3352页。
⑩ 《唐代墓志汇编》大和006《卢士琼墓志》,第2098页。

尚书相国郑公之留镇东都也，复以本官充留守推官"。①这里提到其本官，一般推官的本官为大理评事。崔弘礼元和年间曾任"大理评事、摄监察史，赴辟东都为留守推官"。②会昌五年（845）去世的齐酆，其父曾任"留守推官"。③大中五年（851）去世的孙义，其长子孙顼"前任东都留守推官、检校尚书屯田员外郎"。④咸通七年（866）去世的郑保玄，其夫郑溶曾任"东都留守推官，监察御史里行"。⑤乾符五年（878）去世的卢乐娘，其祖父卢方曾任"大理评事、东都留守推官"。⑥天复元年（901）去世的王涣，其祖父王镒曾为"东都留守推官、试大理评事"。⑦

4. 巡官

前引《新唐书·百官志》载节度使、支度使、观察使、团练使、防御使下巡官各一人。⑧严耕望指出，节度巡官为唐中叶所常设，其设置最迟在大历末年，观察使下也设有巡官，可掌营田。⑨程存洁已注意到东都留守府有巡官。⑩苏小华考证出东都留守下有巡官，但所用材料实为防御使之巡官，非东都留守巡官。⑪

东都留守府中巡官的事例，目前所见有一例。《旧唐书》卷一五五《窦群附窦牟传》载窦牟贞元二年（786）登进士第，"试秘书省校书郎、东都留守巡官。历河阳、昭义从事，检校水部郎中，赐绯，再为留守判官。入为都官郎中"。⑫由留守巡官任职他府，后又转入留守府时，迁转到判官一

---

① 《全唐文补遗》（八）《何抚墓志》，第137页。
② 《唐代墓志汇编》大和039《崔弘礼墓志》，第2123页。
③ 《秦晋豫新出墓志搜佚汇编》768《齐酆墓志》，第989页。
④ 《唐代墓志汇编》大中054《孙义墓志》，第2289页。
⑤ 《秦晋豫新出墓志搜佚续编》912《郑保玄墓志》，第1263页。
⑥ 《唐代墓志汇编》乾符022《卢乐娘墓志》，第2488页。
⑦ 《全唐文补遗》（一）《王涣墓志》，第430—432页。
⑧ 《新唐书》卷四九下《百官志四下》，第1309—1310页。
⑨ 严耕望：《唐代方镇使府僚佐考》，第423—424页。
⑩ 程存洁：《唐代城市史研究初编》，第49—50页。
⑪ 苏小华：《文献所见唐东都制度考略》，第34页。
⑫ 《旧唐书》卷一五五《窦群附窦牟传》，第4122页。亦见褚藏言《窦牟诗序》"府君初授秘校、东都留守巡官，历河阳、昭义从事"（《全唐文》卷七六一，第3505页）。

职。窦牟在留守府内"始佐崔大夫纵留守东都后,佐留守司徒余庆,历六府五公"。①

5. 从事

节度使下有从事,一般为幕僚的总称。留守府下亦有"从事"多名,程存洁已注意到东都留守府下从事的存在。②从笔者所统计来看,"从事"有广义与狭义之分,广义指留守府内一般幕僚,狭义则专指留守府内某种文职工作。

从史籍及墓志中所载来看,"从事"经常泛指留守府内宾佐。窦牟贞元二年(786)始任东都留守巡官,"再为留守判官",③历任崔纵、郑余庆等"六府五公","六府从事几且百人,有愿奸易,险贤不肖,不同一接,以和与信,卒莫与公有怨嫌者",④这里的从事或为宾佐之意。贞元十九年(803)去世的张忠义,墓志云:"弱冠,始见东都留守路冀公,冀公奇之,特署麾下,出入从事,于是有声。"⑤路冀公即路嗣恭,于大历十四年(779)到建中二年(781)任东都留守。⑥"出入从事"揭示宾佐的身份,未云具体职位,后因平定建中之乱而加官进爵。韩愈《送郑十校理序》,郑十校理为东都留守郑余庆之子,元和五年(810)从长安到东都探亲,返回长安时"东都士大夫,不得见其面,于其行日,分司吏与留守之从事,窃载酒肴席定鼎门外,盛宾客以饯之"。⑦这里的"留守从事"当是留守宾佐之泛指。

元和七年(812)齐抗夫人墓志中云其子"尝自留守府从事、试太常寺协律郎",⑧这里的从事应为具体职位。宝历二年(826)去世的崔迢,

---

① 韩愈:《唐故国子司业窦公墓志铭》,见《韩昌黎文集校注》,第524-527页。
② 程存洁:《唐代城市史研究初编》,第49页。
③ 《旧唐书》卷一五五《窦群附窦牟传》,第4122页。
④ 《韩昌黎文集校注》卷四,第526页。
⑤ 《新中国出土墓志·河南》[贰]281《张忠义墓志》,第302页。
⑥ 《旧唐书》卷一二《德宗纪上》,第320、327页。
⑦ 《韩昌黎文集校注》卷四,第288-289页。
⑧ 《洛阳流散唐代墓志汇编续集》二七〇《萧氏墓志》,第546-547页。

"贞元初为东都留守哥舒公知遇,辟为从事,后又为郑、滑节度使相国贾公耽邀属节度巡官"。① 开成五年(840)员公夫人李氏去世,墓志中称其夫为"东都留守从事平凉员公"。② 从这几条材料看,均指具体留守府僚佐。

贞元五年至十二年(789—796),杜亚任东都留守,③ 所辟为从事者有张弘靖、李藩、穆员等。《旧唐书》卷一五五《穆宁附穆员传》载:"员,工文辞,尚节义,杜亚为东都留守,辟为从事、检校员外郎。"④《册府元龟》载:"张弘靖为东都留守从事,献赋美二京之制。德宗嘉其文,擢授监察御史。"⑤《旧唐书》卷一四八《李藩传》载:"杜亚居守东都,以故人子署为从事。洛中盗发,有诬牙将令狐运者,亚信之,拷掠竟罪;藩知其冤,争之不从,遂辞出。"⑥ 可见,留守府内从事人数一般都是几人,多至几十人,这里的从事亦当理解为僚佐。不过穆员、张弘靖同审的这起案件中,《旧唐书》卷一二四《令狐彰附令狐运传》记载为:"运为东都留守将,逐贼出郊,其日有劫转运绢于道者,杜亚以运豪家子,意其为之,乃令判官穆员及从事张弘靖同鞫其事。"⑦ 从这条材料可知,从事与判官为两类官职。⑧

至于从事的职责,多有参谋的性质。贞元十九年至二十一年(803—805),韦夏卿任留守。⑨ 韦辞"贞元末,东都留守韦夏卿辟为从事"。⑩ 韦辞的从事职责是参议谋划。韦辞任留守从事期间,"颇有裨助,其后累佐

---

① 《龙门区系石刻文萃》324《崔迢墓志》,第 320 页。
② 《河洛墓刻拾零》420《员公夫人李氏墓志》,第 564 页。
③ 《旧唐书》卷一三《德宗纪下》,第 368、383 页;《旧唐书》卷一四六《杜亚传》,第 3964 页。
④ 《旧唐书》卷一五五《穆宁附穆员传》,第 4116 页。
⑤ 《册府元龟》卷八四一《总录部·文章五》,第 9769 页。
⑥ 《旧唐书》卷一四八《李藩传》,第 3997-3998 页。
⑦ 《旧唐书》卷一二四《令狐彰附令狐运传》,第 3531 页。
⑧ 此处云穆员为判官,本传中云从事,已由从事迁转到判官一职。《辛广墓志》的撰者穆员自叙:"建中三年,员从事于东周分正之府,历佐故御史大夫郑公、尚书崔公、今相国贾公。"(《洛阳新获七朝墓志》299《辛广墓志》,第 299 页。)
⑨ 《旧唐书》卷一三《德宗纪下》,第 398 页;卷一四《宪宗纪上》,第 413 页。
⑩ 《旧唐书》卷一六〇《韦辞传》,第 4215 页。《册府元龟》卷七二一《幕府部·裨赞》载:"韦辞为韦夏卿东都留守从事"(《册府元龟》卷七二一《幕府部·裨赞》,第 8323 页。"韦辞",原作"韦词",据《旧唐书》本传改)。

使府，以公才闻"，①"皆以参画称职"。② 大和四年（830）的《卢方墓志》载："左仆射韩公皋以硕德元老保厘东周，挹公器度，表为从事，授奉礼郎。地当清洛，府即皇居，实东夏之准绳，赞二南之风化，固有光矣。未几韩公出拥麾幢，作藩于许，复参幕画，改协律郎。"③ 韩皋第一次任东都留守时间在元和六年十月至元和八年六月（811—813），④ 第二次任留守为长庆二年（822），未到任即卒，则卢方为留守从事当在元和年间。元和年间的崔弘礼也任从事，据《旧唐书》卷一六三《崔弘礼传》载："以弘礼为从事"。⑤《册府元龟》卷七二一《幕府部·谋划二》详载崔弘礼任留守从事的事迹："崔弘礼，元和中为东都留守吕元膺从事。时淮西吴少阳初死，吴元济阻兵拒命，山东反侧之徒为之影援，东平李师道谋惊东洛，以胁朝廷，弘礼为元膺筹画，部分兵众，以固东都，平亦无累。"⑥ 可见，从事颇类似于参谋一职，负责参议谋划。

以上数名从事中，除张弘靖门荫入仕外，其他各人都以文学见长，更有科举出身者。李藩"少恬淡修检，雅容仪，好学。……年四十余未仕，读书扬州"，后被留守杜亚辟为从事。韦辞"少以两经擢第，判入等，为秘书省校书郎"。⑦ 李景俭贞元十五年进士及第。⑧ 窦牟贞元二年举进士，"授秘校，东都留守从事，历河阳三城从事"。⑨《旧唐书》卷一五五《穆宁附穆员传》载："员，工文辞，尚节义，杜亚为东都留守，辟为从事、检校员外郎"。⑩ 穆员"建中三年，员从事于东周分正之府，历佐故御史大夫

---

① 《册府元龟》卷七二一《幕府部·禆赞》，第8323页。
② 《旧唐书》卷一六〇《韦辞传》，第4215页。
③ 《唐代墓志汇编续集》大和026《卢方墓志》，第901页。
④ 《旧唐书》卷一四《宪宗纪上》，第437页，同书卷一五《宪宗纪下》，第446页。
⑤ 《旧唐书》卷一六三《崔弘礼传》，第4265页。
⑥ 《册府元龟》卷七二一《幕府部·谋划二》，第8317页。另外，"从事"，《新唐书》卷一六四《崔弘礼传》（第5050页）作"参谋"。
⑦ 《旧唐书》卷一六〇《韦辞传》，第4214—4215页。
⑧ 《旧唐书》卷一七一《李景俭传》，第4456页。
⑨ 《窦氏联珠集》褚藏言《故国子司业赠给事中扶风窦府君诗》，四部丛刊本，商务印书馆1935年版，第21页。
⑩ 《旧唐书》卷一五五《穆宁附穆员传》，第4116页。

郑公、尚书崔公、今相国贾公"。①

6. 记室

唐代亲王府下设记室参军事二人，②到唐后期，诸道藩镇幕府中多置记室一职。如《旧唐书》卷一六〇《刘禹锡传》载"从事淮南节度使杜佑幕，典记室"。③《旧唐书》卷一六三《卢简辞附卢简求传》载："裴度镇太原，复奏为记室。"④东都留守府下亦同方镇使府，设有记室一职。元和元年（806）去世的杨择文，"爰有子婿试右内率府兵曹参军范纬，充留守记室，职居津要，才颇众先，成使幕之箴规，实周行之高步"。⑤有关记室的职责，李商隐自叙在徐州幕府经历时云："尚书范阳公以徐戎凶悍，节度阙判官，奏入幕。故事军中移檄牒刺，皆不关决记室，判官专掌之；其关记室者，记室假。故余亦参杂应用。"⑥可见，记室在判官之下，可掌管军中"移檄牒刺"等文书工作，留守记室职责亦应相似。

7. 参谋

前引《通典·职官典》节度使府设有参谋一职，注云："无员或一人或二人，参议谋画。"⑦东都留守府内，或有参谋一职。《新唐书》卷一六四《崔弘礼传》："及进士第，平判异等。灵武李栾表为判官，以亲老不应，更署东都留守吕元膺参谋。时天子讨蔡，李师道谋袭洛，胁沮朝廷以释蔡危。弘礼为箝揣贼情，部分设张，东都卒无患。"⑧《旧唐书》本传载："元和中，吕元膺为东都留守，以弘礼为从事。"⑨新、旧《唐书》，一云"参谋"，一云"从事"，未知孰是。大和五年（831）《崔弘礼墓志》载其历职东都留守推官、防御判官、留守判官，未云历从事、参谋一职。⑩前揭从事

---

① 《洛阳新获七朝墓志》299《辛广墓志》，第299页。
② 《唐六典》卷二九《亲王府》，第730页。
③ 《旧唐书》卷一六〇《刘禹锡传》，第4210页。
④ 《旧唐书》卷一六三《卢简辞附卢简求传》，第4272页。
⑤ 《唐代墓志汇编》元和005《杨择文墓志》，第1952页。
⑥ 《全唐文》卷七七九，第3606页。
⑦ 《通典》卷三二《职官一四》，第895页。
⑧ 《新唐书》卷一六四《崔弘礼传》，第5050页。
⑨ 《旧唐书》卷一六三《崔弘礼传》，第4265页。
⑩ 《唐代墓志汇编》大和039《崔弘礼墓志》，第2123页。

一职也有参议谋划的职能。不过，从东都留守府内文职僚佐设置来看，存在设立参谋一职的可能性。具体参谋之职掌，可参见节度使府，白居易祖父白锽曾任滑台节度参谋，"军府之要，多咨度焉"①。

到唐末五代，参谋的职掌地位发生变化。唐末李涪《刊误》卷下"参谋"条云："秦汉之职，在宾幕中筹画戎机，非多学深识者，莫居是选。自乱离已后，每居藩翰，必以阴阳伎术者处之，仍居将校之末，宜重而轻，诚可惜也。设有文人仗节统戎，举辟名士，宜于管记、支使之间，以正其名，不亦善乎？"②冯培红曾专门讨论唐末参谋一职由军中幕府转变为掌占卜丧葬、阴阳技术，地位居将校之末。③

8. 驱使官

据严耕望考证唐代前期已有驱使之职，驱使官为方镇使府所常设。④据李锦绣研究，随着唐后期国家行政运作体制、行政手段的变化，出现不同于前期流外的新型胥吏体系，⑤驱使官即于此阶段出现。叶炜考察过驱使官的出现时间，认为代宗末、德宗初年，始见设驱使官，此后中央机构与地方机构如节度使、刺史下都设置驱使官，并且具有明显的差遣性质。⑥据长庆三年（823）的《连宝积墓志》，⑦连宝积为"东都防御军左三将副使、左金吾卫大将军、试殿中监、上柱国"，任职东都防御系统，季子连海潭"充东都内作驱使官"，此处不能确定是留守府内的驱使官还是分司机构中的驱使官，存此待考。

9. 随军

前引《通典》及《新唐书·百官志》⑧皆云方镇使府有随军，《通典》略

---

① 《白居易文集校注》卷九《故巩县令白府君事状》，第296页。
② 李涪：《刊误》卷下"参谋"，见崔豹撰、焦杰校点，《古今注》，辽宁教育出版社1998年版，第21页。
③ 冯培红：《唐五代参谋考略》，《复旦学报》2013年第6期，第89-98页。
④ 严耕望：《唐代方镇使府僚佐考》，第428-429页。
⑤ 见黄正建主编：《中晚唐社会与政治研究》，中国社会科学出版社2003年版，第83-91页。
⑥ 叶炜：《南北朝隋唐官吏分途研究》，北京大学出版社2009年版，第237-240页。
⑦ 《邙洛碑志三百种》243《连宝积墓志》，第288页。
⑧ 《新唐书》卷四九下《百官志四下》载"随军四人"，第1309页。

详:"随军四人,注云:分使出入。"① 严耕望《唐代方镇使府僚佐考》将随身、随军一起考察过,认为节度使下设有随身,无定职,临时勾当职事。② 王延武指出唐前期"随军要籍"常连在一起称谓,中唐后开始分化为"随军"与"要籍"两职。③ 石云涛认为"随军要籍"虽位卑,可以"从事耳目",应是节帅亲近之职,亦注意到唐后期由"随军要籍"一职转化为"随军"与"要籍"两职。④

东都留守府下的随军,从其职掌来看,无固定职责。大和四年(830)去世的成璘,父亲成万善"其扁鹊之艺,人无比焉,佐东部留守兼开东道节度副元帅郭令公之随军"。⑤ 郭令公即郭子仪,于乾元二年(759)三月"为东畿、山东、河南等道节度、防御兵马元帅,权东京留守,判尚书省事"。⑥ 成万善当为安史之乱中郭子仪军队的随军医生。会昌三年(843),田可封为仇仙期及妻玄氏撰写的墓志,自署衔"留守随军兼右都虞候判官、道州延唐县尉"。⑦ 此前,开成五年(840)田可封给东都留守从事员公夫人撰写的墓志中自署衔"都防御都虞候判官前道州延唐县尉",⑧ 为东都留守兼任的都防御使系统下。从田可封的仕途经历来看,开成五年为"都防御都虞候判官",到会昌三年已升任"留守随军兼右都虞候判官",这里的随军为使职。

以上通过考察东都留守府下留守体系的文职僚佐设置情况,可知东都留守府下设有层级分明的文职宾佐官职。与《新唐书·百官志》、《通典》所载节度、团练、观察、防御等使府的僚佐对照可以看到,留守府的僚佐设置大体与节度使府等一致。留守下副留守多以河南尹兼之,与留守一起开

---

① 《通典》卷三二《职官一四》,第895页。
② 严耕望:《唐代方镇使府僚佐考》,第429-430页。
③ 陈国灿、刘健明编著:《〈全唐文〉职官丛考》"随军要籍"条,第234-235页。
④ 石云涛:《唐开元、天宝时期边镇幕府体制新探》,见氏著《中古文史探微》,文化艺术出版社2007年版,第141-143页。
⑤ 《唐代墓志汇编续集》大和031《成璘墓志》,第904页。
⑥ 《旧唐书》卷一〇《肃宗纪》,第255页。
⑦ 《邙洛碑志三百种》264《仇仙期及妻玄氏墓志》,第370页。
⑧ 《河洛墓刻拾零》420《员公夫人李氏墓志》,第564页。

第二章 东都留守府之留守体系

展都畿内工作，并可以辟属。其他判官、推官等，负责日常留守府之行政事务，一如节度使府设置。至于节度使府有"掌书记"一职为东都留守府所未见，不知是史料阙载还是未有设置，这有待于日后新材料的出现。

二、军将系统

方镇使府下，军将众多，具体设置情况为史籍所阙载，以往我们知之甚少。近六十余年来，学者们通过不断地深入研究，理清了方镇使府下军将职级的设置情况。堀敏一探讨了唐后期至五代藩镇亲卫军的构成、地位、作用。① 严耕望首次系统关注方镇使府军将，考证出使府军将主要有：都知兵马使，左右厢后院等兵马使，虞候、都虞候，押衙、都押衙，其中兵马使负责治兵、作战，押衙为亲从、禁卫，虞候整军纪、刺奸猾。② 张国刚对军将职级进行细分，考证藩镇主要兵将，划分为都头（都知兵马使）、兵马使、副兵马使、都虞候、十将、副将等职级。③ 王永兴利用房山石经题记，考证出幽州卢龙节度使下分衙、宅、堂、院四类。④ 荣新江通过爬梳敦煌文书对归义军进行考察，考证出归义军主要军将依次为指挥使、都押衙、都知兵马使、检练使、押衙、游奕使、将头。⑤ 冯培红考证出军将官职稍有增加，共十八个，分别为都押衙（押衙）、都知兵马使（兵马使）、都指挥使（指挥使）、都虞候（虞候）、都教练使（教练使）、都头、都督、都牢城使、都部署使、十将、将头、队头、翻头。⑥ 李翔系统论述了藩镇副使、行军司马、判官、掌书记、推官、巡官六类幕僚。⑦ 长期以来，通过对

---

① 堀敏一：《藩镇亲卫军的权力结构》，见刘俊文主编：《日本学者研究中国史论著选译·第四卷六朝隋唐》，第585-644页。
② 严耕望：《唐代方镇使府僚佐考》，第433-452页。
③ 张国刚：《唐代藩镇研究》，第90-101页。
④ 王永兴：《关于唐代后期方镇官制新史料考释》，载《纪念陈寅恪先生诞辰百年学术论文集》，北京大学出版社1989年版，第267-276页。
⑤ 荣新江：《唐五代归义军武职军将考》，载《中国唐史学会论文集》，第76-87页。
⑥ 冯培红：《晚唐五代宋初归义军武职军将研究》，收入郑炳林主编《敦煌归义军史专题研究》，兰州大学出版社1997年版，第94-178页。
⑦ 李翔：《中晚唐五代藩镇文职幕僚研究》，博士学位论文，南开大学2014年。

方镇使府武职军将或从整体着手或从局部深入的研究,基本探清使府内军将的层级设置情况。

具体到东都留守府,程存洁曾主要依靠《张季戎墓志》梳理出留守府武职,将其分为衙前、左右厢、防御系统。① 笔者在此基础上,主要利用近年来新出土的墓志,丰富留守府下武职人员的设置细节,从而更完整呈现留守府中留守系统从都头到低级武职的层级设置。至于他官在兼任东都留守的同时兼任都畿防御使,以及防御使下职级清晰的防御使系统文武僚佐,将在下章讨论。

1. 都知兵马使、兵马使

《新唐书·百官志》载"外官"行军则有前军兵马使、中军兵马使、后军兵马使等各一人,节度使下则阙略不载。②《资治通鉴》卷二一五天宝六载(747)十月条胡三省注云:"兵马使,节镇衙前军职也,总兵权,任甚重。至德以后,都知兵马使率为藩镇储帅。"③ 严耕望着重考证了兵马使中职级较高的都知兵马使、左右厢后院等兵马使。④ 王永兴考证出幽州卢龙节度使下有多种兵马使,其设置与史籍藩镇列传中所载较为一致。⑤

严耕望指出,开元年间即有都知兵马使,实掌兵权,安史之乱后,又简称为都头、都校、都将,依然掌兵权,位尊势隆,都知兵马使、都押衙、都虞候、与都教练使为四要职,"此四职者关系使府安危至巨"。⑥ 张国刚揭示兵马使中都知兵马使位置最高,都知兵马使可以被称为都头,但都头并非一定为兵马使。⑦ 荣新江指出,唐后期归义军中都知兵马使其下统其

---

① 《唐代墓志汇编》咸通068《张季戎墓志》,第2292页。
② 《新唐书》卷四九下《百官志四下》,第1308页。
③ 《资治通鉴》卷二一五天宝六载十月条胡注,第6877页。
④ 严耕望:《唐代方镇使府僚佐考》,载《严耕望史学论文集》,第433-439页。
⑤ 王永兴:《关于唐代后期方镇官制新史料考释》,载《纪念陈寅恪先生诞辰百年学术论文集》,第267-276页。
⑥ 严耕望:《唐代藩镇使府僚佐考》,载《唐史研究论丛》,新亚研究所1969年版,此据《严耕望史学论文集(上)》,上海古籍出版社2009年版,第433、451页。
⑦ 张国刚:《唐代藩镇军将职级考略》,原载《学术月刊》1989年第9期,第71页,后收入氏著《唐代藩镇研究》,第90-101页。

第二章 东都留守府之留守体系

他各种兵马使,但地位已不如开元天宝时期。① 冯培红总结严耕望、张国刚对兵马使的看法,补充以归义军之新材料。② 总体说来,都知兵马使在唐后期地位下降,但依然有统兵之实权。

东都留守府中留守系统设有都知兵马使。贞元九年（793）去世的辛广,其墓志题称云"唐东都留守都知兵马使兼都虞候都押衙四军教练营田等使",③ 其妻母,贞元十四年（798）的《高奇妻张氏墓志》亦提及女婿辛广为"东都留守都知兵马使兼都虞候",④ 因此可确定辛广留守府"都知兵马使兼都虞候都押衙"的身份。以都知兵马使兼他官为唐后期藩镇使府中所常见。此处都知兵马使兼任"都押衙都虞候",又担任四军教练营田等使。冯培红指出,都头兼他官的情况较为普遍,其具体职权为执行所兼之职。⑤ 东都都知兵马使的具体兼官情况是否是这样,从辛广的例子中无法完全看出。又元和二年（807）去世的宫自劝为"东畿汝州都防御使押衙",墓志中记述其经历"选授昭武校骑将军、守左卫怀州河内府右果毅都尉、兼留守都知"。⑥ 都知为都知兵马使,是以他官兼都知兵马使,都知兵马使为其实职。以上两例,可知东都留守府下有都知兵马使,有统兵之实权,可由他官兼任或兼任他官。

兵马使中除都知兵马使为都头外,还有其他各类兵马使。东都所见还有左右厢兵马使、中军兵马使、散兵马使等。

中军兵马使,严耕望指出中军兵马使、中军都知兵马使其重要性不亚于都知兵马使,为重要军职。⑦ 开成三年（838）去世的吕汶,于贞元中

---

① 荣新江:《唐五代归义军武职军将考》,载《中国唐史学会论文集》,第81-82页。
② 冯培红:《晚唐五代宋初归义军武职军将研究》,收入郑炳林主编:《敦煌归义军史专题研究》,第109-114页。
③ 《洛阳新获七朝墓志》299《辛广墓志》,第299页。
④ 《秦晋豫新出墓志搜佚续编》707《高奇妻张氏墓志》,第968页。
⑤ 冯培红:《晚唐五代宋初归义军政权中都头一职考辨》,收入郑炳林主编《敦煌归义军史专题研究》,兰州大学出版社1997年版,第71-93页。
⑥ 《全唐文补遗》（千唐志斋新藏专辑）《宫自劝墓志》,第305页。
⑦ 严耕望:《唐代方镇使府僚佐考》,第436-437页。

"故居守韦尚书至洛,署留守押衙、中军兵马使,寻迁都押衙",①应该是以押衙兼任中军兵马使。

左右衙、左右厢兵马使,前引严耕望《唐代方镇使府僚佐考》指出节度、团练、观察、防御等使府有左右厢兵马使。左右厢兵马使亦可省略"厢"字,此外,还有后院等兵马使。②王永兴亦指出兵马使又有分兵种,如马军兵马使。③张国刚指出,兵马使大致可分为三种类型:按兵种分,如刀斧兵马使;按所领兵职任分,如六院兵马使、后院兵马使;按编制番号可分为左右厢兵马使、中军兵马使等。④

东都留守府中设有左右衙兵马使、左右厢兵马使。会昌二年(842)七月遘疾于东都弘圣寺军营的王公亮为"东都留守押衙兼右衙兵马使知将事",⑤以押衙兼任右衙兵马使知将事。大中五年(851)去世的张季戎临去世前"公小婴疾,志在驱驰,相国犹以亲兵委其卧理,加右衙兵马使"。⑥王公亮、张季戎都曾任右衙兵马使,推知还应该有左衙兵马使。又《张季戎墓志》载会昌六年(846)秋"狄公尚书又加右厢兵马使",⑦为右厢兵马使,可知,亦应有左厢兵马使,左右厢兵马使的地位高于左右衙兵马使。

散兵马使,张国刚指出同兵马使、散兵马使、同散兵马使地位"较兵马使为低",并引胡三省注"散员兵马使,未得统兵",认为散兵马使为不能统兵的兵马使。⑧荣新江指出,归义军中也有不统兵的散兵马使,职位较低,掌礼仪宾客等事务。⑨冯培红认为散兵马使为虚衔。⑩

东都留守府中亦有散兵马使一职。大中七年(853)去世的魏弘章,终于"东都留守散兵马使","自基迨末,凡三十载矣,迁崇者一十五阶,

---

① 《秦晋豫新出墓志搜佚续编》841《吕汶墓志》,第1167页。
② 严耕望:《唐代方镇使府僚佐考》,第438-439页。
③ 王永兴:《关于唐代后期方镇官制新史料考释》,《纪念陈寅恪先生诞辰百年学术论文集》,第274页。
④⑧ 张国刚:《唐代藩镇研究(增订版)》,第94-96页。有关兵马使的研究还有:李艳:《唐代兵马使研究》(硕士学位论文,河北师范大学2010年)文中梳理了兵马使的种类。
⑤ 《邙洛碑志三百种》263《王公亮墓志》,第311页。
⑥⑦ 《唐代墓志汇编》大中056《张季戎墓志》,第2292页。
⑨ 荣新江:《唐五代归义军武职军将考》,第82页。
⑩ 冯培红:《晚唐五代宋初归义军武职军将研究》,载《归义军专题研究》,第110页。

实为务剧位卑"。① 魏弘章一直在留守府中从事"务剧位卑"的职务，散兵马使这一职务也应是"务剧位卑"。又咸通八年（867）去世的魏涿，墓志题称"唐故留守兵马使魏公墓志"，魏涿之前历任衙前虞候、衙前将，二十八岁由衙前将"迁散兵马使添衔"。② 可知，散兵马使之下还有衙前虞候、衙前将等更为低级的军职。

2. 都虞候、虞候

严耕望已指出唐代前期行军中已设虞候，至晚唐，观察使、防御使等都置此职；虞候总管都虞候，天宝时节度使始置，为使府高层武将，"职在刺奸，威属整旅"，即负责军中监察。③ 张国刚指出方镇使府中的虞候后来也发展为兼职和阶官化。④ 荣新江、冯培红对于归义军中的虞候、都虞候进行考察，认为其设置、职掌同其他节度使府。⑤ 东都留守府中虞候、都虞候的设置情况，与方镇使府中的并无不同之处。

东都留守府中有都虞候，其下又分左右两厢。贞元九年（793）去世的辛广为"东都留守都知兵马使兼都虞候都押衙四军教练营田等使"。⑥ 元和二年（807）下葬的曹乂"终东都留守都虞候、兼殿中侍御史、赠胜州刺史。文武振京，名芳播洛。作天子之耳目，为诸侯之爪牙。誓众之心已罄，报恩之日未逢"。⑦ 强调其所担任的都虞候"为诸侯之爪牙"，表现职位的重要性。都虞候有左右两厢都虞候。开成三年（838）去世的吕汶于贞元中"署留守押衙中军兵马使，寻迁都押衙，历两厢都虞候"。⑧ 会昌六年（846）49岁去世的曹庆为"东都留守左卫飞骑尉上轻车都尉"，其长侄曹

---

① 《唐代墓志汇编》大中 078《魏弘章墓志》，第 2308 页。
② 《唐代墓志汇编》咸通 067《魏涿墓志》，第 2430 页。
③ 严耕望：《唐代方镇使府僚佐考》，第 439–443 页。
④ 张国刚：《唐代藩镇研究》，第 99–100 页。
⑤ 荣新江：《唐五代归义军武职军将考》，第 83 页；冯培红《晚唐五代宋初归义军武职军将研究》，第 117–121 页。
⑥ 《洛阳新获七朝墓志汇编》299《辛广墓志》，第 299 页。
⑦ 《唐代墓志汇编》元和 019《曹乂墓志》，第 1963 页。
⑧ 《秦晋豫新出墓志搜佚续编》841《吕汶墓志》，第 1167 页。

源"授留守左都虞候押衙"。①咸通十一年（870）去世的魏顼，曾任"留守右厢都押衙都虞候"。②

除都虞候外，另有衙前虞候。关于衙前虞候，严耕望已指出"唐世所谓'衙前'，亦犹汉世所谓'门下'，都知兵马使、都虞候无不可以衙前称之。……所谓衙前虞候，当即统属于都虞候，不一定专属衙城都虞候也"。③元和二年（807）去世的宫自劝，墓志中载其武举擢第后"选授陪戎副尉、守右骁卫泽州安平府左果毅都尉、兼留守衙前虞候"。④大中十三年（859）去世的李士素夫人，其子李从约"效职辕门，弓裘不坠，为东都留守衙前虞候"。⑤咸通八年（867）去世的魏涿，"廿二，受留守衙前虞候，副知茶务；廿四，迁衙前将，务获正专"。⑥魏涿29岁去世，22岁当是咸通二年（861）任衙前虞候一职，具体职责是作为副职管理东都茶务，可见衙前虞候具有阶官化特点。又魏涿初踏仕途即授留守衙前虞候，可知衙前虞候地位之低下。元和八年（813）去世的王端，曾任衙前虞候，"东都留守见而奖之，补充衙前虞候，用壮其心，难从务有张，而才高位下，议者咸以为屈，公乃外宣武力，内蕴文德"。⑦从以上几例可以看出，衙前虞候一般是留守府中初入幕所授予的低级军职。

3. 都押衙、押衙

押衙为唐后期以及五代所常见的军将职级。晚唐李匡义《资暇集》卷中"押牙"条云："武职，今有'押衙'之目，'衙'宜作'牙'，此职名非押其衙府也，盖押牙旗者。今又有押节者之类是也。案兵书云：牙旗者，将军之旌。故必竖牙旗于门，是以史传咸作'牙门'字。今者'押牙'既作'押衙'，而'牙门'亦为'衙门'乎？"⑧《资治通鉴》卷二一六

---

① 《唐代墓志汇编》大中007《曹庆及其夫人墓志》，第2257页。
② 《唐代墓志汇编》咸通086《魏顼墓志》，第2446页。
③ 严耕望：《唐代藩镇使府僚佐考》，第445页。
④ 《全唐文补遗》（千藏志斋新藏专辑），第305页。
⑤ 《唐代墓志汇编》大中160《李士素夫人曲丽卿墓志》，第2376页。
⑥ 《唐代墓志汇编》咸通067《魏涿墓志》，第2430页。
⑦ 《洛阳新获七朝墓志》315《王端墓志》，第315页。
⑧ 李匡义：《资暇集》卷中"押牙"条，见《苏氏演义（外三种）》，中华书局2012年版，第178页。

第二章 东都留守府之留守体系

天宝六载（747）十二月条胡三省注云："押牙者，尽管节度使牙内之事。"①押衙为武职，唐后期节度使府内多设有此职。

严耕望认为使府中押衙多员，都押衙一人，左右都押衙各一人，左右押衙或不带左右二字的押衙数人。②渡边孝指出，"押衙"一词的称谓可以追溯到唐初的行军制度，在安史之乱前，"押衙"、"（都）虞候"等职名已经出现，安史之乱后，方镇、州、中央神策军大范围出现押衙，押衙发展到阶官化阶段。③刘安志综合考察过押衙的渊源、设置、职责、地位后，指出押衙在唐后期广泛设置反映了使职差遣制度的盛行。④

东都留守府中押衙的设置亦同节度使府。程存洁简要考察过东都留守府押衙情况，认为东都有衙前系统、防御系统，各设有押衙。⑤随着出土墓志材料的不断增加，可以看到东都留守府内押衙更为清晰的设置情况。东都留守府的设置同藩镇使府，府中有都押衙、左右厢都押衙、押衙。

都押衙，严耕望指出都押衙与都知兵马使、都虞候、都教练使为方镇使府军中四要职，节度使府中有都押衙一人，左右厢都押衙各一人。⑥东都留守府中，有都押衙一职，在使府中地位较高，其下有左右厢都押衙。贞元九年（793）去世的辛广为"唐东都留守都知兵马使兼都虞候都押衙四军教练营田等使"。⑦开成三年（838）去世的吕汶，贞元中"故居守韦尚书至洛，署留守押衙中军兵马使，寻迁都押衙"。⑧由此可知，东都留守府中有都押衙一人，地位较高。

左右厢都押衙，前引严耕望《唐代方镇使府僚佐考》指出玄宗时期节

---

① 《资治通鉴》卷二一六天宝六载十二月条胡注，第6887页。
② 严耕望：《唐代方镇使府僚佐考》，第445-447页。
③ 渡边孝：《唐·五代の藩鎮における押衙について》（上），《社会文化史学》，第28号，1991年8月，第33-55页；《唐·五代の藩鎮における押衙について》（下），《社会文化史学》，第30号，1993年2月，第103-118页。
④ 刘安志：《唐五代押牙（衙）考略》，载《魏晋南北朝隋唐史资料》第十六辑，武汉大学出版社1998年版，第62-71页。
⑤ 程存洁：《唐代城市史研究初编》，第51、53页。
⑥ 严耕望：《唐代方镇使府僚佐考》，第445-446页。
⑦ 《洛阳新获第七朝墓志》299《辛广墓志》，第299页。
⑧ 《秦晋豫新出墓志搜佚续编》841《吕汶墓志》，第1167页。

度使府中始见左右厢都押衙,至安史之乱后使府中极为常见。① 东都留守府中有左右厢押衙。咸通九年(868)去世的魏虔威,墓志中提到其父魏顼为"东都留守右厢都押衙、都虞候"。② 咸通十一年(870)去世的魏顼,墓志中对这段经历的记载更为详细,他去世时为"留守右厢都押衙、都虞候、黄州长史",墓志中载:"至郑相国迁充右厢都虞候,畏爱并行,高低取则,未经星岁,领袖旷员,乃兼充右厢都押衙。"③ 由右厢都虞候充右厢都押衙,有右厢都押衙,推知亦应该有左厢都押衙。

至于押衙,方镇使府中人数众多。张国刚认为,押衙带使职、兼官的现象较为普遍,已经呈现出阶官化的特征。④ 荣新江指出押衙为节度使的亲信,"掌握府内外实权,构成归义军政权的中坚"。⑤ 冯培红利用敦煌文书与石窟题记中保存的大量归义军时期的押衙材料,强调晚唐五代宋初归义军政权中押衙的阶官化特征明显,纵然如此,依然为节度使府中重要的组成力量。⑥

东都留守府中押衙的设置亦同其他方镇使府及归义军等,呈现出数量多、阶官化的特点。贞元十四年(798)的《张氏墓志》载张氏有子三人,其中"幼卿以辛公任寄之重为居守散官将,位次押衙"。⑦ 辛公即辛广,贞元九年(793)去世,生前位至都知兵马使兼都虞候都押衙。贞元十年(794)下葬的张敬诜墓志中载:"东都副留守河南尹裴公请命公为押衙。"⑧ 咸通九年(868)的《魏涿墓志》载其父魏弘章"兄弟三人处长,留守押衙"。⑨ 大中元年(847)下葬的曹庆,墓志云"有侄二人:长曰源,授留守

---

① 严耕望:《唐代方镇使府僚佐考》,第445—446页。
② 《唐代墓志汇编》咸通074《魏虔威墓志》,第2437页。
③ 《唐代墓志汇编》咸通086《魏顼墓志》,第2446页。
④ 张国刚:《唐代藩镇研究》,第99页。
⑤ 荣新江:《唐五代归义军武职军将考》,第78—81页。
⑥ 冯培红:《晚唐五代宋初归义军武职军将研究》,第100—101页。
⑦ 《秦晋豫新出墓志搜佚续编》707《高奇妻张氏墓志》,第968页。
⑧ 《唐代墓志汇编》贞元061《张敬诜墓志》,第1880页。
⑨ 《唐代墓志汇编》咸通067《魏涿墓志》,第2430页。

第二章 东都留守府之留守体系

左都虞候押衙"。① 不具时间的残志《尔朱府君墓志》中亦见留守,"由山南授东都留守押衙,其阶□检校官□监察仍旧,勋如柱国"。②

东都屯营军中亦有押衙。大和八年（834）去世的魏叔元,为"东都留守北衙右屯营军押衙","府君仁以下惠,清以奉公,职事东都,三十余载。每于军府上下通流,或在肆行,人皆瞻望"。③ 元和八年（813）权德舆《请置防御军状》中提到:"谨差押衙云麾将军守左金吾卫大将军兼试殿中监上柱国成觉,奉状陈请以闻。"④

押衙兼任他官为唐后期方镇使府普遍现象,张国刚、荣新江、冯培红都指出此点。⑤ 荣新江《归义军史研究》中指出:"仅从现存的题记（98窟）就可以看到有,使衙内的宅官,军服行营的虞候、将头,地方行政系统的乡官、平水,差遣使职如部落使、游奕使等,均为节度押衙兼任,通过节度押衙之手,将归义军所辖地域内的军政大权集中到节度使曹议金手中。在所有的供养人像中,以节度押衙最多,因为他们是曹氏归义军政权基础的核心部分。"⑥ 陈志坚将押衙兼官化这种现象称为"吏化军职"。⑦ 东都留守府中也存在押衙兼任他官的现象。元和十二年（817）去世的李涗"解褐从戎,累有勋绩。时东都留守、工部尚书、兼御史大夫韦公署留守押衙、右刀斧随身将"。⑧ 是以押衙兼右刀斧随身将。韦俭于大中年间任"留守押衙兼殿中御史"。⑨ 会昌二年（842）七月遘疾于东都弘圣寺军营的王公

---

① 《唐代墓志汇编》大中 007《曹庆夫人樊氏墓志》,第 2257 页。
② 《唐代墓志汇编》残志 035《尔朱府君墓志》,第 2561 页。
③ 《唐代墓志汇编》大和 92《魏叔元墓志》,第 2161—2162 页。
④ 《权德舆诗文集》卷四六《请置防御军状》,第 722 页。
⑤ 张国刚:《唐代藩镇研究》,第 99 页;荣新江:《唐五代归义军武职军将考》,第 78—81 页;冯培红:《晚唐五代宋初归义军武职军将研究》,第 100、101 页;冯培红:《晚唐五代藩镇幕职的兼官现象与阶官化述论——以敦煌资料、石刻碑志为中心》,载《敦煌学研究》（韩国）2006 年第 2 期,第 1—23 页,2007 年第 1 期,第 42—56 页。此外,赵贞《归义军押衙兼知他官略考》（《敦煌研究》2001 年第 2 期,第 89—95 页）专门考察了归义军押衙兼任他官。
⑥ 荣新江:《归义军史研究——唐宋时代敦煌历史考索》,上海古籍出版社 2015 年版,第 243 页。
⑦ 陈志坚:《唐代州郡制度研究》,第 115—116 页。
⑧ 《唐代墓志汇编续集》元和 072《李涗墓志》,第 852 页。
⑨ 《唐代墓志汇编》咸通 074《魏虔威墓志》,第 2437 页。同书咸通 086《魏顼墓志》,第 2446 页,亦提到韦俭为"牛相国押衙兼侍御史"。按魏顼咸通十一年 45 岁去世,结婚以二十岁算,当在大中初年。

亮为"东都留守押衙兼右衙兵马使知将事"。① 张季戎"（会昌）六年秋，狄公尚书又加右厢兵马使。冬十月，太尉李公自荆楚拜留守，又加正押衙兼知客"。② 以正押衙兼任知客。

4. 衙前将

留守府下有衙前系统的僚佐，前揭文职僚佐有衙前判官，武职有衙前虞候，还有衙前将。严耕望已指出："唐世所谓'衙前'，亦犹汉世所谓'门下'，都知兵马使、都虞候无不可以衙前称之。"③ 咸通八年（867）去世的魏涿，"廿二，受留守衙前虞候，副知茶务；廿四，迁衙前将，务获正专"，④ 可知衙前将位在衙前虞候之上。

5. 同正将

留守体系中有同正将。据张国刚考证出藩镇使府中有散将、同十将（同正将）、同副将、同散将，并指出这些军职都已名誉化或阶官化，其中同十将又称同正将。⑤ 咸通十一年（870）《魏琐墓志》载："长史公职留守□□□□□早著盛名，年当廿有五，受同正将代□□□□，统领茗司，四远臻服，□□□□无不赏能。"⑥ 可知，同正将为留守体系中低级武职。

6. 讨击使

在对东都留守府的考察中，可以明显看到东都留守府存在使职化现象。"讨击使"一职在唐前期即已出现。龙朔初，"以处月酋沙陀金山从武卫将军薛仁贵讨铁勒，授墨离军讨击使"；⑦ 武则天圣历、长安年间李仁为"岭南安抚讨击使"；⑧ 圣历年间裴怀古"充招慰讨击使"；⑨ 神龙三年（707）

---

① 《邙洛碑志三百种》263《王公亮墓志》，第311页。
② 《唐代墓志汇编》大中056《张季戎墓志》，第2292页。
③ 严耕望：《唐代藩镇使府僚佐考》，第445页。
④ 《唐代墓志汇编》咸通067《魏涿墓志》，第2430页。
⑤ 张国刚：《唐代藩镇研究》，第98页。
⑥ 《唐代墓志汇编》咸通086《魏琐墓志》，第2446页。
⑦ 《新唐书》卷二一八《沙陀传》，第6154页。
⑧ 《旧唐书》卷七六《吴王李恪附李仁传》（第2650页）："长安三年，充岭南安抚讨击使"；《旧唐书》卷一八四《高力士传》（第4757页）："与同类金刚二人，圣历元年岭南讨击使李千里进入宫"。
⑨ 《旧唐书》卷一八五下《裴怀古传》，第4808页。

六月侍御史唐九徵即担任"姚嶲道讨击使"。① 诸如此类的讨击使，为中央派出征讨或管理地方将帅之使职。唐后期，中央对地方的征讨中常设讨击使，方镇使府中亦设此职。

东都留守府中有讨击使一职。会昌元年（841）的《苏府君夫人卢氏墓志》，载其子苏绍儒为"留守讨击使银青光禄大夫检校太子宾客"。② 大中五年（851）的《张季戎墓志》载："会昌司徒李公又加留守讨击使兼河阴盐铁留后，每岁请受当军衣赐。"③ 张季戎由东都防御军河阴镇遏副十将历留守衙前将，又加留守讨击使兼河阴盐铁留后，这里讨击使用作阶官。冯培红曾指出敦煌归义军中讨击使、总管、衙前将等都曾用作阶官，④ 东都的情况与此类似。

7. 教练使

严耕望指出教练使此职于大中以后颇为常见，地位较高，其中都教练使统帅教练使，掌练兵、统兵出战，与都押衙、都虞候、都知兵马使为军中四要职。⑤ 据张国刚考证，开元年间即有教练使。⑥ 荣新江考证归义军中有教练使、都教练使。⑦ 冯培红更进一步考察归义军教练使的设置，认为到曹氏时，归义军始置教练使，分左右厢，由都教练使统辖，并且都教练使常省称为教练使。⑧ 东都留守府中教练使的事例不多，贞元九年（793）的《辛广墓志》题称云"唐东都留守都知兵马使兼都虞候都押衙四军教练营田等使"，志中云"惟是三公，或倚公以股肱之任，或待公以宾友之礼。公之报也，存没终始，率加厚焉"，⑨ 强调其在使府位居要职。

---

① 《旧唐书》卷七《中宗纪》，第 144 页。
② 《唐代墓志汇编》会昌 006《苏府君夫人卢氏墓志》，第 2215 页。
③ 《唐代墓志汇编》大中 056《张季戎墓志》，第 2292 页。
④ 冯培红：《晚唐五代藩镇幕职的兼官现象与阶官化述论——以敦煌资料、石刻碑志为中心》，《敦煌学研究》（韩国）2006 年第 2 期，第 42—56 页。
⑤ 严耕望：《唐代藩镇使府僚佐考》，第 450—451 页。
⑥ 张国刚：《唐代藩镇研究》，第 100 页。
⑦ 荣新江：《唐五代归义军武职军将考》，第 82—83 页。
⑧ 冯培红：《晚唐五代宋初归义军武职军将研究》，第 121—123 页。
⑨ 《洛阳新获七朝墓志汇编》299《辛广墓志》，第 299 页。

8. 营田使

唐初在个别地区进行屯田，自高宗后随着新军镇的设立，屯田成为解决财政收入的办法，"王师外镇，必籍边境营田"。开元年间屯田、营田的制度管理已比较完备。①安史之乱后，中央与地方都开始进行大规模营田，地方节度使往往兼任营田使一职。贾志刚指出，藩镇借助营田供军是唐代后期通常做法。②宁志新探讨过诸道、军等各级营田的情况。③冯培红考察过敦煌地区从唐初到五代时营田设置，武则天时开始在此推广营田，到开元后开始有支度营田使、沙州营田使管理营田事务，归义军时期营田使由节度使兼任。④

东都设有营田使掌营田事务。贞元九年（793）去世的辛广，墓志题称"唐东都留守都知兵马使兼都虞候都押衙四军教练营田等使"，墓志中叙述营田使这段经历："今居守吏部尚书杜公以三公之遇遇公，以西汉营平侯之事委公。辟地利，赡军食，岁减经费，永垂丰功。公之谋也，公之力也。"⑤可知东都留守府设有营田使，所营田之收入供留守军用。大中五年（851）的《张季戎墓志》中载其曾在会昌四年夏"检覆苑内营田。公在留司之年，精于慎选，及检勾之日，情靡徇私"，⑥这里张季戎担任的是勾检洛苑屯田之职。

9. 乐营使、宴设使

唐代前期中央掌音乐的机构为太常礼乐之司，太常寺协律郎"掌和六律、六吕，以辨四时之气，八风五音之节"，太乐署、鼓吹署等负责相关用乐。⑦开元年间玄宗始置左右教坊、梨园，⑧程大昌《演繁露》卷六"乐

---

① 陈明光：《唐代财政史新编》，中国财政经济出版社1991年版，第126–127页。
② 贾志刚：《唐代军费问题研究》，中国社会科学出版社2006年版，第72–78页。
③ 宁志新：《唐朝营田使初探》，《厦门大学学报》1997年第2期，第106–113页。
④ 冯培红：《唐五代敦煌的营田与营田使考》，《兰州大学学报（社会科学版）》2001年第4期，第33–41页。
⑤ 《洛阳新获七朝墓志汇编》299《辛广墓志》，第299页。
⑥ 《唐代墓志汇编》大中056《张季戎墓志》，第2292页。
⑦ 《唐六典》卷一四《太常寺》，第398、402、406–407页。
⑧ 《资治通鉴》卷二一一开元二年正月条，第6694页。

营将弟子"条谓"乐营将者此其始也"。①唐代后期方镇使府中设有乐营使,《唐会要》卷三四《论乐》载宝历二年(826)九月京兆府奏云:"伏见诸道方镇,下至州县军镇,皆置音乐,以为欢娱,岂惟夸盛军戎,实因接待宾旅。"②敦煌归义军亦设有乐营使。姜伯勤《敦煌音声人略论》一文首次系统考察了敦煌寺院、军营、官府中的音声人,其中指出乐营的官员为乐营使,为唐后期所设置。③李正宇指出,归义军的乐营从张议潮一直延续到曹延禄时代,直至曹氏归义军终结。④他认为,归义军乐营主要由乐营使、乐营副使、都史、音声博士组成,长官为乐营使。⑤方镇使府中的乐营使,主要负责宴设用乐、接待外宾等。东都留守军营中也设有乐营使。

大中五年(851)的《张季戎墓志》中云:"相国李公改补同押衙,具衔表奏,诏加公银青光禄大夫兼太子宾客,专勾当移造宫使,复领街务。公博习典坟,洞明音律,又加乐营使。"⑥张季戎所任东都乐营使为同押衙兼任,负责军中迎宾、宴设等用乐。

宴设使,唐前期诸道节度使府中已允许备乐。《唐会要》卷三四《论乐》载天宝十载(751)九月二日敕:"五品已上正员清官、诸道节度使及太守等,并听当家畜丝竹,以展欢娱,行乐盛时,覃及中外。"⑦前引宝历二年九月京兆府奏云:"伏见诸道方镇,下至州县军镇,皆置音乐,以为欢娱,岂惟夸盛军戎,实因接待宾旅。"据冯培红研究,敦煌归义军下设有"宴设司"。⑧

东都留守府作为一个规模不小的幕府,其下设有宴设使。大中六年

---

① 程大昌:《演繁露》卷六,见苏轼《东坡志林》(附《演繁露》等四种),京华出版社2000年版,第324页。
② 《唐会要》卷三四《论乐》,第736页。
③ 姜伯勤:《敦煌音声人略论》,《敦煌研究》1988年第4期,第1—10页。
④ 李正宇:《沙州归义军乐营及其职事》,《敦煌吐鲁番研究》第5卷,北京大学出版社2001年版,217—225页。
⑤ 李正宇:《归义军乐营的结构与配置》,《敦煌研究》2000年第3期,第73—79页。
⑥ 《唐代墓志汇编》大中056《张季戎墓志》,第2292页。
⑦ 《唐会要》卷三四《论乐》,第735页。
⑧ 冯培红:《唐五代敦煌官府宴设机构考略》,收入《敦煌归义军史专题研究续编》,兰州大学出版社2003年版,第339—359页。

(852)去世的朱敬之妻卢氏，墓志载其夫朱敬之为"东都留守宴设使朝散大夫检校太子中允上柱国"。①墓志中没有更多朱敬之担任宴设使的详细信息，无法得知东都留守府中宴设施行情况。从以上几例中可知，东都军营中有乐营使，留守府中有宴设使，负责宴饮用乐。

10. 随身、随身将、随身大将

严耕望将随身、随使与随军归为文职僚佐一起讨论，并认为随身为随身仆使之类，职位较低。②会昌三年（843）五月敕文："比来节将移改，随从将校过多，非唯妨夺旧人职员，兼亦费用军资钱物。节度使移镇，军将至随身不得六十人，观察使四十人，经略都护等三十人。"③这里明确将随身置于将校之末，为职位低的随身侍从。堀敏一认为唐中期以后随身一方面仍被规定为职役，一方面已经演变为军帅私从。④

唐后期的东都留守府中也置随身一职。元和二年（807）去世的宫自劝，其墓志中云"左武卫大将军、上柱国，赐紫金鱼袋司正、兼留守随身大将。……迁留守押衙。改都防御押衙、兼左厢刀斧随身将"，⑤可知留守府有随身大将、随身将，一般以他官兼之。元和十二年（817）的《李涗墓志》载："解褐从戎，累有勋绩。时东都留守、工部尚书、兼御史大夫韦公署留守押衙、右刀斧随身将。"⑥以留守押衙兼右刀斧随身将，此处当省略"右厢"之"厢"字。李涗为右刀斧随身将，可推知还当有左刀斧随身将。由以上两例事例可知，留守府有随身大将，随身将分为左右厢刀斧，亦可以省略"厢"字。

11. 知客、副知客

有关知客，据冯培红的研究，唐宋之际归义军使府诸司中设有客司，

---

① 《唐代墓志汇编》大中075《朱敬之妻卢氏墓志》，第2306页。
② 严耕望：《唐代方镇使府僚佐考》，第429–430页。
③ 《唐会要》卷七九下《诸使杂录下》，第1714页。
④ 堀敏一：《藩镇亲卫军的权力结构》，载《日本学者研究中国史论著选译·第四卷六朝隋唐》，第585–644页。
⑤ 《全唐文补遗》（千唐志斋新藏专辑）《宫自劝墓志》，第305页。
⑥ 《唐代墓志汇编续集》元和072《李涗墓志》，第852页。

负责本军与周边政权的交往活动。客司长官为都客将,下属官员为知客。①
吴丽娱指出,客将又称典客,为唐末五代武职系统人员,负责引见、招待
各方来人来使。②大中五年(851)《张季戎墓志》载:"(会昌四年)在位有
恪勤之美,对扬怀礼则之能,又加副知客。……(会昌六年)冬十月,太
尉李公自荆楚拜留守,又加正押衙兼知客。"③张季戎兼任副知客、知客的
使职。由此看来东都留守府下专门设置的知客、副知客为接待各方来人、
来使的人员。

12. 左右街使、衙内外都知苑西面使、勾当移造宫使等

唐前期设左右街使负责两京街道巡察管理。《唐六典》卷二五《诸卫府》
载左右翊中郎将府下有左右街使各一人。④《新唐书》卷四九上《百官志四
上》载左右街使各一人"掌分察六街徼巡。凡城门坊角,有武候铺,卫
士、圹骑分守,大城门百人,大铺三十人,小城门二十人,小铺五人"。⑤
安史之乱后,东都留守府成为东都最高行政机构,东都的街道巡察工作自
然由留守府负责。

大中五年(851)《张季戎墓志》载:"(会昌三年)冬末,司空李公以
公才兼文武,可寄重难,加同防御副使兼右街使。自雒之南,三领其二,
伐冬聚攥,夜大无惊。"⑥张季戎以同防御副使兼任右街使,负责洛河以南
大部分里坊的巡察。咸通十一年(870)去世的魏顼"至蒋仆射□其干能,
补充左街使,戢理天衢,掌闻奸寇"。⑦

《唐六典》载京都苑总监、京都四面监"苑总监掌宫苑内馆园池主事;
副监为之贰","四面监掌所管面苑内宫馆园池与其种植修葺之事;副监为
之贰。"⑧唐前期,由京都苑总监、京都四面监来负责宫苑管理事务。唐后

---

① 冯培红:《客司与归义军的外交活动》,《敦煌学辑刊》1999年第1期,第72-84页。
② 吴丽娱:《试论晚唐五代的客将、客司与客省》,《中国史研究》2002年第4期,第69-83页。
③⑥《唐代墓志汇编》大中056《张季戎墓志》,第2292页。
④《唐六典》卷二五《诸卫府》,第634-635页。
⑤《新唐书》卷四九上《百官志四上》,第1285-1286页。
⑦《唐代墓志汇编》咸通086《魏顼墓志》,第2446页。
⑧《唐六典》卷一九《司农寺》,第530页。

期,东都宫苑除了由东都苑总监、四面监管理外,东都留守府亦插手宫苑管理事务。元和二年(807)《宫自劝墓志》载其父宫伾为怀州平皋府折冲都尉,充"东都留守衙内外都知苑西面使"。① 可知唐后期留守府设宫苑等使来参与东都宫苑管理。

大中五年(851)的《张季戎墓志》中云:"相国李公改补同押衙,具衔表奏,诏加公银青光禄大夫兼太子宾客,专勾当移造宫使,复领街务。公博习典坟,洞明音律,又加乐营使。"② 张季戎所任"勾当移造宫使"为会昌五年东都重修太庙之事。李石于会昌五年(845)正月任东都留守,朝廷决定东都重修太庙立神主,"宜令有司择日修崇太庙,以留守李石充使勾当"。③ 张季戎为留守府下具体从事这次太庙重修工作的"专勾当移造宫使"。④

以上通过对留守府下留守体系文职宾佐、武职军将的具体考察,可以清晰看出唐后期留守府下有一系统的僚佐体系,其设置与方镇使府略同。正是通过这些僚佐,留守府的工作得以进行,最终实现东都留守府对东都、都畿地区的管理。

三、入幕途径与迁转

以上通过对留守府下留守系统僚佐的考察,可以看出,其僚佐设置情况与唐后期的藩镇使府基本一致。至于僚佐的入幕途径,副使由朝廷任命,一般是由河南尹兼任,副使以下如藩镇使府一样,为府主自行辟属,所授加官需要奏请中央。

留守辟属情况,仅举几例。崔迢"贞元初为东都留守哥舒公知遇,辟为从事"。⑤ 穆员,在贞元五年(789)至十二年杜亚担任东都留守期间,入

---

① 《全唐文补遗》(千唐志斋新藏专辑),第305页。
②④ 《唐代墓志汇编》大中056《张季戎墓志》,第2292页。
③ 《旧唐书》卷二六《礼仪志六》,第995页。亦见《唐会要》卷一六《庙议下》,第400页。
⑤ 《龙门区系石刻文萃》324《崔迢墓志》,第320页。

留守府幕。《旧唐书》卷一五五《穆宁附穆员传》载："杜亚为东都留守，辟为从事、检校员外郎。"①与穆员同时被辟为从事的还有张弘靖、李藩等。②韦夏卿在贞元十九年（803）始任东都留守，③《旧唐书》本传载他到任后："始在东都，倾心辟士，颇得才彦，其后多至卿相，世谓之知人。"元和六年（811）十月，韩皋任东都留守，④《卢士琼墓志》载："郑少师之留守东都，奏为推官，得大理评事，韩尚书代为留守，请君如初。"⑤郑余庆"奏为推官，得大理评事"，可见留守府辟属跟节度幕府一样，奏请才能得加官，这里卢士琼为留守府推官，所获加官为大理评事。前引《唐会要》卷七九《诸使杂录下》会昌五年（845）九月，中书门下所奏"条流诸道判官员额"的整顿中提到："东都留守、陕府，旧有五员，并望不减。"⑥提到了留守府限额五员，那么需要奏请的推官当是五员之一。裴度曾于长庆二年（822）及大和八年（834）至开成二年（837）前后，两任东都留守，任职期间，曾辟皇甫湜为判官，《新唐书》卷一七四《皇甫湜传》"留守裴度辟为判官"。

　　僚佐入留守府后可以在府内与河南府之间以及不同藩镇幕府间实现迁转。窦牟于贞元二年（786）举进士，"授秘校，东都留守从事"，之后在河阳节度使下任职，"府罢复为留守判官"，几经迁转最后"为留守判官，检校尚书都官郎中"。⑦窦牟先后仕宦于留守府、河阳节度府两府，最终又回到留守府。元和二年（807）去世的宫自劢，武举出身，"陪戎副尉、守右骁卫泽州安平左果毅都尉、兼留守府衙前都虞候。选授昭武校尉、守左卫怀州河内府右果毅都尉、兼留守都知。迁游骑将军、守左武卫大将军、

---

① 《旧唐书》卷一五五《穆宁附穆员传》，第4116页。《新唐书》同此。
② 《旧唐书》卷一二九《张延赏附张弘靖传》，第3610页；《旧唐书》卷一四八《李藩传》，第3997-3998页。
③ 《旧唐书》卷一三《德宗纪下》，第398页。
④ 《旧唐书》卷一四《宪宗纪上》，第437页。
⑤ 《唐代墓志汇编》大和006《卢士琼墓志》，第2098页。
⑥ 《唐会要》卷七九《诸使杂录下》，第1715页。
⑦ 《窦氏联珠集》褚藏言《故国子司业赠给事中扶风窦府君诗》，四部丛刊本，第21页。

上柱国,赐紫金鱼袋司正、兼留守随身大将"。①服丧中,"夺情举服,追理旧任,迁留守押衙。改都防御押衙、兼左厢刀斧随身将。迁中散大夫、试太常卿、兼监察御史"。②宫自劝在留守府中的迁转路线为留守府衙前都虞候—留守都知—留守随身大将—留守押衙—都防御押衙、兼左厢刀斧随身将,由留守体系转入防御使体系。由此可知留守体系与防御使体系之间可以实现迁转。兹再举几例。大和五年(831)去世的崔弘礼:

> 解褐河南府文学,次从事灵州,表授太常寺协律郎,充观察判官,又授大理事摄监察御史,赴辟东都为留守推官,寻奏正里行,仍赐绯鱼袋,为防御判官,又历殿中侍御史,应召义成军作节度判官,后改职营田副使,带职转侍御史,后检校金部员外郎兼侍御史,充东都留守判官,从嘉招登宾席者前后四府,而皆肃给以干事,诚明以报知。又以高朗之韵,居群无疑;苞并之器,与众弥广;识者谓公总大权处高位其见矣。③

崔弘礼先为留守推官,后转入留守府内防御使系统为防御判官,之后迁出留守府后又回到留守府"充东都留守判官"。

大中五年(851)去世的张季戎,亦一生仕宦于留守府,其墓志清晰地呈现了他在留守内的仕宦生涯:

> 开成五祀,东都留守尚书崔公,府君干能,补河阴镇遏副十将。及冬,仆射王公收充留守衙前将,会昌司徒李公又加留守讨击使兼河阴盐铁留后,每岁请受当军衣赐。三年,太傅牛公惑听小人之谮,降为衙前。四年夏,请公检覆苑内营田。公在留司之年,精于慎选,及检勾之日,情靡徇私,又却补讨击使。在位有恪勤之美,对扬怀礼则之能,又加副知客。冬末,司空李公以公才兼文武,可寄重难,加同防御副使兼右街使。自雒之南,三领

---

① 《宫自劝墓志》,第 305 页。
② 《宫自劝墓志》,第 305–306 页。
③ 《唐代墓志汇编》大和 039《崔弘礼墓志》,第 2123 页。

其二,伐冬聚攥,夜大无惊。至五年十月武宗皇帝迁太微宫,相国李公改补同押衙,具衔表奏,诏加公银青光禄大夫兼太子宾客,专勾当移造宫使,复领街务。公博习典坟,洞明音律,又加乐营使。六年秋,狄公尚书又加右厢兵马使。冬十月,太尉李公自荆楚拜留守,又加正押衙兼知客。大中三年,司徒李公再理留务,切于警巡,知公之才,又加右都虞候及评刑谳狱,人无犯司。五年春正月,相国崔公以公道可济人,加勾当衙事。公清直立操,嫉恶奉公,备见良能,更期尽节,授防御都押衙兼都虞候。夏六月,公小婴疾,志在驱驰,相国犹以亲兵委其卧理,加右衙兵马使。①

张季戎在东都留守府内升迁过程:(开成五年)河阴镇遏副十将、留守衙前将—(会昌初)留守讨击使兼河阴盐铁留后—(会昌三年)降为衙前—(四年)讨击使、副知客,加同防御副使兼右街使—(五年)改同押衙,专勾当移造宫使,复领街务、加乐营使—(六年)右厢兵马使—(大中三年)右都虞候及评刑谳狱—(大中五年)勾当衙事、防御都押衙兼都虞候,加右衙兵马使。张季戎最初在河阴镇,河阴亦为东都留守府所管辖,由河阴到了东都留守府内,最终从最初的河阴镇遏副十将做到留守、副留守之下的最高军将——右衙兵马使,并且在防御使、留守两体系内交叉迁转。

无论宫自劝还是张季戎,这些武职出身的军将在留守府内任职时间更长,相对更为固定,留守府内还有世代任职的武将家族,巨鹿魏氏家族则是其中的典型。大和八年（834）,魏叔元去世,其墓志中系衔"东都留守北衙右屯营军押衙、宣节副尉、守右威卫沁州□儁府折冲都尉、员外置同正员、上柱国、赐紫金鱼袋"。②终其一生仕宦于留守府,墓志中称"君仁以下惠,清以奉公,职事东都,三十余载。每于军府上下通流,或在肆

---

① 《唐代墓志汇编》大中056《张季戎墓志》,第2292页。
② 《唐代墓志汇编》大和092《魏叔元墓志》,第2161页。

行，人皆瞻望"。其墓志由"妹夫东都留守衙前判官将仕郎试左千牛卫长史李庭书并修文篆"。

魏叔元有三子，璋、顿、琐。①其子魏琐，咸通十一年（870）去世，"婚牛相国押衙兼侍御史韦公俭长女"，"长史公职留守□□□□早著盛名，年当廿有五，受同正将，代□□□□统领茗司，四远臻服，□□□□无不赏能。至孙仆射受州押衙，□情沉邃，规矩迥然。至蒋仆射□其干能，补充左街使，戬理天衢，掌闻奸宄。至郑相国迁充右厢都虞候，畏爱并行，高低取则，未经星岁，领袖旷员，乃兼充右厢都押衙。职高望重，揖让不□。徐相国夙知风仪，潜赏材能，遂奏黄州长史□监察御史。"②因其在留守府内的出色表现被奏为黄州长史。

魏琐六子昭范、虔威、潜、浃、会郎、道郎，其中昭范、虔威、浃，三子早折。魏虔威（又名潼，字遵令），"至丁亥岁（咸通八年），邹鲁尚书自东都留守节镇天平，遵令获事旌麾，膺兹材用，遂授节度散兵马使"，③邹鲁尚书为孔温裕，④自东都留守迁天平军节度使，魏虔威为散兵马使，可能是跟随孔温裕自留守府到天平军。魏浃继承其父"嗣□于茗署"，⑤"统掌茶务，材副公私，全得凤毛，人皆瞻爱"，⑥年十七早卒。

魏叔元之孙大中七年（853）去世的魏弘章守东都留守散兵马使，弱冠"从事辕门，授子弟之职"，也就是说成年即因留守武将世家得以授"子弟之职"，入职留守府，"日趋公庭，礼貌谦恭，众流推美，自基迨末，凡三十载矣，迁崇者一十五阶，实为务剧位卑"。⑦

魏弘章之子魏涿于咸通八年（867）去世，墓志题称"唐故留守兵马使魏公"，"廿二，受留守衙前虞候，副知茶务；廿四，迁衙前将，务获正专；廿八，迁散兵马使添衔"。其墓志由"留守衙前判官文林郎试左内率

---

①②⑤《唐代墓志汇编》咸通086《魏琐墓志》，第2446页。
③⑥《唐代墓志汇编》咸通074《魏虔威墓志》，第2437页。
④傅璇琮指出，"孔温裕自称孔子后裔，其为忠武节度使时曾检校礼部尚书，故此志称其为'邹鲁尚书'"，见《唐翰林学士传（晚唐卷）》，辽海出版社2007年版，第280–285页。
⑦《唐代墓志汇编》大中078《魏弘章墓志》，第2308页。

第二章 东都留守府之留守体系

府胄曹参军"郝乘撰写。① 纵观魏叔元家族从魏叔元到魏涿,四代人均为留守府内武职。

大中二年(848)去世的魏仲连,系衔"陪戎副尉、守右威卫、沁州延携府别将员外置同正员、上护军、右龙武军宿卫、守右屯营军押衙",②仲连长子文诚"东都同防御副使、银青光禄大夫、检校太子宾客、上柱国",③次子爽"累效戎麾,文班备帙,职授东都留守防御散将"。④文诚之子俦为"东都北衙右羽林军副使"。⑤魏仲连、魏俦祖孙二人为东都屯营、羽林军,魏仲连儿子为留守府防御使系统武将。

从上述东都留守系统武将家族来看,他们能上升到的最高职位是兵马使,更多的是长期担任低级武职,难以升任中央官。另外需要注意的是唐后期东都屯营兵依然设置,由留守府掌管,故而很多屯营兵中带"留守"身份,如魏仲连家族。

长期以来,我们对唐后期东都形成的留守府及其具体人员设置情况缺乏了解。本章通过对东都留守府下留守体系文武僚佐的考察,呈现出一个为以往研究所忽视的东都留守使府,进而考察府内留守系统的人员设置情况。东都留守府为唐后期东都地区的直接管理者,统辖包括河南府在内的都畿范围,长官为东都留守。留守使府的设置,形同藩镇。留守由他官兼任,从留守府文武僚佐的设置到留守授予的仪制都与方镇相同,故而可以把东都留守府视为中央直接控制不同于其他方镇的特殊藩镇。

---

① 《唐代墓志汇编》咸通067《魏涿墓志》,第2430页。
②④ 《唐代墓志汇编》大中023《魏仲连墓志》,第2268页。
③⑤ 《唐代墓志汇编》咸通046《魏俦墓志》,第2413页。

第三章　东都留守府之防御体系

安史之乱前,都畿设置过按察使、采访使等,安史之乱中,都畿设观察使,直到建中、贞元年间,废观察使,设都防御使,一直持续设置到唐末。因不同时间内,都畿沿革的变化,都畿防御使的称谓也不尽一致,有都畿防御使、东都畿汝州都防御使、东都防御使等称谓,本书为行文方便,行文中皆以"东都防御使"称之。本章通过对东都防御使下文武僚佐的考察,呈现东都防御系统的详细设置情况,探讨东都与都畿内各县镇的防御军部署。东都城内外的防御军,他们共同构成了东都、都畿的防御线,进而发挥屏障河北、淮西藩镇,巩固长安的作用。

第一节　东都畿防御使的设置沿革

都畿在唐代文献中又称东都畿、东畿,《说文解字》云:"畿,天子千里地。以远近言之,则言畿也。"① 唐代把长安所在的京兆府范围称为京畿,洛阳所在的河南府范围内为都畿,② 安史之乱后,都畿内州、县屡有变动,以至于都畿何时设置、包含哪些州都成为学界争议不断的话题。

一般认为开元年间天下划分十五道,其中有都畿道。《旧唐书》卷三八

---

① （汉）许慎撰,（宋）徐铉校定:《说文解字》,中华书局2013年版,第292页。
② 都畿,又有东都畿、东京畿、东畿之称。

《地理志一》载："开元二十一年，分天下为十五道，每道置采访使，检察非法，如汉刺史之职。"① 其中京畿采访使理京师城内，都畿采访使理东都城内。《通典》、《新唐书》亦同。② 罗凯认为京畿、都畿均是"畿"，从未称为"道"，没有所谓的"都畿道"，而都畿设置的时间在开元初，至于都畿的范围初置采访使时仅限于河南一府之地，后括及陕州、怀州、郑州。③ 杨孟哲同据崔沔的墓志将都畿产生的时间定在开元元年以后到十年以前，并且通过辨析文献以及据洛阳地理远近分析后认为都畿所辖为河南府、汝州、郑州、怀州、陕州。④ 大体来看，开元初即在都畿专门设置采访使、按察使，至于都畿的辖区范围其实是不断变化的过程，除河南府外，汝州长期是东都畿观察使所领之州，而怀州、郑州、陕州三州后来虽然均属其他节度使领州，但经常属于都畿观察使、防御使所辖的范围。

都畿采访使、按察使的出现在开元初，到安史之乱后，都畿开始设置观察使，其设置的背景是整个唐后期出现的新变化："至德、乾元之后，迄于贞元、元和之际，天下有观察者十，节度二十有九，防御者四，经略者三"，⑤ 又"至德之后，中原用兵，刺史皆治军戎，遂有防御、团练、制置之名。要冲大郡，皆有节度之额；寇盗稍息，则易以观察之号"。⑥ 安史之乱后，天下节度、防御、观察等方镇林立之形势，这也是东都畿观察使、防御使设置的历史背景。

郑炳俊指出，观察使的前身是唐前期各种地方使职，安史之乱中正式设立观察使。⑦ 虞云国、张玲认为，至德元载即有东畿观察使之名号，观察

---

① 《旧唐书》卷三八《地理志一》，第1385页。
② 《通典》卷一七二《州郡二》，第4479页；《新唐书》卷三七《地理志一》，第960页。
③ 罗凯：《盛唐京畿都畿考论》，《历史地理》第23辑，上海人民出版社2008年版，第65-75页。
④ 杨孟哲：《唐代都畿研究新论——以产生时间与统辖范围为线索》，《历史教学》2016年第8期。
⑤ 《旧唐书》卷一七下《文宗纪下》，第567页。
⑥ 《旧唐书》卷三八《地理志一》，第1389页。又《旧唐书》卷四四《职官志三》"防御团练使"下注云："上元后，改防御为团练守捉使，又与团练兼置防御使，名前使，各有副使、判官，皆天宝后置，未见品秩。"（第1923页）。
⑦ 郑炳俊：《唐代の観察処置使について——藩鎮体制の一考察》，《史林》(77-5)，1994年，第40-56页。

第三章 东都留守府之防御体系

使的正式官职化是从乾元元年开始，理由是至德年间仍有采访使的存在，而乾元元年后不见于此名号。①《通典》卷三二《职官一四》"采访处置使"下注云："至德之后改采访使为观察，观察皆并领都团练使，其僚属随事增置。"②大抵至德以后采访使改为观察使，具体到东都畿，从《新唐书》卷六四《方镇一》所载"（至德元年）置东畿观察使，领怀、郑、汝、陕四州，寻以郑州隶淮西"③来看，至德元载（756）因为平叛的需要，在洛阳地区设置东畿观察使。

安史之乱开始后，东畿开始常置观察使，其设置一直持续到贞元年间，此后改为都防御使。《新唐书》卷六四《方镇表一》载至德元载（756）："置东畿观察使，领怀、郑、汝、陕四州，寻以郑州隶淮西。"④东畿观察使的设置是为了统领东都畿地区，便于统领作战。李巨在乾元元年（758）四月为东京留守、河南尹，充东京畿采访处置使。⑤乾元二年三月丙申，郭子仪为"东畿、山南东、河南等道节度、防御兵马元帅，权东京留守"。⑥乾元二年七月，东京留守韦陟"兼东京畿观察处置等使"。⑦苏震也于乾元年间"以河南尹兼御史中丞仍充东都畿内观察使"。⑧卢正己于宝应元年（762）授工部尚书河南尹东都留守制。⑨广德年间，身为御史中丞东都畿内观察使李勉"守河南尹兼御史中丞"。⑩刘长卿诗《送严侍御充东畿观察判官》云："洛阳征战后，君去问凋残"、"故园经乱久"。⑪可知，在平叛战乱的过程中，东都畿一直设置观察使。

至德元年（756）所设的都畿设观察使在贞元元年（785）为东都畿都

---

① 虞云国、张玲：《唐宋时期"观察使"职权的演变》，《宋史研究论丛》第7辑，河北大学出版社2006年版，第35-38页。
② 《通典》卷三二《职官一四》，第895页。
③④ 《新唐书》卷六四《方镇表一》，第1766页。
⑤ 《旧唐书》卷一〇《肃宗纪》，第252页。"东京畿"原作"京畿"，东京留守当为东京畿。
⑥ 《旧唐书》卷一〇《肃宗纪》，第255页。
⑦ 《旧唐书》卷九二《韦安石附韦陟传》，第2961页。
⑧ 《册府元龟》卷六七一《牧守部·选任》，第7736页。
⑨ 《文苑英华》卷三八七贾至《授卢正己工部尚书河南尹东都留守制》，第1973-1974页。
⑩ 《文苑英华》卷四〇六《授李勉河南尹制》，第2060页。
⑪ 储仲君撰：《刘长卿诗编年笺注》中华书局1996年版，第244页。

防御使所替代，自此后常设防御使直到唐末。可从《新唐书》卷六四《方镇表一》所载东畿置使之沿革看东畿观察使到防御使的变化以及其辖州的变化（见表3-1）。

表3-1　东畿置使沿革表①

时间	建置沿革
至德元载（756）	置东畿观察使，领怀、郑、汝、陕四州，寻以郑州隶淮西
乾元元年（758）	陕州隶陕虢华节度，汝州隶豫许汝节度
乾元二年（759）	置陕虢华节度，领潼关防御、团练、镇守等使，治陕州
上元元年（760）	改陕虢华节度，为陕西节度兼神策军使，寻置观察使
上元二年（761）	陕西节度罢领华州
宝应元年（762）	陕西观察使增领都防御使
广德元年（763）	怀州隶昭义，陕西观察使增领虢州
广德二年（764）	罢东畿观察使
大历十四年（779）	复置东畿观察使，以留台御史中丞兼之，复领汝州，废陕西防御观察使
建中二年（781）	以汝州隶河阳，寻复旧。复置陕西防御使。置河阳三城节度使，以东都畿观察使兼之，领怀、郑、汝、陕四州，寻置使，增领东畿五县及卫州，亦曰怀卫节度使
建中四年（783）	罢观察，置东畿汝州节度。置陕西都防御使，寻升为节度使
兴元元年（784）	废陕西节度使
贞元元年（785）	废东都畿汝州节度，置都防御使，以东都留守兼之，增领唐、邓二州。置陕虢都防御使，治陕州。逾月，又为都防御观察陆运使。罢河阳节度，置都团练使
贞元二年（786）	升东都畿汝州都防御使为都防御观察使
贞元三年（787）	唐、邓二州隶山南东道
贞元五年（789）	罢东都畿汝州观察使，置都防御使，汝州别置防御使
贞元十二年（796）	复置河阳怀节度，治河阳
元和三年（808）	罢东都畿汝州都防御使
元和九年（814）	河阳节度增领汝州，徙治汝州
元和十三年（818）	汝州隶东畿，复置东都畿汝州都防御使，兼东都留守如故，罢河阳节度

---

①《新唐书》卷六四《方镇表一》，第1766-1789页。

第三章　东都留守府之防御体系

续表

时间	建置沿革
长庆元年（821）	东都畿防御罢领汝州
长庆二年（822）	东都畿复领汝州
大和三年（829）	以陕虢地近京师，罢陕虢都防御使
开成元年（836）	复置陕虢都防御观察使
会昌三年（843）	复置河阳节度，徙治孟州
会昌四年（844）	河阳节度增领泽州
光启元年（885）	置东畿观察兼防遏使

建中初，都畿领四州，《旧唐书》卷一二二《路嗣恭传》载："及德宗即位，杨炎受其货，始叙前功，除兵部尚书、东都留守。寻加怀郑汝陕四州、河阳三城节度及东都畿观察使。"① 可知，此时东都畿观察使不直接领怀、郑、汝、陕四州，河阳三城节度。《旧唐书》卷三八《地理志一》在条陈开元二十一年十五道的范围后，又列天下节度、经略等使，其中：东都畿汝防御观察使（领汝州，东都留守兼之），河阳三城节度使（治孟州，领孟、怀二州），义成军节度使（治滑州，管滑、郑、濮三州），陕州节度使（治陕州，管陕、虢二州）。② 这里很清楚交代汝州由东都畿汝防御观察使所领，怀州已隶属河阳三城节度使，郑州属义成军节度使，陕州由陕州节度使所领，当是贞元之后的东都畿状态。而汝州与东都畿之间，屡次分合。贞元二年（786），"都畿汝州都防御使为都防御观察使"，五年，"罢东都畿汝州观察使，置都防御使"，直至光启元年（885）设"东畿观察兼防遏使"。

从上述东都畿观察、防御使的设置沿革来看，有几个节点需注意。广德二年（764），也就是安史之乱结束后的第二年，都畿取消在战争中设东

---

① 《旧唐书》卷一二二《路嗣恭传》，第3500页。
② 《旧唐书》卷三八《地理志一》，第1385、1389页。

都畿观察使的做法。大历十四年,"复置东畿观察使,以留台御史中丞兼之",《册府元龟》卷五一二《宪官部·总序》:"大历后,多以留台中丞兼东都畿汝观察处置使。"[1] 从材料来看,确有御史兼任东都畿汝观察处置使,如大历十四(779)七月"以吏部侍郎房宗偃为御史中丞、东都畿观察使"。[2] 不过这一规定应该在建中初有所改。建中元年,"自兵兴已来,方镇重任必兼台省长官,以至外府僚佐,亦带台省衔。至是除韩滉苏州刺史,杜亚河中少尹,而领都团观察使,不带台省兼官。自是诸道非节度而兼宪官者皆让。"[3] 东都的情况稍晚于藩镇。建中二年(781)五月丙午,检校秘书少监郑叔则为御史中丞、东都畿观察使。[4] 贞元元年(785)六月壬午,工部尚书贾耽兼御史大夫、东都留守、都畿汝州防御使。[5] 到贞元元年以后不见有宪官兼任都畿观察使、防御使。

贞元年间,东都畿的观察使为都防御使所代替,开启设置东都畿防御使的进程。防御使的设置一般可追溯到武则天时期,《事物纪原》卷六"防御"条载:"武后圣历元年,以夏州领防御使,禄山犯顺,当冲诸郡皆置之,则是防御使自则天始也。"[6] 事实上东都畿的防御使在至德之后,于贞元年间形成,观察使向防御使转变的过程中曾以都畿防御观察使为名。贞元元年(785),"废东都畿汝州节度,置都防御使,以东都留守兼之,增领唐、邓二州。"自此后东都留守开始持续兼任都畿都防御使[7],直至唐末。唐末黄巢军要举兵攻洛阳时,洛阳新设置"东都应援防遏使",《资治通鉴》卷二五三乾符五年(878)三月条载:"黄巢自滑州略宋、汴,乃以副使张自勉充东南面行营招讨使。黄巢攻卫南,遂攻叶、阳翟。诏发河阳兵

---

[1]《册府元龟》卷五一二《宪官部·总序》,第5816页。
[2]《旧唐书》卷一二《德宗纪上》,第322页。
[3]《旧唐书》卷一二《德宗纪上》,第324页。
[4]《旧唐书》卷一二《德宗纪上》,第329页。
[5]《旧唐书》卷一二《德宗纪上》,第349页。
[6]《事物纪原》卷六"防御"条,第307页。
[7] 东都畿所设防御使为都防御使,在史籍中又称东都防御使、东都畿防御使、东都畿汝都防御使等,为行文清楚,此处及下文均以东都畿防御使统称。

第三章　东都留守府之防御体系

千人赴东都，与宣武、昭义兵二千人共卫宫阙；以左神武大将军刘景仁充东都应援防遏使，并将三镇兵，仍听于东都募兵二千人。"①

东都防御使设立后，以东都留守兼任，这表现在任命东都留守时，称谓一般以某某官（多为六部尚书）充东都留守、判东都尚书省、东都防御使。东都留守与东都防御使均为使职。《唐会要》卷六七元和三年（808）五月敕："承前东都留守无防御使名，往因权宜，遂有制置"②，这也就是说，在贞元初年东都设防御使到元和初年这近二十年时间里，东都留守虽兼任防御使已经成为惯例，但并未在制度上加以确认。总之通过搜集到的东都畿防御使授受情况来看，大历至大中年间东都留守任命时普遍兼任防御使，东都留守兼任东都防御使已为惯例，表现出持续化、常态化。

第二节　防御使体系文武僚佐考

史籍中对观察使、防御使僚佐记载最详细者，见《新唐书·百官志》："观察使、副使、支使、判官、掌书记、推官、巡官、衙推、随军、要籍、进奏官，各一人。团练使、副使、判官、推官、巡官、衙推，各一人。防御使、副使、判官、推官、巡官，各一人。"③前引严耕望《唐代方镇使府僚佐考》基本理清包括观察、防御使在内的方镇使府中文武僚佐的基本设置情况。④前揭东都留守府下留守体系文武僚佐的设置类同方镇使府。而唐后期的东都留守还长期兼任都畿防御使，故留守府内形成留守与防御两大体系。留守系统人员带"留守某某官"字样，防御使系统中带东都防御或是东都留守防御等字样表明其身份。

---

① 《资治通鉴》卷二五三乾符五年三月条，第 8201–8202 页。
② 《唐会要》卷六七《留守》，第 1401 页。
③ 《新唐书》卷四九下《百官志四下》，第 1310 页。
④ 严耕望：《唐代方镇使府僚佐考》，第 406–452 页。

一、文职僚佐

以往东都防御使由东都留守兼任,其僚佐常被认为属留守系统。① 本书通过逐一考证,呈现出东都防御使下具体文武僚佐设置的情况。通过考察发现防御使系统下僚佐的设置,与留守体系颇为相似。以下从史籍、墓志中爬梳东都观察使、防御使宾佐的设置,以期透过这些具体僚佐的设置,加深对以往研究忽视的东都防御使的系统了解。

1. 副使

节度使府中设有副使,前引《新唐书·百官志》载观察使、团练使、防御使下文职宾佐皆有副使。② 据严耕望考证,观察、团练、经略、支度、营田等使都设有副使。③ 东都防御使下亦设有副使。《旧唐书》卷一六《穆宗纪》长庆二年(822)载:"八月己未朔,以绛州刺史崔弘礼为河南尹,兼东畿防御副使。"④《册府元龟》卷四六九《台省部·封驳》详载崔弘礼任职河南尹、东都防御副使的经过:"韦顗,为给事中。长庆二年以绛州刺史崔弘礼为河南尹,兼御史大夫、充东都畿汝州都防御副使。诏至门下,顗以弘礼位望素轻,未尝在班列,不宜尹正都邑。乃抗表封还诏书。诏谕韦顗放,崔弘礼敕下。"⑤ 可见防御副使多由河南尹兼任,河南尹一般由位望重、在班列的朝臣担任,故其所兼任的防御副使的地位也较高。

2. 判官

《唐会要》卷七八《诸使杂录上》载大历十二年(777)五月十三日"诸道观察、都团练使判官各置一人,支使一人,推官一人,余并停"。⑥

---

① 程存洁将留守府武职幕僚分为衙前、左右厢、防御三个系统(《唐代城市史研究初编》,第51—53页),而未区分留守与防御两使府系统。
② 《新唐书》卷四九下《百官志四下》,第1310页。
③ 严耕望:《唐代方镇使府僚佐考》,第407—409页。
④ 《旧唐书》卷一六《穆宗纪》,第498页。
⑤ 《册府元龟》卷四六九《台省部·封驳》,第5302页。
⑥ 《唐会要》卷七八《诸使杂录上》,第1702页。

是以知观察使下有判官。前引《新唐书·百官志》观察、防御使下各有判官一人。① 据严耕望研究，玄宗以降，"采访使、节度使、观察使、经略使、招讨使、防御使、团练使、支度使、营田使等等，几凡立使名皆有判官也"。②

东都防御使下设判官一职，最早事例见于安史之乱甫一结束时观察使下设的判官。刘长卿《送严侍御充东畿观察判官》云："洛阳争战后，君去问凋残。云月临南至，风霜向北寒。故园经乱久，古木隔林看。谁访江城客，年年守一官。"③ 此为观察使判官。随着防御使取代观察使后，防御使下设判官。

韦绶在贞元五年（789）前担任过防御使判官。《旧唐书》卷一三〇《李泌传》载："至贞元五年，以前东都防御判官、殿中侍御史、内供奉韦绶为左补阙，监察御史梁肃右补阙。"④ 王茂元，"德宗时上书自荐，擢试校书郎，改太子赞善大夫。吕元膺留守东都，署防御判官。淄青留邸卒谋乱，元膺率兵围之，士无敢先者，茂元取一人斩之，众乃进，贼遂出奔。"⑤ 李师道派兵在洛阳留邸发动叛乱，事情发生在元和十年（815）。⑥《旧唐书》卷一二四《李正己附师道传》载："防御判官王茂元杀一人而后进，或有毁其堞而入者。"⑦ 判官本是文职，这里由于防御兵不敢杀敌，故而作为判官的王茂元挺身而出。大和八年（834）《卢从雅墓志》撰写者张文规为"摄东都畿汝州都防御判官"。⑧ 开成二年（837）《韦应墓志》载"弘农公有东周之寄，又以本官充都防御推官，转水部郎中兼侍御史都防御判官"。⑨ 可知，都防御推官可升至判官。开成三年（838）吕汶的墓志中题称"东都留守都押衙都虞候金紫光禄大夫检校太子宾客兼殿中侍御史"，表明他

---

① 《新唐书》卷四九下《百官志四下》，第1310页。
② 严耕望：《唐代藩镇使府僚佐考》，第416–417页。
③ 刘长卿撰，储仲君校注：《刘长卿诗编年笺注》，中华书局1996年版，第244页。
④ 《旧唐书》卷一三〇《李泌传》，第3622页。
⑤ 《新唐书》卷一七〇《王栖曜附茂元传》，第5172页。
⑥ 《旧唐书》卷一四五《吴少诚附吴元济传》，第3949页。
⑦ 《旧唐书》卷一二四《李正己附师道传》，第3539页。
⑧ 《新中国出土墓志·河南［叁］》二九五，第219页。
⑨ 《秦晋豫新出墓志搜佚》748《韦应墓志》，第965页。

在留守府内任职的身份，墓志撰写者署名"都防御都虞候判官将仕郎"。① 开成五年（840）的李氏夫人墓志中记载其夫为"东都留守从事"，墓志的撰者田可封署衔"都防御都虞候判官"。② 会昌三年（843）仇仙期及妻玄氏墓志的撰写者署衔"留守随军、兼右都虞候判官、道州延唐县尉"。③ 乾符七年（880）的《裴恭孙墓志》载其父裴虔裕"见任东都防御判官，赐绯鱼袋"。④

另，都虞候名目较多，其中有都虞候判官。开成二年（837）田可封给韦璘撰写的墓志自署衔"东都畿都防御都虞候判官"。⑤ 到开成五年（840）田可封给东都留守从事员公夫人撰写的墓志中，依然自署衔"都防御都虞候判官前道州延唐县尉"。⑥ 会昌三年（843），田可封为仇仙期及妻玄氏撰写的墓志，自署衔"留守随军兼右都虞候判官、道州延唐县尉"。⑦

此外，汝州单设防御使时，其下也有本州防御判官。汝州防御使并没有跟东都留守脱离关系，其下判官也可由东都留守奏授。褚藏言《窦庠诗序》："昌黎公留守东都，又奏授公为汝州防御判官。"⑧ 昌黎公为韩皋。韩皋为东都留守，事在元和六年（811）十月戊辰，"以户部尚书韩皋为东都留守，判东都尚书省事。"⑨ 长庆二年（822）六月丙戌，"以东都留守韩皋检校吏部尚书，兼许州刺史，充忠武军节度使。"⑩

3. 推官

《唐会要》卷七八《诸使杂录上》大历十二年五月十三日载："诸道观察、都团练使判官各置一人，支使一人，推官一人，余并停。"⑪ 是以知观

---

① 《秦晋豫新出墓志搜佚续编》841《吕汶墓志》，第1167页。
② 《洛阳新获七朝墓志》339《员公夫人李氏墓志》，第339页。
③ 《邙洛碑志三百种》264《仇仙期及妻玄氏墓志》，第312页。
④ 《新中国出土墓志·河南〔叁〕》三三九，第258页。
⑤ 《洛阳流散唐代墓志汇编续集》三三一《韦璘墓志》，第671页。
⑥ 《河洛墓刻拾零》420《员公夫人李氏墓志》，第564页。
⑦ 《邙洛碑志三百种》264《仇仙期及妻玄氏墓志》，第370页。
⑧ 《全唐文》卷七六一，第3506页。
⑨ 《旧唐书》卷一四《宪宗纪上》，第437页。
⑩ 《旧唐书》卷一五《宪宗纪下》，第446页。
⑪ 《唐会要》卷七八《诸使杂录上》，第1702页。

察使下有推官。前引《新唐书·百官志》观察使、防御使下各有推官一人。①严耕望指出唐中叶以来,节度推官较为常见,推官掌推勾狱讼之职。②东都防御使下亦设有推官。

贞元二十年(804)的《刘谈经墓志》载"唯吏部尚书杜公之保厘东郊也,奏为防御推官,试左金吾卫兵曹参军"。③开成二年(837)的《韦应墓志》载"弘农公有东周之寄,又以本官充都防御推官"。④大中五年(851)冯牢撰写《孙乂墓志》时署衔"前东都畿汝等州都防御推官、朝请郎、试大理评事"。⑤大中三年(849)的《狄兼謩墓志》由令狐绹撰文,裴翻书,裴翻署衔"前东都畿汝州都防御推官、将仕郎、试太常寺协律郎"。⑥以上皆是防御使设推官的事例。

4. 巡官

前引《新唐书·百官志》观察使、防御使下各有巡官一人。⑦严耕望指出,节度使府设巡官唐中叶已常见,观察使府设巡官,在唐中叶已有之。⑧东都防御使下亦设巡官。

《严恪墓志》载其在狄兼謩保釐东洛时,"公素为狄公所重,奏授都防御巡官"。⑨据两《唐书》狄兼謩本传,他拜东都留守时间约在会昌初,⑩那么严恪担任都防御巡官也应在会昌初年。长庆三年(823)的《卢直墓志》撰写者卢方为"东都畿汝州都防御巡官、朝议郎、试大理评事"。⑪关于卢方,大和四年(830)的《卢方墓志》中云:"在仆射韩公皋以硕德元老保

---

① ⑦ 《新唐书》卷四九下《百官志四下》,第 1310 页。
② 严耕望:《唐代藩镇使府僚佐考》,第 422—423 页。
③ 《全唐文补遗》(八),第 110 页。
④ 《秦晋豫新出墓志搜佚》748《韦应墓志》,第 965 页。
⑤ 《唐代墓志汇编》大中 054《孙乂墓志》,第 2289 页。
⑥ 《河洛墓刻拾零》430《狄兼謩墓志》,第 578 页。
⑧ 严耕望:《唐代方镇使府僚佐考》,第 423—424 页。
⑨ 《秦晋豫新出墓志搜佚》831《严恪墓志》,第 1071 页。
⑩ 《旧唐书》卷八九《狄仁杰附狄兼谟传》,第 2896 页;《新唐书》卷一一五《狄仁杰附狄兼谟传》,第 4215 页。按两《唐书》本传等都云其名字为"狄兼谟",据其墓志作"狄兼謩"(《河洛墓刻拾零》430《狄兼謩墓志》,第 578 页)。
⑪ 《全唐文补遗》(一),第 279 页。

鳌东周，挹公器度，表为从事，授奉礼郎。……未几韩公出拥麾幢，作藩于许，复参幕画，改协律郎。……无何，昌黎公再居君陈之位，又为防御巡官，换大理评事。毗佐三府，出入数年，韩公之待公也益加，公之奉韩公也弥固，则公之事业可知也。"①韩皋两任东都留守，第二次任职是在长庆二年至四年（822—824），为东都留守、判尚书省事、东畿汝防御使。②卢方初入东都留守韩皋幕为留守从事，后出镇，随韩皋再回东都时，迁防御巡官。大中九年（855）二月韦氏逝世于东都的官舍，其夫为东都防御巡官独孤君。③乾符四年（877）《崔绍墓志》撰写者其子崔兢署衔"摄东都畿汝州都防御巡官"。④

5. 要籍

《新唐书·百官志》载节度使设要籍一人、随军四人，观察使下设随军、要籍各一人。⑤《资治通鉴》卷二二七建中三年正月条胡注云："要藉官，亦唐时节度衙前之职。中宗景云二年，解琬为朔方大总管，分遣随军要藉官河阳丞张冠宗、肥乡令韦景骏、普安令于处忠校料三城兵募。则唐边镇有要藉官尚矣。又据《新书·忠义传》，朱泚统幽州行营，为泾原、凤翔节度使，诏蔡廷玉以大理少卿为司马，朱体微为要藉。则要藉，乃节度使之腹心也。朱滔、王武俊之相王，改要藉官曰承令。"⑥王延武注意到唐前期节度使"随军要籍"常连在一起，⑦石云涛亦关注到"随军要籍"在唐后期分为两职。⑧王永兴指出，要籍官为方镇内普遍设置，幽州卢龙节度使使衙内、使宅内都有要籍官。⑨

东都防御使下设要籍一职。元和十四年（819）的《龚润古墓志》，志

---

① 《唐代墓志汇编续集》大和 026《卢方墓志》，第 906 页。
② 《旧唐书》卷一六《穆宗纪》，第 499 页；《新唐书》卷一二六《韩休附韩皋传》，第 4438 页。
③ 毛阳光主编：《洛阳流散唐代墓志汇编续集（全三册）》，国家图书馆出版社 2018 年版，第 719 页。
④ 《全唐文补遗》（一），第 422 页。
⑤ 《新唐书》卷四九下《百官志四》，第 1309–1310 页。
⑥ 《资治通鉴》卷二二七建中三年正月条胡注，第 7318 页。
⑦ 陈国灿、刘健明编著：《〈全唐文〉职官丛考》"随军要籍"条，第 235–236 页。
⑧ 石云涛：《唐开元、天宝时期边镇幕府体制新探》，见氏著《中古文史探微》，第 141–143 页。
⑨ 王永兴：《关于唐代后期方镇官制新史料考释》，第 272 页。

主之子龚师贞为"前东都留守都防御要籍、登仕郎、前试左内率府兵曹参军"。① 大中五年（851）《张府君及钜鹿魏氏夫人墓志》撰写者为其子张汉璋，署衔"留守都防御要籍将仕郎试太常寺奉礼郎"。② 前引《新唐书·百官志》只云观察使下有要籍一人，③ 从东都防御使下设有要籍来看，唐后期防御使下也设要籍。

以上对东都防御使系统下文职宾佐的考察可看出，其与留守系统为两套各自不同的系统，防御使系统职官贯以"都防御"等字样，防御使系统下文官僚佐设置比留守系统稍简，依次为副使、判官、推官、巡官、要籍，与《新唐书·百官志》所载防御使府的文官僚佐设置基本一致。

二、军将系统

节度、观察、防御等使府下设置有各类军将，以往学界较为关注方镇使府军将的设置情况。严耕望首次系统考察节度、观察、防御等使下的军将。④ 前揭张国刚对藩镇军将职级的考察，⑤ 荣新江、冯培红对归义军军将的考察，⑥ 这些研究基本理清唐后期方镇使府中军将的职级。东都防御使下的军将设置，与方镇使府大体一致。

张国刚指出，藩镇内的军事体制大概分为三层，一为方镇治所的牙兵，二为方镇属下各个支州（支郡）的驻兵，三为州下各县的军镇。⑦ 东都防御使为都防御使，管辖东都畿内各县镇，因此东都畿内汝州防御等州防御使由东都留守直接任命。

---

① 《大唐西市博物馆藏墓志》394《龚润古墓志》，第851页。
② 《唐代墓志汇编》大中142《张府君及钜鹿魏氏夫人墓志》，第2362页。
③ 《新唐书》卷四九下《百官志四》，第1310页。
④ 严耕望：《唐代方镇使府僚佐考》，第407–410页。
⑤ 张国刚：《唐代藩镇研究》，第90–101页。
⑥ 荣新江：《唐五代归义军武职军将考》，第76–87页；冯培红：《晚唐五代宋初归义军武职军将研究》，第94–178页。
⑦ 张国刚：《唐代藩镇研究》，第83–89页。

1. 都虞候

据严耕望研究，唐初从中央政府、太子官府到地方郡府皆设有虞候一职，为"伺察之任"，职位较低。唐后期节度使府中常设都虞候，观察使、防御使等下亦设，位居使府高层为要职。①东都留守府中留守系统设有都虞候、虞候，防御使下亦设有都虞候、虞候。大中五年（851）的《张季戎墓志》志主张季戎为"东畿汝防御使都押衙兼都虞候"。②咸通二年（861）《巩内范墓志》载其夫张府君为"东都留守防御都押衙兼都虞候。"③严耕望注意到都虞候的名目甚多，"大抵亦随事立名耳"。④

2. 都押衙、押衙、同押衙

前引严耕望研究，方镇使府中节度使府中押衙的兼职化现象，⑤前揭张国刚、荣新江、冯培红均指出押衙兼官为唐后期方镇中的普遍现象。⑥

大中五年（851）的《张季戎墓志》志主张季戎"至五年十月武宗皇帝迁太微宫，相国李公改补同押衙……（大中）五年春正月，相国崔公以公道可济人，加勾当衙事。公清直立操，嫉恶奉公，备见良能，更期尽节，授防御都押衙兼都虞候"。⑦先是为同押衙，后为都押衙兼都虞候。咸通二年（861）《巩内范墓志》载其夫张府君为"唐东都留守防御都押衙兼都虞候"。⑧以上两例均是以都押衙兼都虞候。防御系统中还有押衙。元和二年（807）去世的宫自劝，墓志中记载他由留守押衙"改都防御押衙、兼左厢刀斧随身将"。⑨开成五年（840）的《周氏墓志》周氏其夫李公为"东都留

---

① 严耕望：《唐代方镇使府僚佐考》，第439-445页。
②⑦《唐代墓志汇编》大中056《张季戎墓志》，第2292页。
③《唐代墓志汇编》咸通010《巩内范墓志》，第2385页。
④⑧ 严耕望：《唐代方镇使府僚佐考》，第444-445页。
⑤ 严耕望：《唐代方镇使府僚佐考》，第445-449页。
⑥ 张国刚：《唐代藩镇研究》，第99页；荣新江：《唐五代归义军武职军将考》，第78-81页；冯培红：《晚唐五代宋初归义军武职军将研究》，第100-101页；冯培红：《晚唐五代藩镇幕职的兼官现象与阶官化述论——以敦煌资料、石刻碑志为中心》，载《敦煌学研究》（韩国）2006年第2期，第1-23页，2007年第1期，第42-56页。此外，赵贞《归义军押衙兼知他官略考》（《敦煌研究》2001年第2期，第89-95页）一文专门考察了归义军押衙兼任他官。
⑨《全唐文补遗》（千唐志斋新藏专辑），第305-306页。

守防御押牙"。①

3. 同防御副使

防御副使系统中又有同防御副使，地位远低于防御副使。大中五年（851）的《张季戎墓志》载："（会昌四年）冬末，司空李公以公才兼文武，可寄重难，加同防御副使兼右街使。"②之后张季戎由同防御副使升至同防御押衙。咸通六年（865）的《魏俦墓志》载其父魏文诚为"皇东都同防御副使、银青光禄大夫、检校太子宾客、上柱国"。③

4. 防御十将、副十将、左三将副使

十将，又作"什将"，④唐中期始见此称谓，《资治通鉴》卷二一七天宝十三载三月条："敕以陇右十将、特进、火拔州都督、燕山郡王火拔归仁为骠骑大将军"胡三省注云："十将，亦唐中世以来军中将领之职名。"⑤唐后期从中央神策军到地方道、州、方镇使府中频见此称谓，为军中武职，位在兵马使之下。如白居易《高芳颖等四人各赠刺史制》有"深州故十将高某等四人"。⑥又《资治通鉴》卷二四〇元和十二年二月条胡三省注云："十将，军中小校也。"⑦可知后期的十将已不同于中期的军中将领之职位，为"小校"。不过"十将"除了特定称谓外，又可指十位将领。

对十将，学界多有探讨。张国刚据《神机制敌太白阴经》"教旗图"指出十将可以指十位将领，但方镇职级中的十将指领兵，位在兵马使下的军将。⑧荣新江据敦煌文书认为十将为将头的名称，共有左右将头各十人，每将一百人，由将头、副将统领。⑨渡边孝指出，十将由最初的部队指挥官

---

① 《唐代墓志汇编》开成034《周氏墓志》，第2193页。
② 《唐代墓志汇编》大中056《张季戎墓志》，第2292页。
③ 《唐代墓志汇编》咸通046《魏俦墓志》，第2413页。
④ 《白居易文集校注》卷一五《张伟等一百九十人除常侍中丞宾客詹事等制》（第802页）中云"卢龙军押衙、兵马使、什将、随军某等"。
⑤ 《资治通鉴》卷二一七天宝十三载三月条，第6926页。
⑥ 《白居易文集校注》卷一二，第584页。
⑦ 《资治通鉴》卷二四〇"元和十二年二月"条胡注，第7730页。
⑧ 张国刚：《唐代藩镇研究》，第92、97—98页。
⑨ 荣新江：《唐五代归义军武职军将考》，第84页。

转变为下级军将，并且用来表示品级。①贾志刚指出，按编制有先锋十将、后院十将、马军十将、使宅十将、衙门十将、山河十将等，其又有正十将、副十将、散十将、同十将之分。②齐陈俊、冯培红认为，十将应为具体军将职级。③陆离考察过吐蕃统治下的敦煌十将的设置情况，认为其设置源自本部十将（tshan-bcu）的军事部落，又受唐朝十将制度的影响，归义军中的十将承袭自吐蕃敦煌十将。④

综合既往相关研究，十将这样的称谓有两重含义，既可以指十位将领，左右各五将，又可指军将职级。十将有正、副、散之分。以东都留守府来看，府中防御系统设有十将、副十将。

贞元十七年（801）卒于东都河南县弘圣寺营舍的陇西李氏，其夫为"东都防御十将忠武将军左金吾卫大将军"。⑤大中五年（851）的《张季戎墓志》载："开成五祀，东都留守尚书崔公，府君干能，补河阴镇遏副十将。及冬，仆射王公收充留守衙前将。"⑥张季戎为河阴镇遏副十将，推知还有河阴镇遏十将。河阴设有镇遏使，⑦为东都防御军之下，由东都留守府管辖。又，张季戎得以补河阴镇遏副十将是由东都留守崔珙直接任命，可知，防御十将、镇遏十将等可由东都留守直接辟属。从以上来看，显然这里的十将、副十将为军将的职级。与此同时，留守府也存在左右各五将，共十位将领，非职级。长庆三年（823）《连宝积墓志》，志主逝世于元和年间，为"东都防御军左三将副使左金吾卫大将军"。⑧有左三将副使，可以

---

① 渡边孝：《唐藩镇十将攷》，《東方学》（总第87期）1994年，第73-88页。
② 贾志刚：《从唐代墓志再析十将》，韩金科主编《98法门寺唐文化国际学术讨论会论文集》，陕西人民出版社2000年版，第408-412页。
③ 齐陈俊、冯培红：《晚唐五代宋初归义军政权中十将及下属诸职考》，收入《归义军史专题研究》，第25页。
④ 陆离：《关于吐蕃统治敦煌时期的基层组织——十将、将》，《中国边疆史地研究》2015年第2期，第111-125页。
⑤《全唐文补遗》（八），第107页。
⑥《唐代墓志汇编》大中056《张季戎墓志》，第2292页。
⑦ 元和三年曾解散东都畿汝州都防御使及副使，河阴等县镇镇遏使由东都留守收管，见《唐会要》卷六七《留守》（第1401页）："所管将士六千七百三十八人，数内见所管将士都防镇及宫苑中、营田、河阴、阳翟、偃师等县镇遏使，共四千六百三十人，委留守收管。"
⑧《邙洛碑志三百种》243《连宝积墓志》，第288页。

推知东都防御军左右十将各有正副使。

5. 随身将

元和二年（807）去世的宫自劝，墓志云："左武卫大将军、上柱国，赐紫金鱼袋司正、兼留守随身大将。……迁留守押衙。改都防御押衙、兼左厢刀斧随身将。"①宫自劝从留守系统转到防御使系统，担任都防御使押衙兼左厢刀斧随身将，推知，防御使下还当有右厢刀斧随身将。这样的设置，与前揭留守系统下有留守左右厢刀斧随身将基本一致。

6. 散将

"散将"一词多见于唐后期文献中，《资治通鉴》卷二五〇咸通元年（860）三月条胡注云："散将者，牙将之散员也。"②《旧唐书》卷一五八《郑余庆传》载："以为诸道散将无故授正员五品官，是开徼幸之路。"③白居易《苏州刺史谢上表》中有"差军事散将某乙奉表陈谢以闻"。④从以上来看，散将是唐后期诸道、州、方镇使府中地位低级的武职。齐陈俊、冯培红认为散将不统兵，为阶官化荣誉虚衔，⑤这应该并非唐后期的普遍状态。东都留守府有防御之散将，大中三年（849）的《魏仲连墓志》载次子魏爽"累效戎麾，文班备帙，职授东都留守防御散将"。⑥

7. 县镇兵马使

东都防御使下驻军分布在畿内各县，县设县镇。咸通十三年（872）去世的毕颖，其墓志题称"东都防御军巩县镇遏兵马使"。⑦墓志云"恭趋防御"、"恩知荐善保厘，俾加镇戍守职"，十四、五年一直在防御军，"当迁转则推毂无人，在勤劳则跼足独处。然而有功不理，信道求安；喧哗常

---

① 《全唐文补遗》（千唐志斋新藏专辑），第305-306页。
② 《资治通鉴》卷二五〇咸通元年三月条胡注，第8082页。
③ 《旧唐书》卷一五八《郑余庆传》，第4165页。
④ 《白居易文集校注》卷三一，第1847页。
⑤ 齐陈俊、冯培红：《晚唐五代宋初归义军政权中十将及下属诸职考》，收入《归义军史专题研究》，第25页。
⑥ 《唐代墓志汇编》大中023《魏仲连墓志》，第2268页。
⑦ 《全唐文补遗》（六），第190页。

戒于朋流，好恶不争于巨细"。

以上通过对东都留守兼任的防御使下文武僚佐的考证，可以看到留守府防御使下形成分工明确、有清晰层级的职官体系，与留守系统分属于两套不同体系，职官设置大致与方镇使府内相类似，这是为以往研究所未揭示过的。留守与防御使这两套体系之间可以互相迁转，最能彰显两套系统之间迁转的为前引张季戎的例子，张季戎在留守系统与防御系统之间来回迁转。总的来说，东都留守府内存在留守系统与防御系统两套各自独立的职官体系，两套体系之间可以互相迁转，共同归于东都留守掌管。

至于留守府内留守、防御兵的来源主要是就近征集。元和八年（813）至九年，权德舆任职东都留守。上任之后，因为淮西形势的危机，多次上书中央要求增加东都兵力。权德舆《谢河南尹裴次元充东都副留守状》载："见与次元计会，于诸色人中设法招召。"① 权德舆与副使裴次元"诸色人中设法招召"。这里的诸色人应该指所有人、各种人。② 权德舆《请加置兵衣粮状》载：

> 右。伏奉今月十四日敕，留镇将士宜加置二千人，速令招召者。伏以自元和三年准敕停防御军后，皆散在坊市，工庸为生，今令招召，拣去老弱。又畿内山谷间有武力劲悍者，四军留镇军子弟有成长强壮者，旬日内且合拾得一千人。其余至后月内，并合得足。伏以前件人等，久藉军籍，不免饥寒。招募之初，须有露赉。藉其速至，必在乐从。况当冬赐之时，宜均挟纩之泽，伏望天恩许臣，招召入军者，便准旧官健例，给冬衣月粮。伏望下有司，且支一千，其余一半，待招召有次第后，续具闻奏，谨录奏闻，谨奏。

在此请衣粮的壮文中提到此次二千人部分来自旧有防御军，部分来自

---

① 《权德舆诗文集》卷四六《谢河南尹裴次元充东都副留守状》，第 728 页。
② 黄正建指出，"诸色人"有广义、狭义之分，狭义诸色人专指"那些文武官（含流外官）一下有职掌、'在官供事'即'合在公家驱使'，又是良人的身份性群体"。见黄正建：《天圣令（附唐杂令）所涉唐前期诸色人杂考》，《唐研究》第 12 卷，北京大学出版社 2006 年版，第 203 页。

畿内山谷，还有部分来自四军子弟。畿内山谷武力强悍者，当为山棚。《资治通鉴》卷二三九载："东都西南接邓、虢，皆高山深林，民不耕种，专以射猎为生，人皆趫勇，谓之棚。"①《册府元龟》卷六九六载："吕元膺为东都留守，请募置山棚子弟以卫宫城（东畿西南联邓、虢山）。山谷旷远，多麋鹿猛兽，人习射猎，不务耕稼，春夏以其族党迁徙无常，俗呼为山棚。前留守权德舆知其可縻而用，将请之，会诏征，故元膺继请焉。"②陈寅恪指出"伊阙、陆浑二县山棚乃游猎为生，盖胡人部落生活"。③

所谓四军留镇军子弟，当指东都屯营兵的子弟。魏叔元于大和八年（834）逝世于东都清化里的私宅，系衔"东都留守北衙右屯营军押衙宣节副尉守右威卫沁州□儁府折冲都尉员外置同正员上柱国"。④魏叔元家族为东都留守府武将世家，魏叔元"职事东都，三十余载。每于军府上下通流，或在肆行，人皆瞻望"。魏叔元之孙魏弘章为东都留守押衙、⑤留守散兵马使，弱冠之年，"从事辕门，授子弟之职"。在留守府内，"日趋公庭，礼貌谦恭，众流推美，自基迨末，凡三十载矣，迁崇者一十五阶，实为务剧位卑。"⑥魏弘章之子魏涿，"廿二，受留守衙前虞候，副知茶务；廿四，迁衙前将，务获正专；廿八，迁散兵马使添衔"。权德舆所指四军留镇子弟，正是指像魏弘章这样的留守东都屯营兵世家。

综之，唐代后期东都留守府下留守兵、防御兵的来源主要来自城内四军子弟以及都畿附近骁勇之人。留守府留守兵、防御兵，也会发生扰乱都城治安的现象。韩愈《上留守郑相公启》载："坐军营操兵守御、为留守出入前后驱从者，此真为军人矣；坐坊市卖饼又称军人，则谁非军人也！愚以为此必奸人以钱财赂将吏，盗相公文牒，窃注名姓于军籍中，以陵驾府

---

① 《资治通鉴》卷二三九元和十年八月条，第7716页。
② 《册府元龟》卷六九六《牧守部·修武备》，第8035页。
③ 《陈寅恪集·读书札记一集》，生活·读书·新知三联书店2001年版，第107页。
④ 《唐代墓志汇编》大和092《魏叔元墓志》，第2161页。
⑤ 《唐代墓志汇编》咸通067《魏涿墓志》，第2430页。
⑥ 《唐代墓志汇编》大中078《魏弘章墓志》，第2308页。

县：此固相公所欲去，奉法吏所当嫉，虽捕系仗之未过也。"① 韩愈所说的现象针对的是元和三年（808）东都停止防御军之后的现象。权德舆《请加置兵衣粮状》载："伏以自元和三年准敕停防御军后，皆散在坊市，工庸为生"，②以至于元和四年七月不得不下诏明令禁止："东都诸军不得擅有追百姓及辄禁于本司，并须牒府县，仍委御史台纠察。"③

第三节　东都留守、防御军分布考察

东都留守、防御军分布驻守在东都城内以及周边各州县。留守军主要驻扎在城内，东都防御使为都防御使，统属畿内一府三州，其下防御军分布在畿内各州县。本节主要考察留守、防御军的分布情况。

东都城内留守、防御兵人数比较有限，并且从目前材料来看两军在城内也并无明确职能分工。元和十年（815）七月李师道在东都留邸发动叛乱，百余人于洛阳城内里应外合作乱，"都城震恐，留守兵寡弱不可倚"，东都留守吕元膺追伊阙兵围李师道留邸，半日不敢进攻，"防御判官王茂元杀一人而后进。或有毁其墉而入者。"④可见东都留守、防御军城内兵力较为有限。

留守、防御兵平时居于城内留守府的军营以及官舍。贞元十七年（801）十二月离世的李氏，卒于"东都河南县弘圣寺之营舍"。其夫孙府君为"大唐东都防御十将忠武将军左金吾卫大将军试殿中监南阳县开国子"，⑤为留守府下防御系统兵。李氏显然跟随其夫居住在弘圣寺的营舍内。

---

① 《韩昌黎文集校注》，第151页。
② 《权德舆诗文集》卷四六《请加置兵衣粮状》，第727页。
③ 《册府元龟》卷六四《帝王部·发号令三》，第685页。
④ 《旧唐书》卷一五四《吕元膺传》，第4105页。
⑤ 《全唐文补遗》（八），第107页。

第三章 东都留守府之防御体系

另有会昌二年（842）七月廿日遘疾于"东都弘圣寺之军营"①的王公亮，享年五十九岁。王公亮为"东都留守押衙兼右衙兵马使知将事"，是留守系统兵。可知，留守府在东都城内设有军营。孙府君为防御系统兵，王公亮为留守系统兵，二人皆死于弘圣寺军营，说明城内军营没有留守与防御之分。以往有关弘圣寺的位置比较模糊，②《历代名画记》、《真坚幢》、《圣善寺僧怀则幢》都提及东都有弘圣寺。此墓志提到弘圣寺在河南县，但也并未透露具体里坊信息。

除弘圣寺军营外，还有留守府的官舍。大中五年（851）去世的张季戎死于"河南县旌善坊广福官舍"。张季戎入仕留守府，其后一直在留守府内任职迁转。"开成五祀，东都留守尚书崔公，府君干能，补河阴镇遏副十将"，之后任职留守衙前将、留守讨击使兼河阴盐铁留后、衙前、讨击使、同防御副使兼右街使、同押衙、乐营使、右厢兵马使、正押衙兼知客、右都虞候、防御都押衙兼都虞候、右衙兵马使。③墓志题称"东畿汝防御使都押衙兼都虞候正议大夫检校太子宾客上柱国"。大中九年（855）二月韦氏逝世于旌善里官舍，其夫为东都防御巡官独孤君。④张季戎与独孤君都属防御系统。另一事例是留守系统的。魏虔威于咸通九年（868）终于广福营廨宅。一生历东都留守右厢都押衙、都虞候，咸通八年，东都留守孔温裕迁天平军节度使、郓州刺史，遂授魏虔威节度散兵马使，九年，授华州衙前兵马使，最后病死在"广福营廨宅"。⑤"廨宅"即官舍。⑥虽然魏

---

① 《邙洛碑志三百种》263《王公亮墓志》，第311页。
② 王振国：《龙门石窟与洛阳佛教文化》，中州古籍出版社2006年版，第204页。至于此弘圣寺与《唐会要》提到的"宏圣寺"（《唐会要》卷五〇：（会昌）五年九月，敕取东都宏圣寺，改修太微宫）应该不是一处。弘圣寺在会昌以前就一直用作军营。
③ 《唐代墓志汇编》大中056《张季戎墓志》，第2292页。
④ 毛阳光主编：《洛阳流散唐代墓志汇编续集（全三册）》，国家图书馆出版社2018年版，第719页。
⑤ 《唐代墓志汇编》咸通074《魏虔威墓志》，第2437页。
⑥ 裴庭裕《东观奏记》卷中："故事，京兆尹在私第，但奇日入府，偶日入递院。崔郸为京兆尹，因徒逸狱而走，上始命造京尹廨宅，京兆尹不得离府。上以崔罕、郸并败官，面召翰林学士韦澳授京兆尹，便令赴任上，赐查支钱二万贯，令造廨宅。澳公正方严，吏不敢欺，委长安县尉李信主其事，造成廨宇，极一时壮丽。"里面提到的"廨宅"、"府宅"、"廨宇"，都是强调官舍的性质。姚美玲：《唐代墓志词汇研究》（华东师范大学出版社2008年版，第115页）统计多方墓志、文章，对唐宋时期此词的使用作统计，认为"廨宅"即指官衙中的屋舍。

113

虔威本人离开留守府，其父魏顼仍身任"东都留守右厢都押衙、都虞侯",①故而魏遵令住在留守府廨宅。这里的广福营应该就是上文大中年间墓志中出现的广福官舍。广福营或与广福寺有关。东都城内有广福寺，《历代名画记》等书都提到此寺，但未记载其具体位置。依上文弘圣寺作军营的情形来看，广福营应该是广福寺所改，若是如此的话，广福寺的位置就在旌善坊，这个位置确实方便驻兵，就在留守所在的内郭城边上。

综上可知，唐代后期，留守其下防御兵、留守兵驻守城内的营舍有几百人规模。留守兵、防御兵共同保卫洛阳城的安全，所不同的是，留守兵只在洛阳城内，防御兵还分布在洛阳城外。元和十年七月东都李师道留邸叛乱的前提也是"因吴元济北犯汝、郑，郊几多警，防御兵尽戍伊阙"。②城内兵力驻防出现空缺，若是平时，城内留守府兵力还是具备一定威慑力。

过往的研究一直强调安史之乱后洛阳的衰弱，此时的洛阳已然不是政治中心的都城，但形成了独特的留守使府，拥有庞大的留守与防御两类职官体系，兵力分驻在城内不同的军营、官舍之中。东都防御使管都畿范围，除都城外，还有畿内各州县。

洛阳位于今河南省西北部，为盆地地形，整个洛阳盆地呈东西狭长的椭圆形。盆地的东南及南部有嵩山及其余脉万安山，西部为秦岭山系崤山支脉周山，北面为邙山。区内主要水系为洛河、伊河，两河在盆地东部汇合，最后注入黄河。③基于这样的地形地貌，洛阳通往周边的路线主要沿盆地而行。主要路线东西方向属于长安到汴州的大路驿中一段，洛阳东经偃师、巩县、汜水、荥阳、郑州、中牟到汴州；④北面渡黄河到河阳北行至太原，⑤南通道分别有伊阙、太谷、轩辕三线。洛阳正南偏西为伊阙道，此道南通汝、邓至江、汉；东南为轩辕道，此道东南通许、蔡，至江、淮；太

---

① 《唐代墓志汇编》咸通 086《魏顼墓志》，第 2446 页。
② 《旧唐书》卷一二四《李正己附师道传》；《旧唐书》卷一五四《吕元膺传》同。
③ 刘建国：《遥感与 GIS 支持的洛阳盆地聚落与环境考古》，《世界遗产》2015 年第 8 期，第 49-50 页。
④ 严耕望：《唐代交通图考》第六卷，上海古籍出版社 2007 年版，第 1793-1796 页。
⑤ 严耕望：《唐代交通图考》第一卷，第 161-162 页。

第三章 东都留守府之防御体系

谷道居伊阙、轩辕两道之间。

《读方舆御纪要·河南纪要序》评价到："河南，古所称四战之地也。当取天下之日，河南有所必争；及天下既定，而守在河南，则岌岌焉有必亡之势矣。"① 洛阳所处的地理位置就是这样一个军事地理学讲的枢纽地区或锁钥地点。这样四塞之地的地形，防御效果并不理想，是四战之地，其地域狭小，缺乏防御纵深和作战回旋的余地，又因地处"天下之中"位置，道路通达，攻取甚易。② 这也就决定了洛阳的防御要与周边城镇组成一个防御整体，共同构建一个都畿防御网。

了解洛阳的自然地理条件后，也就知道洛阳的交通路线的走向，其"北河之津渡，南山之径口"，③ 即北面背靠黄河的渡河津口，经过南面嵩山山脉的关口，为军事防御要地。更广范围的防御，东都要靠周边汴宋宣武军、郑滑、河阳等中原型藩镇。张国刚将洛阳周边藩镇称为"中原防遏型"，并指出，"中原型藩镇居腹心之地，具有控扼河朔，屏障关中，沟通江淮的重要战略地位和军事地位"。④ 具体到都畿范围内，要靠东都留守兼任的东都防御使及其下各州防御使、县镇来实现都畿的防御，从而与其他中原藩镇一起，拱卫关中。

东都防御使下所领的防御军分布在东都城内外及畿内各县，县设县镇。据《元和郡县图志》所载天宝初年河南府管县26个，分别是洛阳、河南、偃师、缑氏、巩、伊阙、密、王屋、长水、伊阳、河阴、阳翟、颍阳、告成、登封、福昌、寿安、渑池、永宁、新安、陆浑、河阳、温、济源、河清、汜水。⑤ 目前看到的防御军的驻防地点有河阴、阳翟、偃师、襄城、叶县、登封、告成、巩县等县。《唐会要》载元和三年（808）解散东

---

① 顾祖禹撰，贺次君、施和金点校：《读方舆御纪要》卷四六《河南方舆纪要序》，中华书局2005年版，第2083页。
② 宋杰：《中国古代战争的地理枢纽》，中国社会科学出版社2009年版，第11页。
③ 严耕望：《唐代交通图考》第六卷河南淮南区，上海古籍出版社2007年版，第1831页。
④ 张国刚：《唐代藩镇研究》，第50页。
⑤ 李吉甫：《元和郡县图志》，中华书局1983年版，第130页。

· 115 ·

都畿汝州都防御使及副使的敕文中提到河阴、阳翟、偃师、襄城、叶县等县镇遏使。①权德舆曾于元和八年（813）至九年，担任东都留守，期间要求中央增加东都防御军兵力上书中央《请加置留镇兵二千人状》中提到"偃师、阳翟、登封、告成等分镇"。②又元和十年淮西吴元济侵扰东畿，"因吴元济北犯汝、郑，郊几多警，防御兵尽戍伊阙"。③伊阙即今洛阳南的龙门，"为自古洛阳南面之交通道口，军防险阨，于三道中尤为冲要"。④另咸通十三年（872）年去世的毕颎墓志中题称"东都防御军巩县镇遏兵马使"。⑤以上为防御军的大概分布状况。

至于防御军的人数，陈志坚讨论大历十二年改革后的诸州军队时认为一般刺史州军额不超过千人，防御州、团练州人数稍多，并以东都洛阳为防御州为例，认为有数千人。⑥陈氏所依据材料为《旧唐书》卷一四《宪宗纪上》元和三年五月甲午条："敕东都畿汝州都防御使及副使宜停，所管将士三千七百三十人，随畿汝界分留守及汝州防御使分掌之。"⑦这里提到东都畿汝州防御使人数有3730人是东都畿范围内多处防御军的总数量。

《唐会要》卷六七《留守》元和三年五月敕：

"承前东都留守，无防御使名，往因权宜，遂有制置，俾从省便，以复旧章。其东都畿汝州都防御使及副使，宜停。所管将士六千七百三十八人，数内见所管将士都防镇及宫苑中、营田、河阴、阳翟、偃师等县镇遏使，共四千六百三十人，委留守收管。襄城、叶县镇遏使，共二千一百人，委汝州防御使收管。"其年七月，复置东都留守防御兵士七百人。⑧

---

① 《唐会要》卷六七《留守》，第1401页。
② 《权德舆诗文集》卷四六《请加置留镇兵二千人状》，第726页。
③ 《旧唐书》卷一二四《李正己附师道传》，第3539页。
④ 《唐代交通图考第六卷》，第1833页。
⑤ 《全唐文补遗》（六），第190页。
⑥ 陈志坚：《唐代州郡制度研究》，第159-161页。
⑦ 《旧唐书》卷一四《宪宗纪上》，第425页。
⑧ 《唐会要》卷六七《留守》，第1401页。"其年七月"，《旧唐书》卷一四《宪宗纪上》（第426页）系于"八月庚申"作："复置东都防御兵七百人"。

第三章 东都留守府之防御体系

这里明确说明东都畿汝州都防御使领士兵为 6738 人，其中都防镇及宫苑中、营田、河阴、阳翟、偃师等县镇遏使公 4630 人，襄城、叶县镇将 2100 人。

到元和八年（813）至九年权德舆担任东都留守期间，东都防御军的人数已少于元和三年（808）。权德舆《请加置留镇兵二千人状》载："留镇将士，虽有三千八百余人，偃师、阳翟、登封、告成等分镇并军将口糜诸色所由外，在都城日敕二千人，城门街铺守当，悉在其内。阳翟当蔡州要路，镇兵不满三百人，都城人数已少，更分减不得。"① 可知，留镇士兵共 3800 人，在东都城内 2000 人，其余分布偃师、阳翟、登封、告成等地，阳翟不满 300 人。

综上估计，东都防御使所领都畿防御军人数在 7000 人左右，其中东都城内人数在 2000 左右，县镇仅几百人，重要的县达千人左右。防御兵主要分布在洛阳东北面的河阴、巩县、偃师等县，沿洛阳通往郑州、汴州的大路驿布防；南部主要分布在伊阙以及西南部的登封、告成、阳翟、襄城、叶县，基本沿洛南三关布防。

布防重点之一为汝州的阳翟、襄城、叶县等县。唐代汝州位于洛阳南，距离东都一百八十里，② 处在洛阳通往南面，东南面"三谷关道之总道口"——伊阙道南出主线，西北数十里至颍阳县，入大谷关，再向东北至登封县，可至轩辕关。向南经邓州可至江汉，东南经许州可至江淮地区，故安史之乱后常置东都畿防御使或是单设置汝州防御使管辖汝州。③ 东都防御使在汝州的阳翟、叶县、襄城都有镇遏使驻防，其中阳翟更因地邻淮西，成为防御的重中之重。张国刚注意到："县镇的兵力也没有一定之规……东都河南府当时管有十多个县，显然不是每县皆置镇兵。据前所述，除了唐廷无法控制的藩镇和晚唐五代的情况以外，县镇遏使一般与本县令不得

---

① 《权载之文集》卷四六《请加置留镇兵二千人状》，第 726 页。
② 《旧唐书》卷三八《地理志一》，第 1430 页。
③ 严耕望：《唐代交通图考》（第六卷），第 1860–1861 页。

相兼。县镇除隶属各支郡者外，重要的军镇仍由节度使直接统领。"① 其实这里不是河南府的县镇，而是都畿防御使下所管的县镇。

都畿防御使与汝州之间的所属关系，几经分合。建中四年（783）罢观察使，置东畿汝州节度。贞元元年（785），废东都畿汝州节度，置都防御使，以东都留守兼之。贞元二年（786）升东都畿汝州都防御使为都防御观察使。贞元五年（789）罢东都畿汝州观察使，置都防御使，汝州别置防御使，隶属于东都畿防御使之下。元和三年（808）罢东都畿汝州都防御使。元和十三年（818）汝州隶东畿，复置东都畿汝州都防御使，以东都留守兼之。长庆元年（821）东都畿防御罢领汝州。长庆二年（822）东都畿复领汝州。② 之所以围绕汝州东都防御使屡屡发生辖属变化是因汝州地临淮西，随防御东南藩镇的需要而不断调整。汝州与东都之间关系紧密。穆员撰写的《汝州刺史陈公墓志铭》，志主陈利德在唐贞元五年秋七月为汝州防御使汝州刺史、兼御史大夫东都畿汝州都防御左军兵马，③ 可知陈利德既是汝州防御使，又兼任东都防御使下职任。到唐末，诸葛爽就曾以汝州防御使身份带领东都防御兵去作战。《旧唐书》卷一九下《僖宗纪》载："（广明元年三月）沙陀寇忻、代，诏以汝州防御使诸葛爽为北面行营副招讨，率东都防御兵士赴代州。"④

建中三年（782）李希烈进攻都畿的汝州：

> 三年，蔡帅李希烈叛，诏哥舒曜讨之。八月，希烈自帅众三万，围哥舒曜于襄城，又诏河南都统李勉援之。勉舍襄城，令大将唐汉臣等选劲兵，径袭许州以解围。汉臣未至许，上遣中使追之，责以违诏，亟旋师，为贼所乘，汉臣之众大败。勉恐东都危急，乃分兵数千赴洛，又为贼所隔。贼众急攻汴、滑，勉走宋州，朝廷大耸，乃诏谊为扬州大都督，持节荆襄、江西、沔鄂等

---

① 张国刚：《唐代藩镇研究（增订版）》，第 88 页。
②《新唐书》卷六四《方镇表一》，第 1766–1789 页。
③《文苑英华》卷九五三，第 5010 页。
④《旧唐书》卷一九下《僖宗纪》，第 707 页。

第三章 东都留守府之防御体系

道节度,兼诸军行营兵马元帅,改名谊。又以哥舒翰声近,士卒窃议,改封普王,令统摄诸军,进攻希烈。①

在建中四年,"希烈遣春将袭陷汝州,执李元平而去,东都大扰乱。"②朝廷以龙武将军哥舒曜为东都兼汝州行营兵马节度。

元和五年(810)的《郭超岸墓志》,志主郭超岸为东都畿汝州节度先锋兵马使兼押衙充阳翟镇遏兵马使:

> 自建中末,淮右阻兵,逆臣构祸,贼将暨晃,侵我王畿。公当汝州大将,守镇襄城,怀愤激之心,聚忠义之士,招抚数县,屯营五千,身陷贼庭,心归魏阙。国朝以工部尚书哥舒公按节东讨,公乃潜通间谍,导引官军,元戎制胜,擒将汝坟,公之展谋。夺垒襄野,同时双捷。疲民再苏,锡贵荐临,纶诏稠叠,不卖卢龙之塞,功高白马之围,官授游击将军,守左金吾卫大将军,试太常卿,充节度先锋兵马使,进封合浦郡王。属希烈枭首,封境谧清,赏德酬勋,加中大夫,试殿中监,充襄叶两县镇遏兵马使。招化氓俗,训练锐兵。东都留守崔公听公之善,任公之才,改署阳翟镇遏兵马使,诏加检校太子宾客。公乱能驱暴,静可安人,训育全于义方,背娶荣于中外……以元和三年正月十三日寝疾,薨逝于河南府阳翟县文信里之私第。③

从墓志中可知郭超岸在建中末讨伐淮西李希烈的战役中,在汝州的战场上奋勇杀敌,表现杰出,在平定结束后得以充任襄、叶两县镇遏兵马使。汝州与东都防御使之间的官员常互相迁转。吕汶于开成三年(838)逝世于东都依仁里,贞元中,"故居守韦尚书至洛,署留守押衙中军兵马使,寻迁都押衙",历都虞候,后"出充阳翟兵马使,入复本职"。④

贞元五年(789)秋七月因病去世的陈利德为"汝州防御使汝州刺史、

---

① 《旧唐书》卷一五〇《舒王李谊传》,第4042页。
② 《旧唐书》卷一四五《李希烈传》,第3944页。
③ 《唐代墓志汇编续集》元和028《郭超岸墓志》,第820—821页。
④ 《秦晋豫新出墓志搜佚续编》841《吕汶墓志》,第1167页。

兼御史大夫东都畿汝州都防御左军兵马、静戎郡王",在生病后"命牙门将鲜于侍进奉书,告辞元戎尚书安平公,以受恩忘死,非其死为恨。又命尝同百战之将王进达等十数人,以忠荩王事为别"。①陈利德,《新唐书》记载之为"陈利贞",其传记载这段经过:"德宗嘉之,擢汝州防御使。贞元五年,疽发首,卒。遗观察使崔纵书,自陈受国恩,恨不得死所云。"②

权德舆于元和八年(813)七月出任东都留守,③面对淮西藩镇的扩张,权德舆上任后多次上表,请求中央增加东都防御军的兵力。

《权德舆诗文集》卷四六《请加置留镇兵二千人状》:

> 右。留镇将士,虽有三千八百余人,偃师、阳翟、登封、告成等分镇并军将口僚诸色所由外,在都城日敕二千人,城门街铺守当,悉在其内。阳翟当蔡州要路,镇兵不满三百人,都城人数已少,更分减不得。自舞阳劫杀已来,臣夙夜忧切,阳翟只隔襄城,便与郾城接界,寇盗侵轶,事资堤防。伏请量加置前件人数,分在都城及阳翟镇两处防备,所冀完守,遏其窥觎。倘非事理迫切,岂敢轻渎圣听。谨录奏闻,伏听敕旨。④

这是权德舆请求东都加镇兵力二千人上给中央的状,在当月十四日得到皇帝的批准后,又再次请求加兵,历陈东都形势危急。

《权德舆诗文集》卷四六《留镇将士加置二千人状》:

> 右:伏奉今月十四日敕,留镇将士宜加镇二千人。都城及阳翟分镇,仍速令招召,精选强壮数足奏闻者。臣伏以都畿宫阙之重,四方水陆之衡。密迩淮夷,兵数鲜少,安危之计,责在微臣。夙夜忧惶,逼扰是惧。陛下神武独运,睿略下临,加此新

---

① 《文苑英华》卷九五三,第5010页。
② 《新唐书》卷一三六《李光弼附陈利贞传》,第4594-4595页。提到陈利德不得不提一方墓志。《秦晋豫新出墓志搜佚续编》收入《许利德墓志》(第932页)一方,无撰者名,无墓志题称,除墓志开头部分称谓、志主姓氏与《陈利德墓志》不同外,其他内容均一致,开始称:"唐贞元五年秋七月,汝州司马兼都防御左军兵马静戎郡王陈公疽发首。"由此看来,《秦晋豫新出墓志搜佚续编》所收墓志为伪作。
③ 《旧唐书》卷一五下《宪宗纪下》,第446页。
④ 《权德舆诗文集》卷四六《请加置留镇兵二千人状》,第726页。

军，保安洛土。凡在都邑，已如金汤。敢励屠庸，以膺驱策。无任感恩悦怿之至，其招召事宜，已具别状分析闻奏，谨录奏闻，谨奏。①

随后又上书请求增加士兵的衣粮。《权德舆诗文集》卷四六《请加置兵衣粮状》载：

右。伏奉今月十四日敕，留镇将士宜加置二千人，速令招召者。伏以自元和三年准敕停防御军后，皆散在坊市，工庸为生，今令招召，拣去老弱。又畿内山谷间有武力劲悍者，四军留镇军子弟有成长强壮者，旬日内且合拾得一千人。其余至后月内，并合得足。伏以前件人等，久藉军籍，不免饥寒。招募之初，须有露费。藉其速至，必在乐从。况当冬赐之时，宜均挟纩之泽，伏望天恩许臣，招召入军者，便准旧官健例，给冬衣月粮。伏望下有司，且支一千，其余一半，待招召有次第后，续具闻奏，谨录奏闻，谨奏。②

东都都城及阳翟增加两千人，这两千人的衣粮费用，"准旧官健例，给冬衣月粮"。之后权德舆又亲自派人去西京，面陈东都所面临的形势。权德舆《请置防御军状》谓：

右件，见管兵士如前。其中分在阳翟、偃师外镇并诸色军将所由及口傔等，并在数内。今在都城二千人已下，极为寡少。臣去年七月五日面辞，亲奉圣旨，欲却置防御军。去年十月十六日又具状闻奏，至今未蒙进止。东都与淮西地近，又少阳丁忧，未闻疾状非轻，虑有军中动静。若无备拟，不免忧虞。又阳翟去冬频有劫杀，亦为在镇人少，所以草窃公行。居守寄崇，临制东夏，淮西缓急，切在堤防，须假军声，以重威望。以臣庸懦，又兵力至少，夙夜惶惧，旷败是忧。在臣至微，岂敢逃责，但以常

―――――――
① 《权德舆诗文集》卷四六《留镇将士加置二千人状》，第727页。
② 《权德舆诗文集》卷四六《请加置兵衣粮状》，第727页。

备重任,过承鸿私,恐负恩寄,有辜任使。事理所迫,不敢不言。伏惟圣虑,速赐裁择。轻冒尘渎,神爽震惊,无任惶惧殒越之至。谨差押衙云麾将军守左金吾卫大将军兼试殿中监上柱国成党,奉状陈请以闻。谨奏。①

随后,权德舆的请求得到中央的批准,从义成军中暂调给东都防御使。《权德舆诗文集》卷四六《谨移义成军一千五百人镇阳翟状》载:

准今月十七日敕,移义成军一千五百人镇阳翟县。右。伏奉今月二十日诏敕:"淮西未宁,东都兵少,今诏薛平发步军一千五百人,于阳翟县镇守,令权取臣指抈,与次元计会,差官专往勾当供顿,及排比兵马下处,善于绥抚,无失机宜。如淮夷奔衡,即逐便除讨,若无侵掠,但且防遏。优恤之间,必资得所者。"诏命自天,睿奖稠迭,捧戴惶悚,若无所容。伏以东畿之中,阳翟最重,地非岩险,境接淮夷,斯为要冲。实在捍蔽,兵力素少,疆场是虞,忽承天书。已在睿算,分滑台之坚甲,佐甸邑之偏师,戎行贾勇,河洛增气。臣以懦劣,素乏才谋,陛下权令指抈,假以威重,谨当下竭庸管,上禀睿谋,循已何堪,省躬知懼。应缘置顿及到县下处,臣已与次元计会排比,差官勾当,其于抚绥,必冀便安,候将士等到镇,续具闻奏,谨奉状陈谢以闻,谨奏。②

在权德舆上报给中央的陈状中,可知淮西与东都畿接邻,是东都防御的重点。

元和九年(814)冬吴元济开始侵扰都畿,"时贼阴计已成,群众四出,狂悍而不可遏,屠舞阳,焚叶县,攻掠鲁山、襄城。汝州、许州及阳翟人多逃伏山谷荆棘间,为其杀伤驱剽者千里,关东大恐。"③元和十年正

---

① 《权德舆诗文集》卷四六《请置防御军状》,第722页。
② 《权德舆诗文集》卷四六《谨移义成军一千五百人镇阳翟状》,第728–729页。
③ 《旧唐书》卷一四五《吴少诚附吴元济传》,第3948页。

月，唐廷下令讨伐淮西的军队中"东都防御使与怀郑汝节度及义成兵马掎角相应，同期进讨。"①东都畿汝州特殊的战略位置，成为征讨淮西的前阵，也就成为都畿布防的重点。

防御重点之二为河阳。安史之乱后，藩镇林立，如何保卫唐东都洛阳，拱卫京师，始终是唐廷面临的要事。在东都防御系统中，河阳是重要据点。严耕望指出："安史乱后，中原多事，河北更久为藩镇格局，几于敌国。洛阳为唐代潼关以东第一政治军事中心，惟籍黄河之阻，以绝河北藩镇之阙伺，而河阳为最近洛阳之大津渡处，故常置河阳节度使，统重兵以镇之。"②《元和郡县图志》卷五《河南道一》载："故自乾元已后，常置重兵，贞元后加置节度，为都城之巨防。造浮桥，架广何为之，以船为脚，竹筹互之。"③建中二年（781）设河阳节度使，《新唐书》卷六四《方镇表一》载："（建中二年）置河阳三城节度使，以东都畿观察使兼之，领怀、郑、汝、陕四州，寻置使，增领东畿五县及卫州，亦曰怀卫节度使。"④后来又将河阴县划给孟州，由河阳节度使进行管辖。

河阳节度使的设立，实际是唐廷特别设置的东都防御军的延伸，在讨论东都防御军时必然涉及河阳节度使。张国刚将唐代藩镇归纳为四种类型，认为河阳作为中原镇遏型，与其他中原镇遏型藩镇一并发挥"镇遏河朔、屏障关中、沟通江淮"作用。事实上，所谓中原型藩镇中更应包括东都留守府，而且留守府处于核心位置。具体到河阳而言，河阳用来巩卫东都的作用更为明显。《资治通鉴》卷二三九元和九年（814）闰六月条：

> 上自平蜀，即欲取淮西。淮南节度使李吉甫上言："少阳军中上下携离，请徙理寿州以经营之。"会朝廷方讨王承宗，未暇也。及吉甫入相，田弘正以魏博归附。吉甫以为汝州扞蔽东都，河阳宿兵，本以制魏博，今弘正归顺，则河阳为内镇，不应屯重

---

① 《旧唐书》卷一四五《吴少诚附吴元济传》，第3949页。
② 严耕望：《唐代交通图考》篇四《洛阳太原驿道》，上海古籍出版社2007年版，第132页。
③ 《元和郡县图志》卷五《河南道一》，第144页。
④ 《新唐书》卷六四《方镇表一》，第1772页。

兵以示猜阻。辛酉，以河阳节度使乌重胤为汝州刺史，充河阳、怀、汝节度使，徙理汝州。己巳，弘正检校右仆射，赐其军钱二十万缗，弘正曰："吾未若移河阳军之为喜也。"①

河阳三城是唐王朝用来防御河北藩镇的重地，中央以河阳节度使乌重胤为汝州刺史，充河阳、怀州、汝州节度使。治所移到汝州时，田弘正的欢喜之情溢于言表，推测其原因当是河阳在洛阳以北、汝州在洛阳以南，治所移到洛阳南，远离魏博，朝廷的主要精力放到淮西上，田弘正自然大喜。

布防重点之三为洛阳东北面的河阴、巩县、偃师等县，沿洛阳通往郑州、汴州的大路驿布防。会昌三年（843）《置孟州敕旨》明确指明，河阴有东都镇遏兵马，属于东都防御使所管。其文曰：

> 敕：昔冯异之守盟津，已建军号，近光弼之保伊洛，先据三城。盖以河有造舟之危，山有摧辀之险。左右机轴，表里金汤，既当形胜之地，实为要害之郡，令所置制，岂限常规？积万庾于敖前，尤资地利，列二矛于河上，须壮军声。其河阴县宜割属孟州，仍改为望县，其河清县却还河南府，收管县官等并准前敕处分。其东都镇遏兵马，依前属东都防御使。郑滑、汝州防戍兵各一千人，令宏敬权指挥，事平后续有处分。②

此处将河阴割给孟州，隶属于河阳节度使，以往此条材料被用来反复讨论孟州的变化，但其实忽略了割河阴给孟州，加强的是河阳三城的防御力量，而河阳节度使的设立，本身就是中央增强洛阳军事防御的目的。

通过以上对东都防御使下兵力分布的探讨，可知，安史之乱后的洛阳以都畿各县形成了一个防御网，以洛阳为中心，北面以河阳三镇为防御重点，防范魏博，南面以阳翟为中心，防御淮西。

---

① 《资治通鉴》卷二三九元和九年闰六月条，第7705-7706页。
② 《唐大诏令》卷九九，第500页。

第三章　东都留守府之防御体系

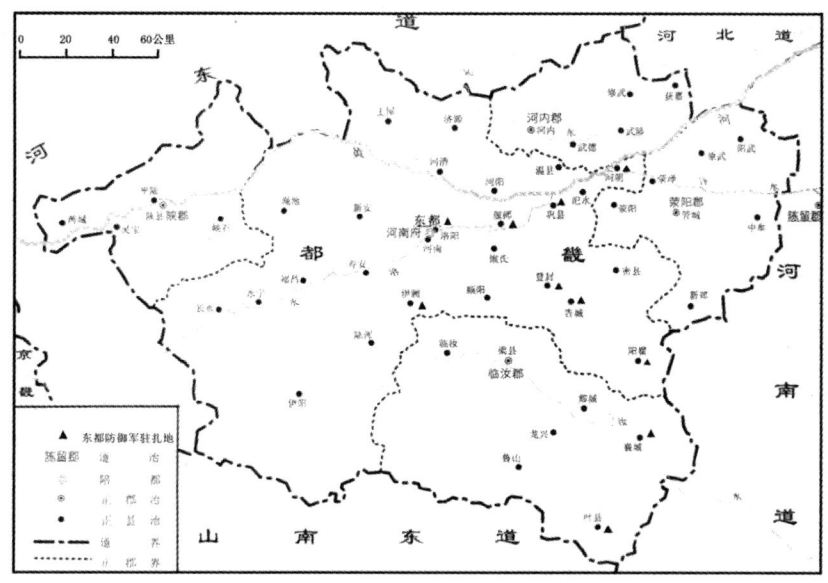

图 3-1　东都防御军分布示意图
图片来源：据《中国行政区划通史·唐代卷》"天宝十三载唐朝都畿行政区划图"（第294页）标示。

本章旨在系统考证东都留守兼任东都防御使所统领的防御使系统的文武僚佐并且探讨防御军的分布。通过梳理，复原了东都留守府中防御系统下的官员职级结构，文官有副使、判官、推官、巡官、要籍等，武职有都押衙、押衙，都虞候等。留守、防御两系统都由东都留守来管理，可知东都留守之职为要职，以往认为东都留守在唐后期成为位尊职闲的闲官，[①]多是由于将安史之乱后的东都与前期作为实际政治首都对比而得出的片面印象。赖青寿认为东都畿防御使非藩镇，[②]实际上这是从行政区划的演变角度考察而得出的结论，若是从职官设置、实际运转来看，东都畿类同藩镇。东都防御使领东畿内防御兵，通过防御系统，实现对畿内的控制，实际成为中央直接控制且属于中央的方镇。

---

① 程存洁：《唐代城市史研究初编》，第43-44页。
② 赖青寿：《唐后期方镇建置沿革研究》，博士学位论文，复旦大学1999年，第57页。

第四章 唐后期东都分司再考察

自高宗显庆二年（657）洛阳升为"都"后，随着大规模城市基本建设的进行，洛阳也成为国家的政治中心，开始设置与长安一样的中央政治机构。① 唐前期形成以洛阳、长安为两大政治中心的两都制。东都分司官是唐代两都制、皇帝制度的产物，一直到玄宗开元二十四年（736），将近八十余年的时间里，东都洛阳的中央机构在皇帝不在都时被称为留司或分司。安史之乱发生后，洛阳迎来恢复建设后，东都分司成为常制，持续地进行分司官员的安置，维持分司机构的运转，前后延续一百多年时间。

正如张国刚观察到的："唐代官制中，分司制度是很特殊的一部分。分司官并不构成一个完整的整体，虽然供职于东都，似乎并不统属于东都留守，也不从属于各自在上都的本司，而是由君相直接任命和指挥。东都分司官中，有些职掌比如东都御史台在奉命行使监察之权；吏部或者吏部的官员，奉命主持'东选'或'东铨'；寺监机关中那些照看洛阳地区国家粮库、宫殿、池苑的官员，都会有很实在的职权。太子宾客、王府官之类分司官，本来在上都也是挂名之职，在分司体制下自然更是养老之官。"②

诚如张国刚所言，分司官有的有实权，有的仅仅是养老之官。分司官到底在唐王朝的政治体制中扮演着怎样的角色，除了某些寄托品位的分司官外，哪些机构发挥着实际作用，本章通过梳理唐后期文献中所见东都分

---

① 需要说明的是，虽然唐高宗显庆二年（657）确定了洛阳为东都，在皇帝居于洛阳时，长安也曾设立官员留守，不过留守、分司是用来指称洛阳的中央机构，并且唐后期皇帝常年居于西京，东都分司成为常制。
② 见勾利军：《唐代东都分司官研究》一书中张国刚所作"序言"，第3页。

司机构、人员的材料，重新考察分司官设置的具体情况。

第一节　分司官设置再考察

从唐前期开始，分司即用来指皇帝不居洛阳时的中央机构的专有称谓，分司官也就是在这些机构中任职的官员，中晚唐文献中常称之为"分司官"，其表现形式即在官职名后面冠以分司东都、某某（官职名称）分司等字样。唐后期，东都留守兼任防御使，并且"判尚书省事"，即留守同时也是东都分司之长官。

以往对分司官的关注多从分司官员的文娱生活着眼。这些讨论中注意到韩愈、刘禹锡、白居易等都曾分司在洛阳，诗歌互和，形成"洛下诗人群体"，他们过着闲适的诗歌唱和生活，即"分司文化"。这些研究关注的是分司官员的诗歌以及表现出来的生活状态，对于分司制度关注较少。程存洁在讨论东都居民的结构时指出，官吏是东都城市居民的重要组成部分，包括留守官及其僚佐、分司官、河南府县官及坊市管理人员等。[①] 这一观察无疑是敏锐的。洛阳不光有诗人群体交游唱和，更是官员聚居的都城，在唐前期更是名副其实的政治中心。唐后期东都留守府形成，留守作为留守体系、防御使体系、东都分司的长官，麾下形成三类不同职官体系的官员，此外，东都还有河南府的官员聚居。唐后期的洛阳仍然是一座政治身份特殊的城市，其文化的繁荣确实是值得关注的，而促成文化发展的分司制度更应该值得研究。

唐前期，洛阳长期作为政治中心，留司机构应该与正常运转着的中央机构相一致。唐后期，帝王不再巡幸洛阳，但洛阳依然作为唐两都之一，以往的中央机构依旧保持运转，以分司的形式继续存在，并且安史之乱后

---

① 程存洁：《唐代城市史研究初编》，第82-83页。

分司东都的现象开始增多,特别是东宫王府官更是大量授予。勾利军归纳分司官的设置是"由实到虚"的过程,经历了前期的事务性机构官员分司为主到后期主要以安置闲散官员的变化。① 从一定意义讲,这样的变化确实存在。但这种变化是随着唐代后期职官制度的变化而发生的变化,并不是分司制度的独特现象,分司机构日常运转的状态以及分司官的日常工作内容被淹没在"品位性官号"这一整体特征中。

有关唐代分司官的研究,苏小华首次注意到分司制度,论述这一制度的流变沿革,考察机构设置情况,简要归纳出分司官的职能。② 勾利军对分司制度进行了更为全面的探讨。从分司制度的设置原因、称谓变化、具体设置机构、分司官的待遇等方面着眼,理出分司制度发展的脉络。③ 以上研究,总体上勾勒出分司机构的沿革、人员设置状况。阎步克按照官位—品位研究,将分司官归为一种品位性官号,认为其具有浓厚的品位意义,④ 目前所见安史之乱后分司官确实具有这样的趋势。

安史之乱中所授东都留守依然"判东都留守事",部分分司机构也在恢复。大历八年(773)赵骅《东都留台石柱记》云:"始自乾元岁掌留务者,次而书之,以垂于后。"⑤ 可知,乾元年间,东都御史台就已正常运转。不过更多分司机构官员的授受是在安史之乱后,分司东都呈现出制度化与持续性,一直延续到唐末。目前所见分司的机构有尚书省某些部与司,秘书省,御史台,国子监,诸卫,太子东宫官署等,除起监察作用的御史台外,其他或是负责具体事务性机构,或是寄托品位的太子东宫官署,分司的原则是个别部门不设分司。

从地位与重要性上讲,分司均低于西京同品位中央官职。唐后期东都

---

① 勾利军:《唐代东都分司官研究》,第250页。
② 苏小华:《文献所见唐东都制度考略》,硕士学位论文,陕西师范大学2002年。
③ 勾利军:《唐代东都分司官研究》,上海古籍出版社2007年版。
④ 阎步克:《中国古代官阶制度引论》,北京大学出版社2010年版,第287—288页。
⑤ 《全唐文》卷三三,第3349页。"赵骅",原作"赵晔",据其《赵宗儒墓志》改,见赵振华《唐宰相〈赵宗儒墓志〉研究》,收入其著《洛阳古代铭刻文献研究》,三秦出版社2009年版,第395—396页。

虽有东都之名，也设中央机构分司，不过相比皇帝所在的政治权力中心，东都中央机构分司官的地位与重要性远不能和西京相比。《唐会要》卷六〇《御史台》载宝历元年（825）九月，御史台奏："常参官及六品以下分司官，比来淹延，动经累月。今后常参官分司，请敕下后二十日发；其六品以下分司官，请待台牒到发。限外若妄称事故不发，常参官听进止，六品以下官，台司举罚两月俸料"，① 最终御史台所奏的内容得到批准。这条材料反映宝历年间分司官员上任不积极，拖延至久的情况。

以往对东都分司机构的研究，将唐朝在东都设置的中央机构都作为分司机构的源头来考察，由此得出东都分司机构的设置状况。② 其实，高宗、武则天时期，东都"宫室百司，于是备矣"，彼时东都作为唐王朝两大政治中心而存在，在玄宗开元二十四年（736），皇帝不再东行洛阳后，此时，洛阳原有的中央机构就作为留司、分司长期存在，其机构设置想必与西京的中央机构并非一一对应。安史之乱后，洛阳的中央机构彻底成为西京中央机构的分司，此时洛阳已不再是政治中心，在洛阳设置分司机构也成为定制。基于此有必要重新深入考察唐后期在分司成为常制后，东都分司机构的设置与人员安置情况。

1. 尚书省

唐后期，尚书省六部内部已发生变化，这已成为学界共识。③ 典型的一条史料就是贞元中陆长源《上宰相书》："尚书六司，天下之理本。兵部无戎帐，户部无版图，虞水不管山川，金仓不司钱谷；光禄不供酒，卫尉不供幕，秘书部校勘，著作不修撰。官曹虚设，俸禄枉请，计考者假以为资，养声者藉而为地。一隅如是，诸司悉然。"④ 随着六部内发生的变化东都分司的部司也必然随之发生变化，分司东都的尚书省部司确实呈现自身

---

① 《唐会要》卷六〇《御史台》，第 1229-1230 页。
② 勾利军：《唐代东都分司官研究》，第 29-164 页。
③ 孙国栋：《晚唐中央政府组织机构的变迁》，收入《唐宋史论丛》，上海古籍出版社 2010 年版，第 246-255 页。
④ 《全唐文》卷五一〇，第 2295 页。

第四章 唐后期东都分司再考察

的特色。唐代后期尚书省的分司表现出以下几个特点：

第一，以本官充任东都留守，留守为分司之长官，"判尚书省事"（"尚书省"或作"东都尚书省"），居住在东都皇城内，"留守之官，居禁省中，岁时出旌旗，序留司文武百官于宫城门外而衙之"。①前文已揭，从目前所看到的材料来看，开元末、天宝初年即见东都留守判尚书省事，天宝二年（743）去世的裴伷先，曾"迁工部尚书、东京留守兼判尚书省事"。②在安史之乱发生前，天宝十四载（755）李憕得以"转光禄卿、东京留守，判尚书省事"，李憕最后死在安史之乱中叛军手上。在平定安史之乱的过程中所授东都留守者，照例判尚书省事，如乾元二年（759）的崔圆、郭子仪等，都是充任东都留守的同时，判尚书省事。此后持续到唐末，东都留守一直判尚书省事，目前所见最晚事例是大中末年的杜悰。大中十一年（857）杜悰"本官判东都尚书省、兼御史大夫、充东都留守、东畿汝都防御使"。③黄巢军攻到洛阳时，分司东都的户部郎中李磎"挟尚书八印走河阳。时留守刘允章为贼胁，遣人就磎索印，拒不与"。④此后，东都继续设留守，依然将官员分司东都，不过再未见留守判尚书省事。

第二，六部诸司中有些部门不设分司，且分司机构又有闲剧之分。大和六年（832）的《王袞墓志》载穆宗时：

> 王袞俄以本官归御史府。满岁，转殿中，皆留台为监察。时奉诏鞫权长孺狱，委曲得情。为殿中时，有盐铁赃吏，本罪抵死，大理断流，敕下东台，公不奉诏，抗疏论奏，竟当厥辜。由是穆宗深奇之。特拜刑部员外郎。家在洛，以膝下为恋，刑曹决狱，不宜分司，转都官员外。⑤

王袞因在东都御史台刚正不阿，抵抗诏命，得到穆宗的注意，特拜刑

---

① 韩愈：《河南府同官记》，见《韩昌黎文集校注》，第683—684页。
②《全唐文补遗》（八），第45页。
③《旧唐书》卷一八下《宣宗纪》，第638页。
④《新唐书》卷一四六《李鄘附李磎传》，第4746页。
⑤《唐代墓志汇编》大和054《王袞墓志》，第2134页。

部员外郎,后王衮以"家在洛,以膝下为恋"不愿到长安去,"刑曹决狱,不宜分司",最终以都官员外郎分司。可见,唐代后期六部中职能重要的部门不设分司。从下文对唐后期分司的个案统计中可看出,所分司者,多是虞部、驾部、比部、礼部等部门。宣宗时,毕诚"入为户部员外郎,分司东都,历驾部员外郎、仓部郎中。故事,势门子弟,鄙仓、驾二曹,居之者不悦。唯诚受命,恬然恭逊,口无异言,执政多之。改职方郎中,兼侍御史知杂"。①据《唐六典》卷五:"驾部郎中、员外郎掌邦国之舆辇、车乘,及天下之传、驿、厩、牧官私马·牛·杂畜之簿籍,辨其出入阑逸之政令,司其名数";②卷三:"仓部郎中、员外郎掌国之仓庾,受纳租税,出给禄廪之事",③可知驾部员外郎、仓部郎中所掌均是事务性的繁琐工作。

第三,东都分司的尚书诸司成为使职的依托。韩愈于元和二年(807)以国子博士分司东都,后任都官员外郎,至元和五年(810),改任河南令。李翱撰写的《韩愈行状》称:"入省为分司都官员外郎"。④韩愈的神道碑云:"除尚书都官郎中、分司判祠部"。⑤都官员外郎,隶属尚书刑部,员外郎一人,为从六品上,"都官郎中、员外郎掌配没隶,簿录俘囚,以给衣粮、药疗,以理诉竞、雪免,凡公私良贱必周知之"。⑥祠部,属于尚书礼部下属四部之一,祠部有郎中、员外郎各一人,"掌祠祀享祭,天文漏刻,国忌庙讳,卜筮医药,道佛之事"。⑦唐后期尚书部司和寺监常作为使职的依托,来寄托使职的品级与俸禄,兼任部司寺监官基本不承担本司职掌,如刑部郎中判度支等。⑧韩愈以都官员外郎的身份行祠部之事,具体来说当时的重点是管理道佛事务。原本武则天以后,僧尼由祠部管理,到

---

① 《旧唐书》卷一七七《毕诚传》,第4609页。
② 《唐六典》卷五"驾部郎中员外郎"条,第162-163页。
③ 《唐六典》卷三"仓部郎中员外郎"条,第83页。
④ 《文苑英华》卷九七六李翱《韩愈行状》,第5138页。
⑤ 《全唐文》卷六八七《韩文公神道碑》,第3118页。
⑥ 《唐六典》卷六《尚书刑部》,第193页。
⑦ 《唐六典》卷四《尚书礼部》,第120页。
⑧ 刘后滨:《唐代中书门下体制研究》,第216页。

代宗朝时禁军领充功德使后渐渐夺取了管理僧尼事务的权力。①韩愈此时任职祠部，遇到的最大问题便是与中官充任功德使在佛道事务管理权上的冲突。《新唐书》卷四八《百官志三》崇玄署下注云："贞元四年，崇玄馆罢大学士，后复置左右街大功德使、东都功德使、修功德使，总僧、尼之籍及功役。元和二年，以道士、女官录左右街功德使。"②到元和二年（807）二月辛酉："诏僧尼道士全隶左右街功德使，自是祠部司封不复关奏"，③正式确定僧尼事务由功德使管理。韩愈管祠部事是在元和二年（807）以后，韩愈神道碑记载："中官号功德使，司京城观寺，尚书敛手先职，先生按《六典》尽索之以归，诛其无良，时其出入，禁哗众以正浮屠"，④可以看出，《僧道事务》已由诏命确定由功德使来管理，但祠部依然据《六典》之规定与功德使争夺管理权。韩愈上书上司东都留守郑余庆自叙：

> 分司郎官职事惟祠部为烦且重。愈独判二年，日与宦者为敌，相伺候罪过，恶言詈辞，狼藉公牒，不敢为耻，实虑陷过。故前者怀状乞与诸郎官更判，意虽甚专，事似率尔，言语精神，不能自明，不蒙察允，遽以惭归，俛俛日日，遂逾累旬，私图其宜，敢以病告。⑤

通过元和时期韩愈自叙分司事，可看到东都尚书六部分司中某些部门具体职能作用。

因东都建有太庙，围绕东都太庙是否重修以及神主归祔问题成为唐后期东都尚书省的大事。李渤在元和十二年（817）以赞善大夫分司东都后，《旧唐书》载"以散秩在东都，以上章疏为己任，前后四十五封。再迁为库部员外郎。"⑥以太子赞善大夫身份分司东都后的李渤，依然没有停止上章疏，又迁为库部员外郎，《旧唐书》卷二六载："长庆元年二月，分司官

---

① 汤一介：《功德使考——读〈资治通鉴〉札记》，《文献》1985年第2期，第60-65页。
② 《新唐书》卷四八《百官志三》，第1253页。
③ 《旧唐书》卷一四《宪宗纪上》，第420页。
④ 《全唐文》卷六八七《韩文公神道碑》，第3118页。
⑤ 《韩昌黎文集校注》卷二《上郑尚书相公启》，第149-150页。
⑥ 《旧唐书》卷一七一《李渤传》，第4437-4438页。

库部员外郎李渤奏：'太微宫神主，请归祔太庙。'敕付东都留守郑绸商量闻奏。"①可知李渤迁任的库部员外郎依然是分司官，并且在他任职库部员外郎期间的重要事件就是东都太微宫神主是否归祔太庙。围绕着是否可以归祔，命东都留守决议，其意见又下尚书省集议，最后归祔与否尚未确定，从中可见分司官中库部等司所承担的具体事务。

《唐会要》载会昌五年（845）七月，武牢关要设置昭武庙"兴功日，望令差东都分司郎中一人荐告"。②此事源于李德裕的建议，李德裕《请立昭武庙状》中作此建议。据《旧唐书》卷一八《武宗纪上》，李石于当年正月以本官充东都留守，李德裕的建议大体被采纳，李石以张季戎为"专勾当移造宫使"，③东都分司郎中应为祠部郎中或是员外郎。

东都立太庙的事情其实反映出唐廷对东都洛阳的定位。正如郭善兵所指出："唐王朝基于对洛阳战略地位的清醒认识，所以能够不为儒生引经据典、咬文嚼字的议论所动，通过在洛阳保留皇帝宗庙的方式，表明其对洛阳战略地位的高度重视。"④以往认为唐后期分司官员以"闲散官职的分司为主"，⑤事实上，更多职位均是有实际职责的，只不过某些分司非紧要部门而已。其存在的意义是强化两都制，突出洛阳在国家中的地位，从而巩固国家核心地区的稳定。

尚书省各部分司设置一直到唐末农民军起义占领洛阳结束。李磎"大中末，擢进士，累迁户部郎中，分司东都"。⑥黄巢军攻陷洛阳时，"磎挟尚书八印走河阳。时留守刘允章为贼胁，遣人就磎索印，拒不与。"李磎是乾符三年（876）九月，以刑部郎中为户部郎中，分司东都，⑦在黄巢军攻下洛阳后，挟尚书印出走河阳一事，可知东都尚书省分司机构的设置一直

---

① 《旧唐书》卷二六《礼仪志六》，第980页。
② 《唐会要》卷一二《庙制度》，第343页。
③ 《唐代墓志汇编》大中056《张季戎墓志》，第2292页。
④ 郭善兵：《中国古代帝王宗庙礼制研究》，人民出版社2007年版。
⑤ 勾利军：《唐代东都分司官研究》，第212页。
⑥ 《新唐书》卷一四六《李鄘附李磎传》，第4746页。
⑦ 《旧唐书》卷一九下《僖宗纪》，第697页。

到唐末。

以下将史籍、碑志中所见有唐一代尚书省分司人员任职列表，从而更直观地看到唐前期、唐后期尚书省分司的具体状况：

表 4-1 尚书省分司人员职任表

官职	时间	姓名	具体史料	史料出处
尚书左丞	睿宗景云二年至先天元年	张说	重福败，浞当死，张说、刘幽求营护得免。既而浞附太平公主，与公主谋罢说政事，以左丞分司东都	《资治通鉴》卷二一〇
虞部郎中	睿宗时	崔沔	睿宗时，征拜中书舍人。时沔母老疾在东都，沔不忍舍之，固请闲官，以申侍养，由是改为虞部郎中	《旧唐书》卷一八八《崔沔传》
库部员外郎	长庆元年（821）前后	李渤	分司库部员外郎李渤	《唐会要》卷一五《庙议上》
尚书水部员外郎	大和九年（835）前后	陈商	尚书水部员外郎分司东都上柱国陈商撰	《洛阳新获七朝墓志》333《郑魴墓志》
尚书水部员外郎	开成五年（840）前后	杨鲁士	朝议郎行尚书水部员外郎分司东都上柱国赐绯鱼袋杨鲁士	《唐代墓志汇编》开成035《杨鲁士墓志》
户部郎中	乾符三年（876）	李磎	（乾符三年九月）以刑部郎中李磎为户部郎中，分司东都	《旧唐书》卷一九下《僖宗纪》
户部员外郎	宣宗大中年间	毕諴	諴入为户部员外郎，分司东都，历驾部员外郎、仓部郎中	旧唐书卷一七七《毕諴传》
尚书都官员外郎	元和二年（807）	韩愈	公恐又难，遂求分司东都，权知三年，改真博士，入省为分司都官员外郎	《文苑英华》卷九七六李翱《韩愈行状》
虞部员外郎	元和年间	张季友	解迁留司虞部员外郎	《韩昌黎文集校注》卷六《唐故虞部员外郎张府君墓志铭》
虞部员外郎	宝历末	陈夷行	夷行，元和七年登进士第，累辟使府。宝历末，由侍御史改虞部员外郎，皆分务东都	《旧唐书》卷一七三《陈夷行传》
尚书都官员外	大和年间	王衮	特拜刑部员外郎。家在洛，以膝下为恋，刑曹决狱，不宜分司，转都官员外	《唐代墓志汇编》大和054《王衮墓志》
礼部主客郎中	会昌年间	刘禹锡	又除主客郎中分司东都	《全唐文》卷六一〇刘禹锡《子刘子自传》
尚书比部郎中	大中二年（848）前	李群	公拜尚书比部郎中分主东都司	《秦晋豫新出墓志搜佚》776《李群墓志》

2. 秘书省

目前可见秘书省分司的个例均为唐后期。白居易《崔群可秘书监分司东都制》中有:"正在颐养之际,岂任朝谒之劳?诚宜许以便安,不可阙其禄食。而移秩外史,分曹东周,加宠优贤,无易于此。且有后命,俟其有瘳,可守秘书监分司东都,散官勋赐如故。"① 制书中所云"分曹东周,加宠优贤",实为散秩,说明了分司东都秘书监在于品位的意义。目前文献所见秘省分司的职官有秘书监、校书郎、著作郎等,如表4-2所示:

表4-2 秘书省分司人员职任表

官职	时间	姓名	材料	材料出处
秘书监	长庆二年(822)	崔群	(长庆二年四月)癸未,以武宁军节度使崔群为秘书监,分司东都	《旧唐书》卷一六《穆宗纪》
秘书监	元和年间	元锡	为公议所责,因除秘书监分司东都	《册府元龟》卷九一七《总录部·改节》
秘书监	元和年间	皇甫镈	又就拜检校左散骑常侍兼太子宾客转秘书监分司,始加命服正三品,又迁太子少保分司	《白居易文集校注》卷三三《皇甫镈墓志铭》
著作郎	大和五年(831)	舒元舆	(大和)五年八月,改授著作郎,分司东都	《旧唐书》卷一六九《舒元舆传》
秘书监	会昌年间	刘禹锡	改太子宾客分司东都,又改秘书监分司一年	《全唐文》卷六一〇刘禹锡《子刘子自传》
校书郎	会昌四年(844)前后	苗绅	将仕郎、守秘书省校书郎分司东都	《唐代墓志汇编》会昌031《苗缜墓志》
秘书监	咸通年间	韦澳	宰相杜审权素不悦于澳,会吏部发澳时簿籍,吏缘为奸,坐罢镇,以秘书监分司东都	《旧唐书》卷一五八《韦贯之附韦澳传》
秘书监	僖宗时	杨授	黄巢犯京师,僖宗幸蜀,征拜户部侍郎。以母病,求散秩,改秘书监分司	《旧唐书》卷一七六
秘书监	僖宗时	王凝	坐举非其人,以秘书监分司东都,即拜河南尹	《新唐书》卷一四三

---

① 《白居易文集校注》卷一四,第682页。

3. 诸寺监

勾利军专门对东都寺监设置情况进行过考察，考证出东都有太常寺、光禄寺、卫尉寺、宗正寺、大理寺、司农寺、太府寺七寺的分司机构，以及国子、少府、将作、都水四监。① 诚如前文笔者指出的那样，勾利军主要利用《唐六典》中两都中央机构的相关制度来对东都进行考察，更多代表的是开元天宝年间东都中央机构的设置状态，唐后期洛阳本身都城的地位已发生变化，因此考察唐后期东都分司机构的设置，需重新利用史籍、碑志中所载诸寺监的具体事例来考察。以下为史籍、碑志中搜寻寺监诸机构设置事例：

（1）卫尉寺。《唐六典》卷一六《卫尉宗正寺》载卫尉寺卿一人，从三品；丞二人，从六品上。② 史籍、墓志中所见唐后期卫尉寺分司者，仅有三人，分司官职有卫尉卿、卫尉丞。分司的原因是因为贬谪及散秩优待。孔戣被昭义节度卢从史辟为掌书记，因劝阻卢从史与王承宗、田绪连兵而遭到卢从史的诬陷，"奏三上，诏以卫尉丞分司东都"。③ 王彦威于开成元年（836）"召拜户部侍郎，寻判度支"。上任之后，整顿财政，损害了仇士良、鱼弘志从度支夺利，亦得罪宰相，从而"左授卫尉卿，停务，方远私第"。④《旧唐书》卷一七下《文宗纪下》载："以尚书户部侍郎、判度支王彦威为卫尉卿，分司东都。"⑤ 可见王彦威以卫尉卿分司亦是贬官。咸通九年（868）的《刘略墓志》载其"擢授卫尉卿……遂分务洛郊，以示优宠也"。以上三例卫尉寺分司的事例中，两例为贬官，一为优待，均为散秩。事实上我们知道在唐后期，即便在长安，卫尉寺卿、丞也非要职。

（2）光禄寺。《唐六典》卷一五《光禄寺》载："卿一人，从三品；少卿二人，从四品上。光禄卿之职，掌邦国酒醴膳羞之事，总太官、珍羞、良

---

① 勾利军：《唐代东都分司官研究》，第 74—109 页。
②《唐六典》卷一六《卫尉宗正寺》，第 459 页。
③《新唐书》卷一六三《孔巢父附孔戣传》，第 5013 页。
④《旧唐书》卷一五七《王彦威传》，第 4156—4157 页。
⑤《旧唐书》卷一七下《文宗纪下》，第 571 页。

表 4-3　卫尉寺分司人员职任表

官职	时间	姓名	材料	材料出处
卫尉丞	元和四年（809）	孔戡	诏以卫尉丞分司东都	《新唐书》卷一六三《孔巢父附孔戡传》
卫尉卿	开成二年（837）	王彦威	（开成二年八月）戊子，以尚书户部侍郎、判度支王彦威为卫尉卿，分司东都	《旧唐书》卷一七下《文宗纪》
卫尉卿	咸通年间	刘略	朝请大夫守卫尉卿柱国分司东都	《全唐文补遗》（六）《刘略墓志》

酝、掌醢四署之官属，修其储备，谨其出纳；少卿为之贰。"① 目前可见光禄寺分司东都的事例有两例，一为睿宗时，姚崇之子姚彝任光禄寺少卿，留司东都，此时皇帝依然行幸洛阳；一为唐末，司空图因"以赴阙迟留"贬授光禄寺主簿分司。

表 4-4　光禄寺分司人员职任表

官职	时间	姓名	材料	材料出处
光禄寺少卿	睿宗	姚彝	姚崇之子光禄少卿彝，留司东都	《旧唐书》卷一八八《崔沔传》
光禄寺主簿	咸通年间	司空图	召拜殿中侍御史，以赴阙迟留，责授光禄寺主簿，分司东都	《旧唐书》卷一九○下《司空图传》

（3）太常寺。《唐六典》卷一四《太常寺》载："太常卿之职，掌邦国礼乐、郊庙、社稷之事，以八署分而理焉：一曰郊社，二曰太庙，三曰诸陵，四曰太乐，五曰鼓吹，六曰太医，七曰太卜，八曰廪牺，惣其官属，行其政令；少卿为之贰。"唐后期东都太常寺依然保持正常运转。其事例可考者有一：贞元二年（786）的《唐赠尚书左仆射嗣曹王故妃荥阳郑氏墓志铭并叙》云："先是皇帝使中谒者诏东京有司备卤簿鼓吹洎祖载仪卫之物，且监视之。"② 此事乃为曹王妃举行的葬礼，由东京有司负责"卤簿鼓

---

① 《唐六典》卷一五《光禄寺》，第442-443页。
② 《唐代墓志汇编》贞元005《曹王故妃郑氏墓志》，第1840页。

吹洎祖载仪卫之物",有司当为太常寺属下部门。其例二:《唐会要》卷六五《太常寺》贞元八年(792)四月,太常寺奏:"本置礼生,是资赞相,东都既无祠祭,不合虚备阙员。且无功劳,妄计考课,年满之日,一例授官,比来因循,实长徼幸。其东都太庙及郊社斋郎,先并准敕停讫。"① 从贞元八年太常寺的这条奏书来看,安史之乱后,东都的太常礼院仍然招礼生。其例三,太医署有医博士,大和四年(830)去世的成璘,"习父之业,充大内上阳宫医博士",成璘之子成文会"见习上代之业,充大内上阳宫医博士"。②

(4)国子监。安史之乱后东都依然设置国子监,文献中常称"东太学",如韩愈《送郑十校理序》中所言:"愈为博士也,始事相公于祭酒;分教东都生也,事相公于东太学。"③《唐会要》卷六六《东都国子监》载元和元年(806)正月敕:"自今以后,国子祭酒、司业及学官,并须取有德望学识人充。"④ 元和二年十二月,国子监奏:"两京诸馆学生,总六百五十员。请每馆定额如后:两监学生总五百五十员。"之后又奏:"至永泰后,西监置五百五十员,东监近置一百员,未定每馆员额。"其年十二月敕:"东都国子监量置学生一百员:国子馆十五员,太学馆十五员,四门馆五十员,广文馆十员,律馆十员,书馆三员,算馆二员。"⑤ 由上可知,唐后期东都国子监诸馆学生人数为西监的五分之一,有近百人。元和二年(807)韩愈在分司东都担任国子博士,"东都绝教授,游宴以为恒"。⑥

东都国子监不光人员稀少,而且一度几近荒废。郑余庆元和年间担任太子少师判国子祭酒时,在元和十三年(818)十一月"以太学荒坠日久,生徒不振。遂奏请率文官俸禄,修广两京国子监,时论美之"。⑦ 十四年十

---

① 《唐会要》卷六五《太常寺》,第1342页。
② 《唐代墓志汇编续集》大和031《成璘墓志》,第904页。
③ 《韩昌黎文集校注》,第288页。
④ 《唐会要》卷六六《东都国子监》,第1370页。
⑤ 《唐会要》卷六六《东都国子监》,第1371页。
⑥ (唐)韩愈《送侯参谋赴河中幕》,见《韩愈全集校注》,四川大学出版社1996年版,第715-716页。
⑦ 《唐会要》卷六六《国子监》,第1372页。亦见《册府元龟》卷六〇四《学校部·奏议三》,第6968页。

二月，又上奏："京见任文官一品以下、九品以上，并外使兼京正员官，每月所请料钱，请率计每贯抽一十文，以充国子监修造先师庙及诸屋宇缮壁，经公廨杂用之余，益充本钱，诸色随便宜处置。……许仍令户部每月据数并以实钱付国子监。其东都留司京官，亦准数率钱，便充东都国子监修理。"①郑余庆的上奏最终得到批准。不过，经过修理之后的东都国子监依然避免不了衰落的趋势。大中九年（855）24岁去世的陶瑄，"尝寄东太学读书，空馆百庑无一人，独栖不惧，合生徒伏之"。②

目前所见国子监分司官位有：国子祭酒、国子司业、国子主簿、国子博士、国子春秋博士等，具体如下：

表 4-5　国子监分司人员职任表

官职	时间	姓名	材料	材料出处
国子祭酒	大历十四年（779）	李揆	（大历十四年六月壬戌）睦州刺史李揆为国子祭酒，并留司东都	《旧唐书》卷一二《德宗纪上》
国子博士	元和二年至四年（809-811）	韩愈	从父弟愈于时为博士，从分教东都生	《四门博士周况妻韩氏墓志》
国子主簿	元和年间	李吉甫	吉甫见帝，谢引用之非，帝意释，得以国子主簿分司东都	《新唐书》卷一四六《李栖筠附李吉甫传》
国子春秋博士	大中四年（850）前后	孙顼	朝议郎守国子春秋博士上柱国分司东都	《唐代墓志汇编》大中042《张氏墓志》
国子司业	约大中年间	卢府君	[国子]司业分教东□	《唐代墓志汇编》大中106《卢府君墓志》
国子博士	大中年间	牛蔚	有恃权越职者，蔚奏正之，为时权所忌，左授国子博士，分司东都	《旧唐书》卷一七二《牛僧孺附牛蔚传》
国子监主簿	咸通十四年（873）前后	崔膺	宣议郎守国子监主簿分司东都崔膺	《唐代墓志汇编》咸通107《张氏墓志》

以上有事迹可考的国子监分司东都者，韩愈"累除国子博士，不丽邪宠惧而申请分司东都避之"；③牛蔚为礼、吏二郎中，因奏"有恃权越职

---

① 《册府元龟》卷六〇四《学校部·奏议三》，第6968页。
② 毛阳光主编：《洛阳流散唐代墓志汇编续集》，第729页。
③ 《全唐文》卷六八七《韩文公神道碑》，第3118页。

者",故而"为时权所忌,左授国子博士,分司东都",①这说明国子监分司在唐后期因其远离权力而常成为安排贬谪官员的机构。

（5）司农寺。唐代前期东都设有苑总监、苑四面监,掌宫苑管理。《唐会要》卷六六"西京苑总监"条载:"永淳元年五月十日。置东都监。管诸囿苑。未置已前。隶司农寺。"②《旧唐书》卷四四载:"京、都苑总监:监各一人,从五品下。副监一人,从六品下。丞二人,从七品下。主簿一人,从九品上。……苑总监掌宫苑内馆园池之事。副监为之贰。凡禽鱼果木,皆总而司之。凡给总监及苑面官属,人畜出入,皆为差降之数。……京、都苑四面监:监各一人,从六品下。副监一人,从七品下。丞二人,正八品下……四面监掌所管面苑内宫馆园池,与其种植修葺之事。副监为之贰。丞掌判监事。"③

唐后期洛阳不再作为实际政治首都,但东都的宫苑依然需要维护。前揭留守府已参与到宫苑事务的管理中,如前引元和二年（807）的《宫自劝墓志》其父宫佺为"皇怀州平皋府折冲都尉,充东都留守衙内外都知苑西面使"。④墓志的撰写者为杨琯,撰写时署衔"承务郎、守东都苑总监东面监丞"。大中六年（852）去世的孟秀荣,其长子孟再幽"行内侍省内府局令、上柱国、东都总监判官"⑤。这里的东都总监似为东都苑总监。

4.宫官、内侍省

安史之乱后,洛阳宫殿陆续得以恢复,宫官、内侍省等官均具置。东都宫官、内侍省的存在,是两都制的产物,同时,也强化着东都作为都城的地位。唐后期东都的宫官、内侍省官一般标明身在"东都"的身份,不写"分司"二字。

德宗继位后,寻找于战乱中在东都失踪的母亲。《资治通鉴》卷二二六

---

① 《旧唐书》卷一七二《牛僧孺附牛蔚传》,第4473页。
② 《唐会要》卷六六,第1378页。
③ 《旧唐书》卷四四《职官志三》,第1888页。
④ 《全唐文补遗》（千唐志斋新藏专辑）,第305页。
⑤ 《唐代墓志汇编续集》大中035《孟秀荣墓志》,第994页。

建中二年正月条："初,高力士有养女鏊居东京,颇能言宫中事,女官李真一意其为沈太后,诣使者具言其状。上闻之,惊喜。时沈氏故老已尽,无识太后者。上遣宦官、宫人往验视之,年状颇同,宦官、宫人不审识太后,皆言是。高氏辞称实非太后,验视者益疑之,强迎入上阳宫。"①德宗寻母遇冒充,冒充之人被接入东都上阳宫,可知此时上阳宫等宫殿内均有维护。

姚存古于大和初、大和九年（835）两次"知东都内侍省事",②大和九年去世时为功德使,当为内功德使,掌东都僧尼事务。大中六年（852）去世的孟秀荣,为内侍省内仆局丞,曾在会昌五年（845）九月七日"为王妃所累,贬在东都恭陵,已夺朱绂"。③又《唐会要》卷六五《内侍省》大中三年（849）九月敕载："杨施礼缑氏县庄,宜赐东都内侍省新配恭陵守当贫穷官正居住。"此条明确表明恭陵由东都内侍省所管。孟秀荣的长子孟再幽"行内侍省内府局令、上柱国、东都总监判官"。④这些具体的个例可知唐后期东都宫官、内侍省等官设置情况。

5. 内诸司使

《宋史》卷一六八《职官志八》载大中祥符九年（1016）王旦的看法："唐设内诸司使,悉拟尚书省：如京,仓部也；庄宅,屯田也；皇城,司门也；礼宾,主客也。虽名品可效,而事任不同。唐朝诸司所领,惟京邑内外耳。"⑤唐代内诸司使确实如王旦所云。唐长孺考察过分管各部门具体事务的内诸司使。⑥具体到唐后期的东都城内,宫殿屹立,各类内诸司使也多有设置,不过需要注意的是东都的内诸司使跟内侍省一样,不云"分

---

① 《资治通鉴》卷二二六建中二年正月条,第7296页；亦见《新唐书》卷七七《后妃下·睿真沈太后传》,第3501页。
② 《唐代墓志汇编续集》大和053《姚存古墓志》,第921页；拓片见《中国西北地区历代石刻汇编》第5册,天津古籍出版社2000年版,第60页。
③④《唐代墓志汇编续集》大中035《孟秀荣墓志》,第994页。
⑤《宋史》卷一六八《职官志八》,第4003页。
⑥ 唐长孺：《唐代的内诸司使及其演变》（原名《唐代的内诸司使》）,刊于《魏晋南北朝隋唐史资料》第5—6辑（1983—1984年）,后收入《唐长孺文集·山居存稿》,中华书局2011年版,第252—282页。

司"二字，只是通过"东都"二字表明身在东都。

（1）内园使。内园使为唐代内诸司使之一。贞元三年（787）的《杨庭芝墓志》载释褐为内侍省掖庭局宫博士，"广德初，敕授东都内园使，寻转宫闱局丞。纠察群司，弹劾诸掌，为政不挠，在邦必闻。"①可知东都亦设置内园使。元和四年（809），元稹分司东都御史台后，奏："内园擅系人逾年，台不及知。"白居易撰写的元稹墓志铭作"内园司械系人"。②咸通十二年（871），分司侍御史李磎劾奏内园使郝景全不法事。③内园使还掌管东都冰井事。天祐元年（904）朱温挟持昭宗迁洛，《唐会要》停废诸使的敕中云"其内园冰井公事，委河南府勾当"。④《旧唐书》作"内园冰井公事委河南尹"，⑤据《唐六典》可知东都的冰井在上阳宫内。⑥

（2）东都功德使、内功德使。《新唐书》卷四八《百官志三》，崇玄署下注文云："贞元四年，崇玄馆罢大学士，后复置左右街大功德使、东都功德使、修功德使，总僧、尼之籍及功役。"⑦可知东都置东都功德使管理僧尼事务。至于东都所设功德使，当为内功德使。前引韩愈元和初年任都官员外郎分司东都分管祠部时，与东都功德使发生冲突，"中官号功德使，司京城观寺，尚书敛手先职，先生按《六典》尽索之以归，诛其无良，时其出入，禁哗众以正浮屠"。⑧大和九年（835）知东都内侍省的内常侍员外置同正员姚存古去世，其墓志中标明"东都功德等使"的身份，是官宦兼任东都功德使，当为内功德使。

（3）闲厩、宫苑、苑囿等使。据宁志新考证，唐朝设立闲厩使是在圣

---

① 《邙洛碑志三百种》208《杨庭芝墓志》，第245页。
② 《白居易文集校注》卷三二，第1927-1928页。
③ 《册府元龟》卷三《帝王部·名讳》，第34页；又见《新唐书》卷一四六《李鄘附李磎传》，第4746页。
④ 《唐会要》卷七九"诸使下"，第1720页。
⑤ 《旧唐书》卷二〇上《昭宗纪》，第780页。掌管冰井事务由司农寺上林署转移到内诸司使系统，见杜文玉《唐代冰井使考略》（《唐史论丛》第25辑，三秦出版社2017年版，第75-83页）。
⑥ 《唐六典》卷七"尚书工部"注云，冰井等院散列上阳宫内，第221页。
⑦ 《新唐书》卷四八《百官志三》，第1253页。
⑧ 《全唐文》卷六八七《韩文公神道碑》，第3118页。

历二年（699）或三年（700），到大历年间其职权部分为飞龙使所侵夺。①东都亦设有闲厩使，从唐前期开始。玄宗天宝五年（746）去世的王氏为"东都闲厩使知古第三女也"。②唐后期，常设东都闲厩使。《唐会要》卷六五《闲厩使》载开成四年正月，闲厩宫苑使柳正元奏：

> 当使东都留后知院官郑镒，每月院司给料钱三十四贯文，兼请本官房州司马料钱。今请于使司所给料钱数，刬减十千，添给所由二十人粮课。巡官二人，请勒全停。……当管脩武马坊田地，伏准大和二年河阳节度使杨元卿奏，请权借耕佃，充给闲用。今缘安利一军。伏请永配主管。伏以当司应属东都宫苑闲厩事务管，系旧额，名数尚多。苟在影占之门，是启非违之路。但系务繁地远，访察尤难。况推禁罪人，动经旬月，因缘流滞，移牒用情，事务委留守主管。曹司烦职，官吏冗名，俾无尸素之员，又去申报之滞。其东都院每年合送宫苑使加给钱一百二十千文，亦请停送。当司方圆羡余，自备课料。伏乞圣慈，允臣所奏。

随后敕旨云：

> 正元条陈利病，实谓推公，所请割属留守，及停废职员，并依。粮并宜停。其新差知院郑镒，亦是冗员，宜勒赴任。仍委留守于见在职事人中，差补勾当。郓州每年送苜蓿丁资钱，并请全放，实利疲甿，宜依。其脩武马坊田地，河阳节度近年权借，依前勒闲厩宫苑使，且存借名收管。③

从柳正元的奏书来看，唐后期东都地区的御马、牧地等均由闲厩宫苑使掌管。目前墓志中所见，唐后期东都闲厩、宫苑使的事例有：大和七年（833）去世的王翼曾任冀王府长史，充东都闲厩宫苑等使；④郑逢于大中五年（851）后去世，为东都闲厩宫苑使巡官、苑囿使。⑤

---

① 宁志新：《唐朝的闲厩使》，《中国社会经济史研究》1997年第2期，第7—13页。
② 《唐代墓志汇编》贞元023《桑府君夫人王氏墓志》，第1853页。
③ 《唐会要》卷六五《闲厩使》，第1335页。
④ 《唐代墓志汇编》大和065《王翼墓志》，第2143页。
⑤ 《秦晋豫新出墓志搜佚》804《郑逢墓志》，第1036页。

（4）东都庄宅使。唐代设庄宅使，管理都城庄田等，东西都城均有。加藤繁推测东都庄宅使的设立大概是因为东都官宅比较多，故而设立专门庄宅使来管理。① 陶希圣和鞠清远较早指出两京庄宅使管理两京地区的官庄。② 开成三年（838）的《张亮墓志》结衔中带有"东都庄宅使"。③ 大中元年（847）的成氏墓志中载其两子，一为内庄使东都院勾押官，一为内庄宅使东都院勘覆官。④ 大中四年（850）的《张汶墓志》载："因而归省东洛，不欲更离左右，遂屈迹内庄宅，授都勾官。虽居重任，不展长材。而纪□一司，始终无二。"⑤ 由上可知东都庄宅使内部有勾检系统。⑥ 另外，庄宅使下有织造户。唐宪宗元和二年（807）六月癸丑载："东都庄宅使织造户，并委府县收管。"⑦ 可知由东都庄宅使直接支配的生产丝绸的织造户在此后下放给河南府地方所管。

6. 皇城、宫城禁卫军系统

唐代前期，宫城、皇城宿卫由屯营负责。《唐六典》卷五《尚书兵部》载："凡车驾在京，即东都南、北衙皆置左、右屯营，别立使以统之；若车驾在都，则京城亦如之。"⑧ 到中后期，东都一直持续设屯营兵护卫宫城、皇城。

贞元十四年（798），逝世于履顺里的高奇妻张氏，有子三人，其中"次曰幼卿，左金吾卫大将军兼太常卿，次曰季卿，怀州天固府折冲"。"幼卿以辛公任寄之重为居守散官将，位次押衙，季卿为四军右屯营使，都知皆着勋绩"。⑨ 高季卿为"四军右屯营使"，右屯营即北衙军左右屯营。

---

① 加藤繁：《内庄宅使考》，《中国经济史考证（第一卷）》，商务印书馆1959年版，第219页。
② 陶希圣、鞠清远：《唐代经济史》，商务印书馆1936年版，第38-43页。
③ 《洛阳新获七朝墓志》337《张亮墓志》，第337页。
④ 《唐代墓志汇编》大中008《成氏墓志》，第2258页。
⑤ 《全唐文补遗》（一），第345页。
⑥ 吴丽娱：《唐后期五代财务勾检制探微》（载《唐研究》第6卷，北京大学出版社2000年版，第296页）注意到东都宦官内部的勾检。
⑦ 《旧唐书》卷一四《宪宗纪上》，第421页。
⑧ 《唐六典》卷五《尚书兵部》，第159页。《旧唐书》卷四三《职官志二》（第1835页）亦同。
⑨ 《秦晋豫新出墓志搜佚续编》707《高奇妻张氏》，第968页。

长庆三年（823）逝世于毓财里的盖璿，墓志题称云"东都左屯营军押衙"，①志文中提到其由守右武卫华州万福府折冲迁左屯营军押衙。长庆三年（823）逝世的薛融，墓志题称"东都左武军副使、定远将军、守左金吾卫大将军、兼试太常卿"。②元和中，刘敦儒受权德舆推荐，"乃授左龙武军兵曹参军，分司东都"。③大和八年（834），逝世于东都清化里私宅的魏叔元为"东都留守北衙右屯营军押衙"。④会昌元年（841）下葬的李彦藻，为云麾将军右骁卫将军上柱国分司东都。⑤大中二年（848）魏仲连殁于清化里之私第，"陪戎副尉、守右威卫沁州延携府别将、员外置同正员、上护军、右龙武军宿卫、守右屯营军押衙"。魏仲连之孙，于咸通六年（865）去世，为"东都北衙右羽林军副使"。宣宗时，康承训为天德军防御使，后"授右武卫大将军，分司东都"。⑥大中五年（851）的《王氏墓志》载其子"开成中，守左骁卫骑曹参军分司东都"。⑦大中十一年（857）张直方"迁右骁卫将军，分司东都。咸通中，位至羽林统军"。⑧大中十一年（857）的《李十七娘墓志》载其父曾任"左官卫佐分司，后授万年尉"。⑨咸通六年（865）殁于清化里之私第的魏俦为"前东都北衙右羽林军副使"。⑩咸通十一年（870）魏项逝世于东都福善里之私第，曾任"东都留守右厢都押衙、都虞侯"。

以上这些事例说明，唐后期一直有左右屯营、左右羽林军、左右龙军及其子弟宿卫东都，他们又是东都留守府兵力来源之一。以往学界认为太宗时设置的左右屯营，后来转化羽林军，但从东都这些屯营的事例来看，

---

① 《秦晋豫新出墓志搜佚》707《盖璿墓志》，第910页。
② 《秦晋豫新出墓志搜佚》711《薛融墓志》，第914页。
③ 《新唐书》卷一三二《刘子玄附刘敦儒传》，第4523页。
④ 《唐代墓志汇编》大和092《魏叔元墓志》，第2161页。
⑤ 《秦晋豫新出墓志搜佚》762《李彦藻墓志》，第980页。
⑥ 《新唐书》卷一四八《康日知附康承训传》，第4774页。
⑦ 《唐代墓志汇编》大中061《王氏墓志》，第2297页。
⑧ 《旧唐书》卷一八〇《张仲武附张直方传》，第4679页。
⑨ 《唐代墓志汇编续集》大中061《李十七娘墓志》，第1013页。
⑩ 《唐代墓志汇编》咸通046《魏俦墓志》，第2413页。

即便转化为羽林军,依然保存部分屯营兵,东都皇城、宫城的宿卫依然由屯营负责。

此外,分析以上禁卫军居住地:清化里、毓财里、道政坊、时邕坊、履顺里,均在皇城宫城以东区域,洛水北岸。据妹尾达彦研究,安史之乱前,北市形成官僚聚居地,安史之乱后,南市周围又形成新的官僚聚居地。① 从以上东都屯营兵的居住点统计来看,整个唐代,屯营兵、留守兵多集中在洛水以北居住。即便安史之乱后,北市萧条,此地区依然是留守府内武职人员的聚居区。从地理位置上看,这片区域紧挨皇城、宫城,确实便于守卫。

表 4-6 唐后期诸卫、屯营分司人员职任表

官职	时间	姓名	材料	材料出处
东京北衙右屯营副使	天宝五年(746)以前	程承寂	其年,圣人西幸,忧念东京,选择使臣,无加于公也。其载八月二十四日,别敕委留东京北衙右屯营副使……天宝五载	《全唐文补遗》(千唐志斋新藏专辑)、《程承寂墓志》
左武卫骑曹参军	开元天宝间	张诚	选授左武卫骑曹参军,分司东都	《白居易文集校注》卷四《张诚神道碑铭并序》
左龙武军兵曹参军	元和中	刘敦儒	可左龙武军兵曹参军,分司东都	《旧唐书》卷一八七下《刘敦儒传》
金吾卫录事参军	元和四年(809)	崔稃	元和四祀,调补右金吾卫录事参军,分曹洛中,恬旷自得	《唐代墓志汇编》元和 101《崔稃墓志》
东都左龙武军副使	长庆三年(823)之前	薛融	唐故东都左龙武军副使定远将军守左金吾卫大将军兼试太常卿薛公	《秦晋豫新出墓志搜佚》711《薛融墓志》
东都左屯营军押衙	长庆三年(823)之前	盖瓒	唐故东都左屯营军押衙守右武卫华州万福府折冲成阳郡	《秦晋豫新出墓志搜佚》707《盖瓒墓志》
守左骁卫骑曹参军分司东都	开成中	王氏之子	开成中守左骁卫骑曹参军分司东都,卒于官	《唐代墓志汇编》大中 061《王氏墓志》

---

① [日]妹尾达彦《隋唐洛阳城的官人居住地》,载《东京大学东洋文化研究所纪要》第 133 册,第 67–111 页。

续表

官职	时间	姓名	材料	材料出处
右骁卫将军	会昌元年（841）	李彦藻	唐故云麾将军右骁卫将军上柱国分司东都	《秦晋豫新出墓志搜佚》762《李彦藻墓志》
右骁卫将军	大中十一年（847）	张直方	（大中）十一年，迁右骁卫将军，分司东都。咸通中，位至羽林统军	《旧唐书》卷一八〇《张仲武附张直方传》
右武卫大将军	大中年间	康承训	岭南东道节度使韦宙白状宰相，承训惭，移疾，授右武卫大将军，分司东都	《新唐书》卷一四八《康日知附承训传》
右武卫大将军	大中五年、六年（851、852）	朱叔明	分务洛师，可以循省。可右武卫大将军，分司东都，散官勋封如故。见《唐方镇年表》一，朔方节度使	《樊川集》卷一九《朱叔明授右武卫大将军制》
右骁卫将军	大中十一年（857）	张直方	（大中）十一年，迁右骁卫将军，分司东都。咸通中，位至羽林统军	《旧唐书》卷一八〇《张仲武附张直方传》
左卫上将军分司	大中十二年（858）	康季荣	（大中十二年二月）以光禄大夫、守左领军卫大将军分司东都、上柱国、会稽县开国公、食邑一千五百户康季荣可检校尚书右仆射，兼左卫上将军分司	《旧唐书》卷一八下《宣宗纪下》
东都北衙右羽林军副使	咸通六年（865）之前	魏俦	东都北衙右羽林军副使	《唐代墓志汇编》咸通046《魏俦墓志》
左骁卫大将军分司	广明元年（880）前	柳当	考当，左骁卫大将军分司，赠陕州都督	《唐代墓志汇编》广明004《柳延宗墓志》

7. 东宫、王府官

安史之乱后，特别是从元和年间开始，以东宫、王府官分司东都者，数量众多，① 因其"优贤之职"、闲散的特征明显，以至于后人常将这些特征作为东都分司官的全部内涵。《册府元龟》卷七〇八《宫臣部·总序》记述了这种现象：

> 自唐室至于五代，东宫之职，王府之属，或总领佗务，或授左降、分司、致仕官，不专为宫府之仕。若建置储嫡，诸王出阁，则官府之职，多以佗官兼领，及检校之。天宝后，武臣及藩

---

① 可参见附录。

镇牙校、幕府僚佐，亦多检校东宫之职，以为散官。①

据任士英的研究，玄宗时期非实体化东宫体制开始形成，"在天宝时期依然设置的东宫职员，其中又有相当一部分成为并不承担赞辅储闱职能的闲散职官，有些则成为地方官或者诸多使职差遣（如藩镇军将、翰林学士等）的加官，这使东宫官失去了原来东宫体制下之于东宫的政治意义，在某种程度上只起到了阶官作用，即用以表明那些加领东宫官的地方官与使职差遣者的品阶与身份。"②东宫体制发生变化，开始呈现出"优贤之职"的特征。唐后期以太子王府官分司东都更是体现品位的意义，东都分司中大量是东宫王府官分司。

综观这些东宫王府官分司的原因主要是贬官、优待等。贬官，如元和九年（814）后李渤"迁右补阙，以直忤旨，下迁丹王府谘议参军，分司东都"。③穆宗时，裴潾"繇给事中为汝州刺史，越法杖人辄死，以太子左庶子分司东都"。④优待者，如崔珙会昌三年（843）辞疾请罢"以其故老，特为优容，俾居青宫之辅，仍从分洛之命。君臣礼分，予无愧焉。可太子少师，分司东都"。⑤

第二节 东都御史台

苏小华、勾利军勾勒出东都分司的发展脉络。⑥但从长时段的发展来看，东都分司在不同时段，不同分司部门之间又有着明显的不同。纵观东

---

① 《册府元龟》卷七〇八《宫臣部·总序》，第8166页。
② 任士英：《唐代玄宗肃宗之际的中枢政局》，中国社会科学出版社2003年版，第197页。
③ 《新唐书》卷一一八《李渤传》，第4283页。
④ 《新唐书》卷一一八《裴潾传》，第4288页。
⑤ 《旧唐书》卷一七七《崔珙传》，第4590页。
⑥ 苏小华：《文献所见唐东都制度考略》，硕士学位论文，陕西师范大学2002年；勾利军：《唐代东都分司官研究》，上海古籍出版社2007年版。

都分司各个部门，从唐前期到后期，一直发挥重要职能的是御史台。本节就东都御史台的发展演变，探讨唐后期东都御史台的功能。

一、从临时性留台到成为定制的东台

东都御史台，史籍中又作东都留台、东台等，关于东都御史台的设立时间，勾利军据睿宗时崔沔任东都御史中丞等材料，判定玄宗开元以前已经设置东都御史台并正常运行。[①] 其实东都御史，更早可追溯到太宗、高宗时。刘肃《大唐新语》卷七载："刘童为御史东都留台时蔺謩为留守，辄役数百人修宫内。刘童谓盛夏不宜擅役工力，謩拒之曰：别奉进旨，童奏之，诏决謩二十下，谪岭南。"[②] 此事的具体时间不详，据蔺謩的事迹见于贞观年间，则刘童任东都留台御史亦应在贞观年间。[③] 不过太宗时留台御史因个别事情所设，到高宗时，东都（正式开始）设留台御史留守东都。

咸亨四年（673）杨再思给董仁撰写墓志，自署衔为"东都留守御史兼敕勾大使"。[④] 这里杨再思说明自己东都留守御史身份兼任财政勾检使。由此可见，显庆二年（657）升洛阳为东都后，高宗就开始在东都设留守机构与人员，而用"留守"非用"分司"，这里强调的是洛阳身为"两都"之"东都"的地位，目前限于材料所限，尚不清楚最初留守东都的都有哪些机构，可以肯定的是，在洛阳升为"东都"后，这里应该设置部分台省机构。

长安三年（703）《程思义墓志》载："属銮驾西幸，瀍洛东虚。右台侍御史魏探玄拔自常均，素无材行。倚宰辅之重戚，狎群小之留言。诬君十万之赃，切置三千之罚。横加拷察，久縈图圄。既而天监孔明，推鞫无

[①] 勾利军：《唐代东都分司官研究》，第133—134页。
[②] 刘肃：《大唐新语》卷七，第106页。
[③] 王方庆集《魏郑公谏录》卷四，丛书集成初编本，中华书局1985年版，第47页；《新唐书》卷一一〇《冯盎传》，第4113页。
[④]《全唐文补遗》（三）《董仁墓志》，第19页。

第四章　唐后期东都分司再考察

状。"① 这里交代了程思义被栽赃的背景是在皇帝銮驾西行，离开东都时发生的，此时留在东都御史台的为右台侍御史。按《旧唐书》卷四四《百官志三》载："光宅元年，分台为左右，号曰左右肃政台。左台专知京百司，右台按察诸州。"左台专知京百司，应该随皇帝移动，而右台巡察各地，自然会关注东都。

景云元年，中宗在长安，儿子李重福发动叛乱，谋士出主意攻占东都。《资治通鉴》卷二一○景云元年八月条：

> 重福奄至，县官驰出，白留守；群官皆逃匿，洛州长史崔日知独帅众讨之。留台侍御史李邕遇重福于天津桥，从者已数百人；驰至屯营，告之曰："谯王得罪先帝，今无故入都，此必为乱；君等宜立功取富贵。"又告皇城使闭诸门。重福先趣左、右屯营，营中射之，矢如雨下。乃还趣左掖门，欲取留守兵，见门闭，大怒，命焚之。火未及然，左屯营兵出逼之，重福窘迫，策马出上东，逃匿山谷。明日，留守大出兵搜捕，重福赴漕渠溺死。日知，日用之从父兄也。以功拜东都留守。②

从上面这段对李重福叛乱经过的描写，可看到李邕与崔日知是平定这次叛乱的主力。《旧唐书》卷八六《李重福传》在记载李重福之乱时只说"侍御史李邕"。③《旧唐书》卷一九○中《李邕传》云："唐隆元年，玄宗清内难，召拜左台殿中侍御史。"④《新唐书》本传同《旧唐书》。李邕在《谢恩慰谕表》中称在消灭韦氏的行动中，因功绩显著，拜朝散大夫。其自述："顷岁谯王重福谋立东都，臣当留台与洛州司户崔日知挫其逆谋，收其余孽，东都底定，职臣之功，自文林郎拜朝散大夫，除户部员外郎。"⑤从事后召拜左台殿中侍御史看，其之前留台当为右台。

---

① 《全唐文补遗》（三）《程思义墓志》，第35页。
② 《资治通鉴》卷二一○景云元年八月条，第6654页。
③ 《旧唐书》卷八六《李重福传》，第2836页。
④ 《旧唐书》卷一九○中《李邕传》，第5041页。
⑤ 《文苑英华》卷五九八李邕《谢恩慰谕表》，第3103页。

以上两事例，一为武周时期，一为中宗景云年间，当时皇帝西行，留在东都御史台均为右台侍御史。关于左右台御史，《旧唐书》卷四四《职官志三》"御史台"下注云："光宅元年，分台为左右，号曰左右肃政台。左台专知京百司，右台按察诸州。神龙复为左右御史台，延和年废右台，先天二年复置，十月又废也。"《新唐书》卷四八《御史台》下注云："武后文明元年，改御史台曰肃政台。光宅元年，分左右台：左台知百司，监军旅；右台察州县、省风俗……至神龙初皆废。"留守东都为右台，合乎制度规定。

又《旧唐书》卷一八八《崔沔传》：

> 睿宗时，征拜中书舍人。时沔母老疾在东都，沔不忍舍之，固请闲官，以申侍养，由是改为虞部郎中。无何，检校御史中丞。时监察御史宋宣远，恃卢怀慎之亲，颇犯法，沔举劾之。又姚崇之子光禄少卿彝，留司东都，颇通宾客，广纳贿赂，沔又将按验其事。姚、卢时在政事，遽荐沔有史才，转为著作郎，其实去权也。①

崔沔由祠部员外郎拜中书舍人，因母亲在东都有疾病，"不忍舍之"，申请东都闲官。中书舍人属中书省，掌政令，政令是围绕皇帝左右而进行，所以，此时睿宗应在长安，崔沔若是就任中书舍人的话必须去长安。因其不忍留下老母故而申请东都闲官，于是由中书舍人改为虞部郎中。祠部、虞部非决策部门，可以留守东都。《文苑英华》卷三九三苏颋撰写的《授崔沔御史中丞制》：

> 敕：朝请郎守尚书虞部郎中崔沔，纯至之心，求忠出孝，精微之用，博学多文，故能清以激贪静而镇躁。顷摄官持宪，履绳绪墨，临事不诎，在公则闻，宜正三独之名，以光二丞之秩。可守御史中丞，知东都留台司，散官如故。②

---

① 《旧唐书》卷一八八《崔沔传》，第4928页。
② 《文苑英华》卷三九三《授崔沔御史中丞制》，第1999页。

第四章　唐后期东都分司再考察

可知崔是以御史中丞身份留守东都台，此事发生在睿宗年间，可知武后到睿宗时期，皇帝西行长安时，御史台由御史中丞、侍御史留守，不过此时并未有明确制度规定。到开元后期，开始明确规定设置留台人员。《唐六典》卷一三《御史台》御史大夫条注文："驾幸京都，大夫从行，则令中丞一人留在台，并殿中侍御史一人。若别敕留守，不在此限。"① 明确由御史中丞与殿中侍御史留台。按唐前期御史台制度的规定，御史大夫一人，中丞二人，侍御史四人，殿中侍御史六人，监察御史十人。留守东都的御史中丞御史台长官一下的御史中丞与殿中侍御史。天宝初年，张敬舆"迁殿中侍御史兼东京留台"，② 即以殿中侍御史身份留台。综上来看，高宗以后到安史之乱前，东京御史台一直保持正常运转，而且是留司机构中较早形成明确留守制度规定的机构。到安史之乱发生时，留守东都御史台的卢奕与留守一起参与保卫洛阳。③

唐代典志中对于东都留台的制度规定记载较为详细。《新唐书》卷四八《御史台》下注云："东都留台，有中丞一人、侍御史一人、殿中侍御史二人、监察御史三人；元和后，不置中丞，以侍御史、殿中侍御史、监察御史主留台务，而三院御史亦不常备。"④ 又《册府元龟》卷五一二《宪官部·总序》载："东都留司，亦置御史台，中丞、侍御史各一人，殿中侍御史二人，监察御史三人。注云：大历后，多以留台中丞兼东都畿汝观察处置使。元和后，但以侍御史、殿中侍御史、监察御史共主留台之务，而三院御史亦不当备焉。"⑤ 两处都提到东都留台除御史中丞一人外，殿中侍御史为两人，与《唐六典》规定的只有一名中丞与殿中侍御史的情况不一致，考虑到《唐六典》所载乃开元年间唐前期东都御史台的状况，不一致也是合理的。

---

① 《唐六典》卷一三《御史台》，第 379 页。
② 《洛阳流散唐代墓志汇编续集》一六一《张敬舆墓志》，第 324-325 页。
③ 《旧唐书》卷一八七下《李憕传》，第 4889 页。
④ 《新唐书》卷四八《御史台》，第 1237 页。
⑤ 《册府元龟》卷五一二《宪官部·总序》，第 5816 页。

从唐前期东都留台人员安排来看，不见有殿中、监察御史的事例。①其实《唐六典》所反映的是唐代前期皇帝居住在东西二都，离开东都时中央御史台的规定。到唐后期，随着皇帝车驾不再东行洛阳，洛阳成为两都中的陪都，对东都御史台就有了明确的制度规定。以至于后人认为唐代一直有东都御史台的设置，后唐天成元年（926）十二月庚寅给事中杨凝式奏："旧制：台省在西京，东都置留台留省及分司官属。请依旧制，于西京置留台省，如本朝东都之制。"②

通过以上梳理可看到，东都御史台的设立可分为前后两阶段。前期洛阳作为唐帝国的两个都城之一时，东都御史台所起临时留台的作用。安史之乱后，皇帝彻底不再巡幸洛阳，东都御史台为常制，但还会用"留台"这种称谓。

二、东都御史台的地位、职能与作用

东都御史台自唐前期设立，安史之乱后，从作为西京御史台的留台转变为常制的东台，到唐末黄巢军队攻入洛阳时结束。在安史之乱过程中，东都御史台旋即恢复。《文苑英华》卷三九四《授蒋将明侍御史制》载："宣议郎、殿中侍御史、供奉东都留台蒋将明……可守侍御史，东都留台，散官如故。"③《新唐书》卷一三二《蒋乂传》载父蒋将明"两京陷，被拘，乃阳狂以免。虢王巨引致幕府，历侍御史，擢左司郎中、国子司业、集贤殿学士"。蒋将明在安史之乱中入为虢王巨的幕府内。虢王李巨于乾元元年（758）四月任东京留守、河南尹。④可知，在安史之乱中设置东都留守时也恢复东都御史台的建置。

大历八年（773）赵骅在《东都留台石柱记》中历数乾元元年到大历年

---

① 详见表4-7。
② 《册府元龟》卷四七五《台省部·奏议六》，第5376页。
③ 《文苑英华》卷三九四，第2005页。
④ 《旧唐书》卷一〇《肃宗纪》，第252页；《旧唐书》卷一一二《李巨传》，第3347页。

间东台的情况:

> 天垂象圣人则之,故星有执法,职有持宪,皆铁冠绣衣,直指不阿。俾在位者,肃如也。日者天子在镐,庶官分守,于是乎有留台,所以上至中司,鹗峙都邑。夫洛阳有明堂辟雍、太仓、武库、郊庙百祀、邦畿百役,有不如法,得举劾之至。至若密网峻威,微文深诋,众所严惮,愈于京师。盖由临之者专也,奉之者一也。专则权有独断,一则政无多门。前达以之立名于此。暨皇运中兴,与人休息,虽风移代变,烦简则殊,而举直措枉,典刑犹在。殿中侍御史河东薛公,朝之望也,复修旧职,凛然生风,秦官汉仪斯不替矣。乃篆《石题记》使人不遗,聊纪于近,庶昭厥德。始自乾元岁掌留务者,次而书之,以垂于后。大历八年月日记。①

这里强调了东都御史台"临之者专也,奉之者一也"的职能。

唐后期,御史台的成员设置有:御史中丞、侍御史各一人,殿中侍御史二人,监察御史三人。②《册府元龟》卷五一二《宪官部·总序》载"东都留司亦置御史台",注云:"大历后,多以留台中丞兼东都畿汝观察处置使。元和后,但以侍御史、殿中侍御史、监察御史共主留台之务,而三院御史亦不当备焉。"③《新唐书》卷四八《御史台》注云:"元和后,不置中丞,以侍御史、殿中侍御史、监察御史主留台务,而三院御史亦不常备。"

从以上记录可知,东台的发展有两点需要注意,一是大历后以御史中丞兼任东都畿汝观察处置使,到贞元后不再兼任。④《旧唐书》卷一二载大历十四年(779):"复置东都京畿观察使,以御史中丞为之。"《新唐书》卷六四:"(大历十四年)复置东畿观察使,以留台御史中丞兼之,复领汝州。"《唐会要》卷六〇《东都留台》载:"(大历)十四年七月,以吏部郎

---

① 《全唐文》卷三三,第3349页。
② 《新唐书》卷四八《百官志三》,第1237页。
③ 《册府元龟》卷五一二《宪官部·总序》,第5816页。
④ 东都畿观察使,自贞元开始由东都留守兼任,详见第三章第一节以及附录"历任东都留守统计表"。

中房宗偃为御史中丞,仍东都留台,充东都畿汝观察处置使。"① 二是元和后,不再设置御史中丞,而是留置侍御史、殿中侍御史、监察御史。《唐会要》卷六八《河南尹》载:"今(开成五年)东都知台御史即一员,兼得行中丞公事。"② 即以知台御史行御史中丞的职务。从文献中统计到的东台御史历任官员来看,御史中丞的设置到元和初,此后由其他御史来兼任中丞事务。

1. 东台的地位

东台与西京御史台保持着怎样的关系?这是讨论东都御史台必须要探究的问题。东都御史台作为中央御史台的分司,需要向长安御史台汇报本台哪些事务?元和四年(809),元稹任职御史台,撰《论浙西观察使封杖决杀县令事》云:"浙西观察使润州刺史韩皋,去年七月封杖决湖州安吉县令孙澥,四日致死。右,御史台奏,得东台状。"③ 可知东都御史台向长安御史台上"状"来汇报本台政务。

东台最高长官为御史中丞,与西京御史台御史中丞品位相同,但在元和之后,便不再置御史中丞,并且东台不如西台崇贵。贞元元年(785)去世的郑日华,其墓志云:"以谅直见惮,分司东台。"④ 元和四年(809)分司东台的元稹在《酬乐天闻李尚书拜相以诗见贺》自述其从西台到东台的经历:"初因弹劾死东川,又为亲情弄化权。注云:予为监察御史,劾奏故东川节度使严砺籍没衣冠等八十余家,由是操权者大怒",⑤ "无何,外莅东都台。"⑥ 唐后期,西台因地处中央政府所在的长安——最高政治权力所在地,西台地位尊贵,东都作为两都中的陪都,东台地位低于西台是毫无疑问的。兹再举一例,看当时东台的地位。康骈《剧谈录》卷上"御史滩"条:

---

① 《唐会要》卷六〇《东都留台》,第1234页。
② (唐)《唐会要》卷六八《河南尹》,第1408页。
③ 元稹撰,冀勤点校:《元稹集》卷三八,中华书局1982年版,第430页。
④ 《洛阳新获七朝墓志》289《郑日华墓志》,第289页。
⑤ 《元稹集》卷二一,第237页。
⑥ 《元稹集》卷三二,第368页。

第四章 唐后期东都分司再考察

河南府伊阙县前临大溪，每僚佐有入台者，即水中先有小滩涨出，石砾金沙，澄澈可爱。牛相国为县尉，一旦忽报滩出，翌日，宰邑者与同僚列筵于亭上观之，因召耆宿询其事。有老吏云："此必分司御史，非西台之命，若是西台，滩上当有鸂鶒双立。前后居人以此为则。"相国潜揣县僚无出于己，因举杯祝曰："既能有滩，何惜鸂鶒！"宴未终，俄有一双飞下。不旬日，拜西台监察御史。①

这则故事表达了时人对于东西台的认识，东台不在中央王朝所在的京城，显然其地位不如西台之贵。

虽然东都御史台不如西京御史台尊贵，不过唐后期从国家层面上，还一直强调彰显东都的御史与西京地位一致，表面看是对东都御史台的重视，实则为强调东都作为"都"的地位。《唐会要》卷六八《河南尹》载开成五年（840）四月东都御史与河南尹道路相遇，河南尹不回避的一则小事：

东都奏："河南尹高铢与知台御史卢罕街衢相逢，高铢乘肩舆，无所避。二人各引所见，台府喧竞。"上乃下诏曰："尹正官重，台宪地高，道路相逢，仪制不定，各执词理，每有纷争。胜负取决于一时，参详未申于久制，委有司斟酌典故闻奏。"都省议："台府相避，本无明令。按前后例，知杂御史与京兆尹相逢，京尹回避。今东都知台御史即一员，兼得行中丞公事，若不少加严重，即恐人不禀承。今据东台所由状，从前河南尹皆回避，请依上都知杂御史例为制。其上都御史人数稍众，若令京兆尹悉皆回避，事恐难行。请自今已后，京兆尹若逢御史，即下路驻马，其随从人亦皆留止。待御史过，任前进。其东都知台御史，亦请准此为例。其京兆尹若趋朝及遇宣朝，不可留滞，即任分路前进。"制可。②

---

① 康骈撰，萧逸校点：《剧谈录》卷上，《唐五代笔记小说大观》下册，上海古籍出版社2000年版，第1463页。
②《唐会要》卷六八《河南尹》，第1408页。

这里让河南尹回避，是因为东台待御史作为中央御史台分司，具有中央性，河南尹只是地方长官。

2. 东台御史的任命

安史之乱后到元和年间，东都御史台的御史由中央任命，如前述安史之乱中的蒋将明、贞元元年以前任职东台的郑日华。元和以后，东台最高长官通常由御史台长官——御史大夫任命。《新唐书》卷四八《御史台》注云："元和后，不置中丞，以侍御史、殿中侍御史、监察御史主留台务，而三院御史亦不常备。"元和十二年（817）崔元略擢拜御史中丞。元和十三年，李夷简被任命为御史大夫，命元略留司东台。①宝历二年（826），独孤朗任御史中丞，史载："宪府故事，三院御史由大夫、中丞自辟，请命于朝。时崔冕、郑居中不由宪长而除，皆丞相之僚旧也。敕命虽行，朗拒而不纳，冕竟改太常博士，居中分司东台。"②可知按照以往制度规定，三院御史必须由御史大夫、中丞自辟，而崔冕、郑居中因作为宰相僚属得以入御史台，遭到御史中丞独孤朗的反对，最终结果是郑居中分理东台。

3. 东台的职能与作用

虽然身处东台的官员升迁中不如西台之崇贵，但东台依然发挥御史台的重要监察职能。勾利军曾将东台御史职责概括为：对文武百官的监察（分察六部与监察礼仪；监察百官）；推按大案、要案及审理一般民事案件；对司法的监察；知馆驿事务；监督财政；负责洛阳的治安与纠察。③这主要是对唐代前期洛阳作为政治中心时东都留台作用的总结。实际上到唐后期，东台的具体职责在于对东都留守官、分司官、河南府县官的监察以及都畿范围内的监察，以及对文武百官、大案的监察。《文苑英华》卷六一九《河南府论被谤表》载河南尹被诽谤而上诉中央的表中说到，"今东都幸有台省之官，悉是朝廷所择，职为耳目"，强调东都御史台的作用。

---

① 《旧唐书》卷一六三《崔元略传》，第 4260 页。
② 《旧唐书》卷一六八《独孤郁附独孤朗传》，第 4382 页。
③ 勾利军：《唐代东都分司官研究》，第 142–158 页。

有关东都御史台秉公办案，监督纠察官吏的职责，兹举两例。大和六年（832）的《王衮墓志》载穆宗时："（王衮）俄以本官归御史府。满岁，转殿中，皆留台为监察。时奉诏鞫权长孺狱，委曲得情。为殿中时，有盐铁赃吏，本罪抵死，大理断流，敕下东台，公不奉诏，抗疏论奏，竟当厥辜。由是穆宗深奇之。特拜刑部员外郎"，① 此事亦可说明东都御史台的秉公办案。咸通三年（862）的《皇甫钰墓志》记载："迁殿中侍御史。累岁在宪府，绳纠简肃，径行不挠……命公旋以东台不理，诏公分司东都。至止之日，适有大估干法，傍恃权力。公按劾具狱，断之不疑。由是东人之奸猾者叠足屏气。"②

下面以元和四年（809）元稹分司东都御史台时，历数自己的政绩为例，详看东都御史台监察的范围与职责。元稹曾叙述过自己在东台所做的十件事。③

第一事，"天子久不在都，都下多不法，百司皆牢狱，有栽接吏械人而台府不得而知之者"。白居易撰写的元稹墓志铭作"内园司械系人"。④内园使为唐代内诸司使之一，安史之乱后，东都有各类内诸司使。贞元三年（787）的《杨庭芝墓志铭》载其释褐为内侍省掖庭局宫博士，"广德初，敕授东都内园使，寻转宫闱局丞。纠察群司，弹毫诸掌，为政不挠，在邦必闻。"⑤杨庭芝在东都由内园使转为宫闱局丞，"纠察群司，弹毫诸掌"是对东都内廷的纠察，即便东都内郭城中有专门的"纠察"者，依然阻挡不了宦官胡作非为而"台府"不知的情况。元稹着手进行整顿，"绝百司专禁锢"，可见东都御史对分司官的监察。正是由于御史台的存在，在一定程度上可打击他们的违法行为。

又孟棨《本事诗》卷《高逸三》：

---

① 《唐代墓志汇编》大和054《王衮墓志》，第2134页。
② 《全唐文补遗》（千唐志斋新藏专辑）。
③ 《元稹集》卷三二，第368页。
④ 《白居易文集校注》卷三二，第1927–1928页。
⑤ 《芒洛碑志三百种》208《杨庭芝墓志》，第245页。

杜为御史，分务洛阳时，李司徒罢镇闲居，声伎豪华，为当时第一。洛中名士，咸谒见之。李乃大开筵席，当时朝客高流，无不臻赴。以杜持宪，不敢邀置。杜遣座客达意，愿与斯会。李不得已，驰书。方对花独酌，亦已酣，引满三卮，问李云："闻有紫云者，孰是？"李指示之。杜凝睇良久，曰："名不虚得，宜以见惠。"李俯而笑，诸妓亦皆回首破颜。杜又自饮三爵，朗吟而起曰："华堂今日绮筵开，谁唤分司御史来？忽发狂名惊满座，两行红粉一时回。"意气闲逸，傍若无人。①

据缪钺考证，杜牧为监察御史时李听以太子宾客分司洛阳。②李听在洛阳纵情歌舞，宴请宾客，因杜牧身为御史身份而不敢邀约，可见，即使是东都的御史，其身份也是分司官中最为特殊的，因其有监察东都分司官的职能而为人所惧。

第二事，"河南尉判官，予劾之，忤宰相旨"。《元稹墓志铭》作"时有河南尉离局从军职，尹不能止。

第三事，"监徐帅死于军，徐帅邮传其柩，柩至洛，其下欧诟主邮吏，予命吏徙柩于外，不得复乘传。"《元稹墓志铭》作"监察使死，其柩乘传入邮，邮吏不敢诘"。

第四事，"浙西观察使封杖决安吉令至死。"《元稹墓志铭》作"浙右帅封杖杖安吉令至死，子不敢愬"。

第五事，"河南尹诬奏书生尹太阶请死之"，此事与第二事一样，皆是对河南府官员的监察。

第六事，元稹所奏第六事"飞龙使诱赵实家逃奴为养子"，《元稹墓志铭》载"飞龙使匿赵氏亡命奴为养子，主不敢言"，此事同第一事一样也是对东都内诸司使人员的弹奏，可见唐后期东都内诸司使侵扰都城的情况。

---

① 孟棨：《本事诗》卷《高逸三》，见《唐五代笔记小说大观》下册，上海古籍出版社2000年版，第1247–1248页。
② 缪钺：《杜牧年谱》，河北教育出版社1999年版，第44页。

第七事，为"田季安盗娶洛阳衣冠女"。田季安作为魏博节度使来东都盗娶洛阳女，这类节度使侵扰都城治安类似的案件还有崔应家发生家贼一事，此事因河南尹与留守官处理不力，被中央责罚，中央获知此事的消息来源当是东都御史台。《册府元龟》卷一五三《帝王部·明罚二》载元和九年（814）庚子敕："河南尹职在摘发奸盗，隐伏无遗。今河南府劫杀崔应家贼，彰暴若斯，收擒不获，致使漏网，得非慢官？"《唐会要》卷六〇载："贞元十年四月敕：准〈六典〉，殿中侍御史，凡两京城内，分知左右巡，察其不法之事。"① 这里讲到两京城内要分左右巡察，东都的巡察工作自然由东都御史台负责②。田季安在洛阳的违法活动与崔应家被劫之事，均在东都御史台监察范围之内。不过，中央之所以要重视崔应家发生盗贼一事，应该也与程执恭节度使的身份有关。程执恭为横海军节度使，③ 横海军节度使治所在沧州，肆意潜入洛阳行凶，侵扰大唐的东都城，挑战中央的权力，而东都责任人守卫都城不力，理应被责罚。

第八事，为"汴州没入死商钱且千万"。

第九事，为"滑州赋于民以千，授于人以八百"。

第十事，为"朝廷馈东师，主计者误命牛车四千三十乘飞刍越太行"。

以上十件事情，第一、第六条是对东都内侍省、内诸司使的纠察。第二、第五条是对河南府官员的监察。第三、第四、第八、第九、第十都是针对洛阳周边藩镇以及藩镇所领州的弹奏。第七条虽是针对东都内治安的监察，所奏是对留守府、河南府工作的弹奏，不过事情还牵涉到藩镇在都城进行违法活动，也是对藩镇的监察。综上可知，东都御史台对于分司、留守府、河南府以及周边藩镇都有监督之责。

东都御史监察的范围除元稹所提到的都城内以及周边诸州外，东都所在的都畿，也是重点监察范围。德宗时穆赞"累迁京兆兵曹参军、殿中侍

---

① 《唐会要》卷六〇《殿中侍御史》，第1240页。
② 《册府元龟》卷一五三《帝王部·明罚二》，第1710–1711页。
③ 《旧唐书》卷一四《宪宗纪上》，第417页。

御史，转侍御史，分司东都。时陕州观察使卢岳妾裴氏，以有子，岳妻分财不及，诉于官，赞鞫其事。御史中丞中丞卢佋佐之，令深绳裴罪，赞持平不许。宰臣窦参与佋善，参、佋俱持权，怒赞以小事不受指使，遂下赞狱。侍御史杜伦希其意，诬赞受裴之金，鞭其使以成其狱，甚急。赞弟赏，驰诣阙，挝登闻鼓。诏三司使覆理无验，出为郴州刺史"。① 穆赞审理的卢岳妾裴氏事发生在陕州，陕州为东都畿所辖之州。

除监察其他机构外，御史台本身也是御史监察的对象。贞元年间，东都御史台胥吏众多，肆意为害民间，《石解墓志》载：

> （贞元）十七年七月，除侍御史，留东都台。台有子来小吏百人，缘附为奸，发求民间阴事，投书削名行，风闻责牒，人多愁恐。公曰：御史司风俗之乖缪，察奸恶之冤淫。刑讼威狱，府尹之职也。尽锄去不省。踰月，吏半引归。先是，台有积年役利，以给餐钱，户死伍逃，分责乡里。公显列姓名，除版蠲籍，发修廨赢资，减公食储费，洛中人至今诵之。同官嫉胜，谮诉台丞，以疾免职。②

墓志中记载石解居东台期间两件大事。其一是严整台纪。御史台里不请自来的吏将近百人，他们四处打探民间隐秘的事，在投交书信时隐去名声、品行，然后再来根据传闻责牒扰民。石解到来之后，打击了这种行为。御史台小吏众多跟整个唐代胥吏阶层的发展有关，"隋唐以后，胥吏已逐渐成为一个工作性质明确、与官员并立的职业群体，胥吏与官员之间的边界已清晰。"③ 以往典章制的记载中只有东台御史中丞、侍御史、殿中侍御史、监察御史的员额，④ 此墓志所载东台"子来小吏"（"子来"即不请自来）甚多，多达百人之众，可窥见唐后期中央机构分司中胥吏的情况。

---

① 《旧唐书》卷一五五《穆宁附穆赞传》，第4115-4116页。亦见《册府元龟》卷三三八《宰辅部·专恣》，第3812-3813页。
② 《大唐西市博物馆藏墓志》349《石解墓志》，第755页。
③ 叶炜：《南北朝隋唐官吏分途研究》，北京大学出版社2009年版，第173页。
④ 《唐会要》卷六〇《东都留台》，第1233-1234页。

石解到东台所做另一事就是整顿本台食利本钱。墓志中提到"积年役利，以给餐钱"。据李锦绣的研究，中央以及地方"公厨"的来源是公廨本钱以及食利本钱。① 侍御史中一人掌管公廨杂事，《唐六典》卷一三《御史台》侍御史条，注云："侍御史年深者一人判台事，知公廨杂事等。"②《通典》卷二四《职官六》云："侍御史之职有四：谓推（注云：推者，掌推鞫也）、弹（掌弹举）、公廨（知公廨事）、杂事（台事悉总判之）。"③《新唐书》卷四八下《百官志三》载："侍御史六人……次一人知公廨。"④ 从以上诸记载可知，一名侍御史掌公廨以及杂事。记载中所云虽是中央御史台的规定，不过东都御史台分司有侍御史，亦应掌公廨杂事。从石解整顿本台公廨钱来看，其所任东台侍御史应专掌公廨钱。

关于东台公廨本钱的数额，贞元十二年（796）条陈中央各机构食利本钱（公廨本钱中主要部分），御史台为 18591 贯，东都御史台为 500（5000）贯。⑤《唐会要》卷九三《诸司诸色本钱下》：

> （元和十一年）九月，东都御史台奏："当台食利本钱，从贞元十一年至元和十一年，息利十倍以上者二十五户；从贞元十六年至元和十一年，息利七倍以上者一百五十六户；从贞元二十年至元和十一年，息利四倍以上者一百六十八户。伏见去年京畿诸司本钱，并条流甄免，其东都未蒙该及者，窃以淮寇未平，供馈尚切，人力少疲，衣食屡空。及纳息利年深。正身既没，子孙又尽，移徵亲族旁支，无支族散征诸保人，保人逃死，或所由代纳，纵倪筅孤独，仰无所依，立限踰年，虚系钱数，公食屡阙，民户不堪。伏乞天恩，同京诸司例，特甄减裁下。"敕旨，从奏。⑥

---

① 李锦绣：《唐代财政史稿》（第三册），第 57–59 页。
②《唐六典》卷一三《御史台》，第 380 页；亦见《旧唐书》卷四四《百官志三》侍御史条注文。
③《通典》卷二四《职官六》，第 672 页。
④《新唐书》卷四八下《百官志三》，第 1237 页。
⑤《唐会要》卷九三《诸司诸色本钱上》，第 1988–1989 页；《册府元龟》卷五〇六《邦计部·俸禄二》，第 5762 页。其中东都御史台《唐会要》载为 500 贯，《册府元龟》为 5000 贯，未知孰是。
⑥《唐会要》卷九三《诸司诸色本钱下》，第 1993–1994 页。

史籍记载中不见有东都其他分司机构的公廨钱，仅东台单列，更见东都御史台在分司机构中的独特性。

从唐前期开始设置的东都御史台，到后期，一直稳定、有序地运转，直到唐末，依然发挥监察作用。《新唐书》卷一四六《李郺附李磎传》：

> 大中末，擢进士，累迁户部郎中，分司东都。劾奏内园使郝景全不法事，景全反摘磎奏犯顺宗嫌名，坐夺俸。磎上言："'因事告事，旁讼他人'者，咸通诏语也。礼，不讳嫌名。律，庙讳嫌名不坐。岂臣所引诏书而有司辄论奏？臣恐自今用格令者，委曲回避，旁缘为奸也。"诏不夺俸。①

此事，据《册府元龟》卷三《帝王部·名讳》注文略详："咸通十二年，分司侍御史李磎进状曰：臣准西台牒及金部，称奉六月二十七日敕内园院郝景全事奏状内讼字音与庙讳同，奉敕罚臣一季俸者……寻免所罚。"②李磎以户部郎中分司东都，弹劾内园使郝景全，弹劾之事应御史所为。到唐末时，东台还存在，天祐二年（905）去世的卢子章，其神道碑云："乞以散秩就养，拜国子博士，分务殆十年。公议所迫，迁侍御史，领东台之务。"③

以上通过对唐代东都御史台机构、人员的考察，可见唐后期东都御史台为分司机构中最为重要的部门，发挥监察的作用，监察河南府、留守府、分司、藩镇的官员，监察的地理范围除东都、东都畿内，还有周边藩镇所属之州。

表4-7 史籍、碑志所见东都御史台历任人员统计

官职	时间	姓名	材料	材料出处
左台殿中侍御史	景云元年（710）	李邕	留台侍御史李邕遇重福于天津桥，从者已数百人	《资治通鉴》卷210景云元年八月条
守御史中丞	睿宗时	崔沔	敕：朝请郎守尚书虞部郎中，崔沔……可守御史中丞，知东都留台司	《文苑英华》卷393苏颋《授崔沔御史中丞制》

---

① 《新唐书》卷一四六《李郺附李磎传》，第4746页。
② 《册府元龟》卷三《帝王部·名讳》，第36页。
③ 司空图著，祖保泉、陶礼天笺校：《司空表圣诗文集笺校》，安徽大学出版社2002年版，第235页。

第四章 唐后期东都分司再考察

续表

官职	时间	姓名	材料	材料出处
殿中侍御史	天宝三年（744）以前	张敬舆	复拜监察御史，岂唯直行，无回抑，乃方见用。迁殿中侍御史兼东京留台。铁冠埋轮，则豺狼当路，绣衣持斧则朝廷侧目，迁户部员外，转本司郎中	《秦晋豫新出墓志搜佚续编》551《张敬舆墓志》
御史中丞	天宝十四载（755）	卢奕	（卢杞）父奕，天宝末为东台御史中丞；洛城为安禄山所陷，奕守司而遇害	《旧唐书》卷135《卢杞附卢奕传》
监察御史	大历三年（768）	郑日华	迁监察御史，朝北暨诸道将帅如受其赐，到于今称之。及奉诏罢使归台，朝纲警肃，以谅直见惮，分司东台。岁余，除河南府士曹参军	《洛阳新获七朝墓志》289《郑日华墓志》
殿中侍御史	大历八年（773）	薛某	殿中侍御史河东薛公，朝之望也，复修旧职，凛然生风，秦官汉仪斯不替矣。乃篆《石题记》使人不遗，聊纪于近，庶昭厥德。始自乾元岁掌留务者，次而书之，以垂于后。大历八年月日记	赵骅《东都留台石柱记》①
御史中丞	建中二年（781）	郑叔则	建中二年六月，以检校秘书少监、永平军节度副使郑叔则，为御史中丞、东都留台，充东都畿汝观察处置使	《唐会要》卷60《东都留台》
殿中侍御史	约德宗时	孔戡	举明经登第，判入高等，授秘书省校书郎、阳翟尉，入拜监察御史，转殿中，分司东都	《旧唐书》卷154《孔巢父附孔戡传》
侍御史	德宗时	韦某	即拜东台侍御史，参画惟允，持绳不回，河洛之闲，风声尚在	《吕衡州文集》卷6
御史中丞	贞元六年（790）前	诸葛馔	大历初即专知仓廪，今东台御史中丞姚其时在洛阳尉，后迁丞，两任监仓，公即首末从事	《秦晋豫新出墓志搜佚续编》688《诸葛馔墓志》
转殿中侍御史	贞元九年前（793）	王绾	公真拜本官，分务司东至宪府	《全唐文补遗》（千唐志斋新藏专辑）《王绾墓志》
侍御史	贞元十年（794）前后	穆赞	累迁京兆兵曹参军、殿中侍御史，转侍御史，分司东都	《旧唐书》卷155《穆宁附穆赞传》

---

① 《全唐文》卷三三，第3349页。"赵骅"，原作"赵晔"，据其子《赵宗儒墓志》改，见赵振华：《唐宰相〈赵宗儒墓志〉研究》，收入其著《洛阳古代铭刻文献研究》，三秦出版社2009年版，第395—396页。

续表

官职	时间	姓名	材料	材料出处
御史中丞	贞元十六年（800）	姚齐梧	贞元十六年十二月，以给事中姚齐梧为御史中丞，仍东都留台	《唐会要》卷六〇《东都留台》
侍御史	贞元十七年（801）	石解	十七年七月，除侍御史，留东都台	《大唐西市博物馆藏墓志》349《石解墓志》
殿中侍御史	元和初	张孝权	拜监察御史，经二年拜真御史，明年分司东台，转殿中	《韩昌黎文集校注》卷29
御史中丞	元和二年（807）	卢坦	元和二年四月，以刑部郎中兼侍御史知杂事卢坦为御史中丞，东都留台	《唐会要》卷60《东都留台》
殿中侍御史	元和八年（813）	李虚中	未几，御史台疏言行能高，不宜用外府，即诏为真御史，半岁分部东都台，迁殿中侍御史	《唐代墓志汇编》元和065《李虚中墓志》
监察御史	元和四年①（809）	元稹	（元和五年春二月）东台监察御史元稹摄河南尹房式于台，擅令疏务，贬江陵府士曹参军	《旧唐书》卷14《宪宗纪上》
不详	元和十三年（818）	崔元略	元和十三年，以李夷简自西川征拜御史大夫，乃命元略留司东台。寻除京兆少尹，知府事，仍加金紫	《旧唐书》卷163《崔元略传》
殿中侍御史、监察御史	元和后期	王衮	俄以本官归御史府。满岁，转殿中，皆留台为监察	《唐代墓志汇编》大和054《王衮墓志》
殿中侍御史	德宗时	孔戡	举明经登第，判入高等，授秘书省校书郎、阳翟尉，入拜监察御史，转殿中，分司东都	《旧唐书》卷154《孔巢父附孔戡传》
侍御史	长庆年间	郑鲂	君忠恪敢直言，素所蕴蓄，咸切时病，谏书屡奏闻者壮之，满秩，除侍御史，留台东都	《洛阳新获七朝墓志》333《郑鲂墓志》
不详	宝历二年（826）	郑居中	敕命虽行，朗拒而不纳，冕竟改太常博士，居中分司东台	《旧唐书》卷168《独孤郁附独孤朗传》
殿中侍御史	约大和年间	崔太守	尝以殿中侍御史分宪东都	《洛阳续集》326《元侗墓志》②
监察御史	大和九年（835）	杜牧	俄真拜监察御史，分司东都	《旧唐书》卷147《杜佑附杜牧传》

---

① 周相录撰：《元稹年谱新编》，上海古籍出版社2004年版，第74-75页。
② 《洛阳流散唐代墓志汇编续集》为列表方便，简称《洛阳续集》。

第四章 唐后期东都分司再考察

续表

官职	时间	姓名	材料	材料出处
殿中侍御史	会昌初	白敏中	会昌初，为殿中侍御史，分司东都，寻除户部员外郎，还京	《旧唐书》卷166《白敏中传》
殿中侍御史	大中九（855）以后	杨授	授字得符，大中九年进士擢弟，释褐从事诸候府，入为鄠县尉、集贤校理。历监察御史、殿中，分务东台	《旧唐书》卷176《杨嗣复附杨授传》
殿中侍御史	大中十年（856）前后	李庚	朝议郎行殿中侍御史分司东都	《唐代墓志汇编》大中115《李程墓志》
殿中侍御史（存疑）	大中年间	刘曾	朝请大夫守德王友摄殿中侍御史上柱国分司东都①	《唐代墓志汇编》大中025《郑镐墓志》
殿中侍御史、侍御史	咸通二年前（861）	卢缄	征为殿中侍御史。岁满，转侍御史，皆司东都台事	《全唐文补遗》（千唐志斋新藏专辑）《卢缄墓志》
殿中侍御史	咸通三年（862）前	皇甫鉟	旋以东台不理，诏公分司东都。之至止之日，适有大估干法，傍恃权力	《全唐文补遗》（千唐志斋新藏专辑）《皇甫鉟墓志》

通过对唐后期分司机构的发展历程，特别是对御史台的考察，可看出分司的沿革大致经历了这样的过程：自天宝年间开始，尚书省"掌诸事"的分司开始普遍增多。天宝初年始，以六部尚书等官"判尚书省事"充东都留守，东都留守也成为分司的长官。安史之乱后到唐末，东都分司有尚书省、秘书省、御史台、寺监、禁卫军、东宫王府官的官员分司，亦有宫官内侍省、内诸司使在东都，不过不加"分司"二字。这些分司机构中，尚书省、寺监等机构的分司负责与中央相关的具体事务，如祠部、国子监等，东都御史台一直发挥着监察作用，为东都分司机构中职能最重要者。贞元、元和开始，东宫王府官大量授予，具有明显品位意义。唐后期东都分司呈现出这样的特点：

第一，事务性机构分司东都者，一般发挥着实际作用。分司东都的尚

---

① 按：此处并未说明刘曾"分司东都"是以何种官职，是"德王友"还是殿中侍御史分司。亲王府官分司东都未晚唐所常见，如亲王傅等。

书省机构并非全部的六部二十四司，目前可见有户部、仓部、驾部、礼部、兵部分司，刑部一般不设分司。此外，诸寺监官也承担着具体职能，并非毫无所为。

第二，东都御史台在分司机构中发挥重要功用，其地位与一般分司机构不同。东都御史台为分司中的枢要部门，发挥有力的监察作用，不仅监察分司东都的众官员，还包括东都留守府、河南府官员以及都畿与周边藩镇。

第三，宫官、内侍省、内诸司使，都在东都分设机构，置人员，但不带"分司"二字。宫官、内侍省的存在是因为洛阳有东都之名与地位，宫殿具备，因此宫官、内侍省等官都需设置。另外需要注意的是东都的内诸司使，以往只注意到长安有内诸司使，而本书所见，唐后期洛阳也设置内诸司使。

第四，贞元、元和后，东宫、王府官授受众多，成为散号。

第五章 东都留守府、分司、河南府关系考察

唐后期,东都成为不同层级的官僚机构的聚集地,留守府、河南府、分司机构林立,共同维护东都的地位与秩序。东都留守府为东都、都畿地区最高行政机构,负责东都以及都畿范围内的政务,所谓"国之都府,半在东周。未遑时巡,方委留镇"。① 河南府作为河南一府的地方机构,主要负责河南府内的民政。东都分司诸机构中,御史台起监察作用,可监察留守府与河南府。这些机构中留守府与河南府职能看似重复,不过仔细观察会发现他们不存在冲突,而且具有协作性。本章从军政、民政、财政收入等方面入手,考察留守府与河南府的异同,兼论及分司中的御史台与两者的关系。

第一节 东都留守府、分司、河南府关系考察

东都留守府守卫东都以及都畿地区,河南府职能在河南府一地,就管辖范围来看,留守府无疑大于河南府。不过从留守府、河南府长官的职掌上看,两者似乎并无太多不同之处,均是维护都城的秩序。《唐六典》中规定京兆、河南、太原三府府尹,职能旨在"清肃邦畿,考核官吏,宣布德

---

① (唐)白居易著,谢思炜校注:《白居易文集校注》卷一八,中华书局2011年版,第940页。

化、抚和齐人、劝课农桑、敦谕五教"。① 至于东都留守的具体职能，制度中虽未有明确的规定，程存洁据材料归纳为"守卫东都、实行教化、维护东都社会治安、修葺东都、发展畿内经济和主管畿内兵民财政等"。② 从表面看这与河南府职差相关不大。不过，两府在具体职能侧重点上有所不同。

先来看两府长官的任命。《新唐书·百官志》文下注云："初，太宗伐高丽，置京城留守，其后车驾不在京都，则置留守，以右金吾大将军为副留守；开元元年，改京兆、河南府长史复为尹，通判府务，牧缺则行其事；十一年，太原府亦置尹及少尹，以尹为留守，少尹为副留守：谓之三都留守。"③ 这里讲太原尹为留守，至于东、西都留守是否是这样的呢？孙国栋曾认为"留守东都必带河南尹，这是唐代的通例"。④ 事实上，《新唐书》所载仅仅是对太原府的规定，翻检史书，太原尹必带留守。⑤ 东都留守由河南尹兼任的情况为少数情况，仅在特殊时期兼任。如安史之乱中，李巨于乾元元年（758）四月为"东京留守、河南尹，充（东）京畿采访处置使"；⑥ 郭英乂于宝应元年（762）"诏领东京留守，又兼河南尹"；⑦ 宝应元年（762），授卢正己工部尚书、河南尹、东都留守；⑧ 唐末张全义长期任东都留守、河南尹。通常情况下，东都副留守常由河南尹兼任，权德舆《谢河南尹裴次元充东都副留守状》云"旧制河尹，多兼副职"，⑨ 本书第二章讨论留守系统文职僚佐时已有论及，此不赘言。

再来看两府职能相同之处，这表现在治安保民、维护都城治安秩序上，河南尹与留守都有这样的职责。元和九年（814）洛阳城内发生一起行凶案，横海军节度使程执恭欲娶崔家妹不得而派人行凶，《册府元龟》

---

① 《唐六典》卷三〇《京兆河南太原三府官吏》，第749页。
② 程存洁：《唐代城市史研究初编》，第45—47页。
③ 《新唐书》卷四九下《百官志四下》文下注，第1311页。
④ 孙国栋：《从〈梦游录〉看唐代文人迁官的最佳途径》，收入其著《唐宋史论丛》，第83页。
⑤ 李军：《新出李宽碑志与唐初政局》，《东岳论丛》2018年第3期。
⑥ 《旧唐书》卷一〇《肃宗纪》，第252页。
⑦ 《文苑英华》卷八九一元载《故定襄王郭英乂神道碑》，第4689—4690页。
⑧ 《文苑英华》卷三八七贾至《授卢正己工部尚书河南尹东都留守制》，第1973—1974页。
⑨ 权德舆撰，郭广伟校点：《权德舆诗文集》卷四六《谢河南尹裴次元充东都副留守状》，第728页。

载:"崔应为沧景从事,节度使程执恭尝欲娶其妹,不可,遂弃职归洛中。执恭衔之,遣贼就杀,不克。"①由于都城责任人处理不力,事发后,中央对河南府与留守府进行责罚:"河南尹职在摘发奸盗,隐伏无遗。今河南府劫杀崔应家贼,彰暴若斯,收擒不获,致使漏网,得非慢官?其河南尹及本县令、捕贼官,宜各罚一月俸料,其捕贼官至较考日仍书下考,其留守下本巡所由,宜委权德舆节级科罚。"②洛阳城里崔应家发生行凶案,身为河南府地方长官的河南尹以及洛阳或河南县的县令、捕贼官因捕贼不力受罚,东都留府中巡逻的吏卒,由身为东都留守的权德舆进行处罚。③崔应家所发生的所谓家贼一事的起因是节度使程执恭想要娶崔家妹妹不得而派人行凶。④此案件发生在洛阳城内,河南府与留守府官员因捕贼不力均受处罚,可知两府官员在维护都城一般治安的问题上,职能比较一致。

在维护都城一般的治安秩序上,留守府跟河南府责无旁贷。留守府下设有专门负责都城安全的左右街使。张季戎"(会昌三年)冬末,司空李公以公才兼文武,可寄重难,加同防御副使兼右街使。自雒之南,三领其二,伐冬聚攦,夜大无惊"。⑤咸通十一年(870)去世的魏顼,曾"补充左街使,载理天衢,掌闻奸宄"。⑥

不过,唐后期的洛阳城不仅仅是普通的城市,更是唐朝的东都,洛阳成为藩镇设置留邸、留后院的地方,⑦因此洛阳成为淮西、淄青等藩镇经常觊觎、侵扰的地方。上文所述横海军节度使程执恭派人到洛阳行凶一事以及元稹任东都御史时所奏"田季安盗娶洛阳衣冠女"等事,都可以看出藩

---

① 《册府元龟》卷七八一《总录部·节操》,第9058页。
② 《册府元龟》卷一五三《帝王部·明罚二》,第1710-1711页。
③ 赵璐璐指出这里对捕贼官处罚更重,因其是第一责任人,府县长官是连带责任。见《唐代县级政务运行机制研究》第134-135页。
④ 权德舆任东都留守的时间是在元和八年至九年(813—814),见《旧唐书》卷一五《宪宗纪下》,第446页。
⑤ 《唐代墓志汇编》大中056《张季戎墓志》,第2292页。
⑥ 《唐代墓志汇编》咸通086《魏顼墓志》,第2446页。
⑦ 这类留邸在洛阳只见到有李师道设置的,未见更多,貌似未形成固定制度,跟长安的藩镇进奏院不同,见万晋《"变动"与"延续"视角下的唐代两京研究》,第96-102页。

镇对洛阳的骚扰。留守府因与藩镇属于同类节度、防御使级别，又拥有留守、防御兵，所以在维护都城的安全上，留守府承担更多职责。《资治通鉴》卷二三九"元和十年（815）八月"条载：

> 李师道置留后院于东都，本道人杂沓往来，吏不敢诘。时淮西兵犯东畿，防御兵悉屯伊阙；师道潜内兵于院中，至数十百人，谋焚宫阙，纵兵杀掠，已烹牛飨士，明日，将发。其小卒诣留守吕元膺告变，元膺亟追伊阙兵围之；贼众突出，防御兵踵其后，不敢迫，贼出长夏门，望山而遁。是时都城震骇，留守兵寡弱；元膺坐皇城门，指使部分，意气自若，都人赖以安。①

最终留守兵在山谷中将李师道的叛军消灭殆尽，将主犯訾嘉珍、门察二人送京师，查验此事时发现"留守、防御将二人及驿卒八人皆受其（李师道）职名，为之耳目"。留守府中的留守、防御兵都被藩镇收买，可见藩镇平时在东都活动的事实。李师道聚集兵力上百人，意图在东都发动叛乱，最后被留守挫败，留守能够平定这场叛乱的原因在于留守府中有留守兵与防御兵，留守府提供的这种防护是河南府所不具备的。

在发展畿内经济，保障民生方面，留守府与河南府都承担这样的职责。宝应元年（762）在授卢正己为东都留守的制书中云："是用命尔问疲瘵之俗，政必以宽，化迁习之人，谟必以义，劝农穑之务，事必以静，禁侵渔之暴，令必以严。"② 大历二年（767）张延赏"检校河南尹、兼御史中丞、充东都副留守、河南水陆转运使，仍充诸道营田副使、专知都畿营田事"，③ 专门负责东都畿内营田一事。到任之后，他"勤身率下，政尚简约，疏导河渠，修筑宫庙，数年间流庸归附，邦畿复完，诏书褒美焉"。④ 韩云卿所撰《河南尹张公碑》详细叙述了治理的经过："外务经简，内无燕嬉；劝沮以仁，休息以和；视人犹身，视邦犹家。一年流亡磨至，二年土壤咸

---

① 《资治通鉴》卷二三九元和十年（815）八月条，第7715-7716页。
② 《文苑英华》卷三八七贾至《授卢正己工部尚书河南尹东都留守制》，第1793-1794页。
③ 《文苑英华》卷四〇六《授张延赏河南尹制》，第2060页。
④ 《旧唐书》卷一二九《张延赏传》，第3607页。

第五章 东都留守府、分司、河南府关系考察

辟，三年公给人足，家有余积。疏达河渠，导塞堤封，沟洫化为通川，山木流于郡国。乃立宗庙，乃建寝殿，变邱墟为闾里，散灾梫为和气。公府若虚，户庭不扃，牛马产畜，牧而不羁。"可知张延赏在发展畿内经济，保障河南府民生方面的成绩。贞元二年（786）崔纵任东都留守时，"是时兵革甫定，民耗六七，纵悉心求瘼，为理简易。先是，戍边之师由洛阳者，储饩取办于编户。纵始官备，不徵于人，令五家相保，俾自占告发敛，以绝胥吏之私。又引伊、洛水以通里闾，都中灌溉济不逮为十一二，人甚安之。"① 贞元十八年（802）顾少连任东都留守、防御使，"以洛苑闲田，汝坟旷土，乞田积粟，务稼勘分，贞我师律，载清东夏"。② 房式于元和年间任河南尹，"时讨王承宗于镇州，配河南府馈运车四千两，式表以凶旱，人贫力微，难以徵发，宪宗可其奏，既免力役，人怀而安之。"③ 从以上事例来看，河南尹、留守都有发展畿内经济，保障民生的职责。

不过，河南尹职责除维持治安、保民等工作外，其经济职责更为重要，主要表现在赋税征收以及盐铁转运等方面。相当长的时间里，河南尹兼水陆运使，此处不再展开，下节再作讨论。综观留守府的众多职责中，军政是其主要职责，留守兼任观察使、防御使，这是留守府不同于河南府的地方。在任命留守时强调"董制军师，安集疲瘵，统御都邑，提持纲纪"，④ "贞我师律，载清东夏"，⑤ 突出其军政职能，这是留守与河南尹职责不同的地方，也是两府职能不同的地方。此外，河南府作为地方行政机构，虽与留守府共同致力于东都秩序的维护，不过两者之间毕竟属于不同的行政机构，他们之间也会有摩擦的时候。《文苑英华》卷六一九《河南府论被谤表》中载：

---

① 《旧唐书》卷一〇八《崔涣附崔纵传》，第3281页，载崔纵"除吏部侍郎、寻检校礼部尚书、东畿唐汝邓都观察使、河南尹"。然据《旧唐书》卷一二《德宗纪上》。陆贽《崔纵东都留守制》、穆员《河东盐池灵庆公神祠碑阴记》、韩愈《窦牟墓志》均载崔纵为东都留守，《旧唐书》卷一〇八所云"河南尹"当误。
② （唐）杜黄裳、韦夏卿撰《东都留守顾公神道碑》，见《文苑英华》卷九一八，第4832-4833页。
③ 《旧唐书》卷一一一《房琯附房式传》，第3326页。
④ 《陆贽集》卷八《贾耽东都留守制》，第243页。
⑤ （唐）杜黄裳、韦夏卿撰《东都留守顾公神道碑》，见《文苑英华》卷九一八，第4833页。

闻谤臣之词，以惊听为务。或云父子相食，或云盗贼公行，山谷之间已有结聚，或云坊市之内亦至流亡。傥或上达天听，则贻忧圣虑，又臣不得不辩二也。臣某中谢。臣伏以邻近数州，去年皆同水旱，惟当府一境，前年先有水灾，既已积忧，又加再歉，其间数县人户，顷者实多逃移，据两税案所有未归人户，尚有一千五百已下，有负奖任，不胜忧惶。自蒙陛下恩慈，特发仓储赈贷，安业者无不懽忻，逐食者渐已迁还。幸灾之人，腾谤益甚，致兹嫌怒，实此根由，盖缘臣自到任已来，事有不幸，曾正冤狱，尝奏贪官。且狱是圣衷所明，幽魂知感；赃是疲人之害，疎网不容。当官而行，于臣何有？今则彝章虽举，众怒遂深，乃于道路邮亭造其飞语，又于往来使客扬此虚声，转至沸腾，布于远近。且谤臣者以去臣为限，臣不去不休。臣若尚安居，谤亦滋甚。向念时雨未降，人心易摇，乞罪微臣，以安百姓。今月十九日又得南市署承张斌状送留守牒市之意，似欲慰人户，详其牒内之词，虑摇动愚下。其牒云："户口流散，村落空虚，恐依山林，变为狂寇，攘窃道路，隔硋往来"者。今地即王畿，有事尚令密启，人皆服化，虚词岂可榜陈？敢言不利府司，又恐惑于远听。臣伏以俱承寄任，贵务和同，今日故就皇城，自取商议，既至门首，又不见臣。臣忧惧转深，不敢不奏。其市牓诸县，见拟移牒请其且收。臣既昧通方，辄陈事体，兢惧战越，不知所裁。今东都幸有台省之官，悉是朝廷所择，职为耳目，身在都城，固谙纤微，望委勘察。①

从河南尹上诉的内容可知，河南府要保障本府的民生工作，表中讲留守对河南尹避而不见的情况，反映出都畿的两府这两个不同层级行政机构之间的摩擦。好在"东都幸有台省之官"，有御史台与尚书省的存在，这里也点明了东都分司台省的重要性。东都台省的职责之一就是对留守、河

---

① 《文苑英华》卷六一九《河南府论被谤表》，第3212—3213页。

南府官员的监察。贞元十七年（801）石解任东都御史台侍御史，讲到"御史司风俗之乖缪，察奸恶之冤淫。刑讼威狱，府尹之职也"。① 这里石解强调御史跟府尹不同之处，御史台享有的只是"推"权，河南尹负责本地区的司法审判权。元和五年（810）春二月任东台监察御史的元稹，"摄河南尹房式于台，擅令停务，贬江陵府士曹参军"，② 此处元稹虽因"擅令停务"被贬，但可看出东都御史台对河南府官员的监察情况。

综上来看，东都留守府职能重在保证东都、都畿及中原地区的稳定，留守兼任都畿的防御使，其下留守兵、防御兵层级分明，重在军政职能。河南府是地方机构，更多在于发展地方经济，处理民生问题。至于分司机构中，与两府关联较为密切的是御史台，御史台对两府都起监察的作用。

第二节　留守府与河南府财政来源考察

本节主要考察东都留守府的财政来源状况，至于财政支出方面，主要体现为供军以及留守府公廨开销，因材料的缺乏而不再加以探讨。对留守府财政来源的考察，会涉及中央财政与地方财政，中央、藩镇、州的财政关系等唐代财政中的诸多问题，此处无意于讨论这些宏大的议题，仅探讨留守府与河南府两者的财政来源，以期对东都留守府与河南府有更进一步了解，深化对安史叛乱后洛阳的认识。

留守府作为东都地区最高行政机构，中央每年拨给东都留守府一定经费，具体包括公廨本钱、军费与杂给用钱等。

1. 公廨本钱

唐代各级行政机构都有公廨本钱拨款，具体到东都留守府也应有公廨

---

① 《大唐西市博物馆藏墓志》349《石解墓志》，第755页。
② 《旧唐书》卷一四《宪宗纪上》，第430页。

本钱。受材料所限，具体数额不得而知，此处可参考国家拨给同类行政机构的公廨本钱作一推测。开元年间每年拨给京兆、河南府公廨本钱各3800贯。① 贞元十二年（796）条陈中央各机构食利本钱（公廨本钱中主要部分），其中西京观察使为5046.805贯，西京皇城留守为1234.8贯，此外还提到东都分司机构——东都御史台为500（5000）贯。② 这其中虽未提到东都留守、防御使的费用，或可以西京皇城留守、西京观察使所领数额作一估算。东都观察、防御使所领数额或与西京观察使大致相当，考虑到东京留守负责庞大的东都留守府，其所获钱数应高于西京皇城留守。因东都留守兼任东都畿防御使，则东都留守府所获公廨本钱当为东都防御使与东都留守数额之和，公廨营利应是留守府的重要收入来源。

2. 军费——衣赐

东都留守府所获中央行政拨款中相当部分为供军费用。因东都留守兼任东都畿的都防御使，所以防御军军费也由东都留守府管理。贞元五年（789），杜亚被任命为东都留守、都防御使，"奏请开苑内地为营田，以资军粮，减度支每年所给，从之"。③ 杜亚奏请营田的一个理由是提供军粮以减少中央军费支出。元和年间权德舆《谢每年赐钱三千贯文表》陈述东都留守府内"居守将士，仰给有司"。权德舆上任之后，因地临淮西，要求增强留守府的军事力量，不断上书中央得到肯定的回复后，又上奏请求拨给东都防御军军费。权德舆《请加置兵衣粮状》中，请求中央能尽快拨给东都新招募防御军的衣粮军费：

> 右。伏奉今月十四日敕，留镇将士宜加置二千人，速令招召者。……招募之初，须有露赍，藉其速至，必在乐从。况当冬赐之时，宜均挟纩之泽。伏望天恩许臣，招召入军者，便准旧官健

---

① 《新唐书》卷五五《食货志五》，第1397页。
② 《唐会要》卷九三"诸司诸色本钱上"，第1988-1989页；《册府元龟》卷五〇六《邦计部·俸禄二》，第5762页。其中东都御史台《唐会要》载为500贯，《册府元龟》为5000贯，未知孰是。御史台为18591贯。
③ 《旧唐书》卷一四六《杜亚传》，第3964页。

第五章 东都留守府、分司、河南府关系考察

例,给冬衣月粮。伏望下有司,且支一千,其余一半,待招召有次第后续具闻奏。①

《张季戎墓志》载:会昌年间"司徒李公又加留守讨击使兼河阴盐铁留后,每岁请受当军衣赐"。②张季戎所获当军衣赐亦为中央供军费。以上几条材料可见留守府从中央获得军费供给的情况。

3. 杂给用钱

唐后期州级、使级行政机构中大都有"杂给用钱"(亦称为杂钱)这样一项行政管理经费的支出,由两税留使、留州部分中供应,杂钱的设置对于地方财政极有必要。③留守府偶尔会利用军中杂钱进行放贷。贞元年间,东都留守杜亚"乃取军中杂钱举息与畿内百姓"。④权德舆曾于元和八年至九年(813—814)担任东都留守期间,东都留守府曾获中央每年三千贯"杂给用钱"的拨给。在其《谢每年赐钱三千贯文表》中提到:"东都留守额阙,宜令度支每年支钱三千贯文充杂给用者。伏以居守将士,仰给有司,省啬之中,经费犹阙。臣顷以地邻淮右,事切隄防,请益师徒,以崇威重。至于资用,未敢陈闻。"⑤这里提到了东都留守府将士倚赖中央"有司"的拨款,此次因经费不足,又获度支每年三千贯"充杂给用"。这里与留州、留使的杂钱不一样之处在于它来源于中央直接拨给,而非地方两税截留。

4. 自筹经费

除中央财政供给外,东都留守府相当一部分财政来源是自筹经费。陈明光指出,唐后期地方长官有一定财政自主权,自筹财力进行当地建设。⑥李锦绣指出,唐后期诸道州府的收入,除去两税截留部分外,主要通过税

---

① 《权德舆诗文集》卷四六《请加置兵衣粮状》,第727-728页。
② 《唐代墓志汇编》大中056《张季戎墓志》,第2292页。
③ 陈明光:《唐代财政史新编》第218、225页;李锦绣:《唐代财政史稿》(第五册),第431-432页。
④ 《旧唐书》卷一四六《杜亚传》,第3964页。
⑤ 权德舆撰,郭广伟点校:《权德舆诗文集》,上海古籍出版社2008年版,第724页。
⑥ 陈明光:《唐代后期地方财政支出定额包干制与南方经济建设》,《中国史研究》2004年第4期,第93-106页。

外加征、田产、经商三大类实现。①张国刚曾将两税法实施后藩镇的主要收入总结为两税、营田、各项杂税、商业收入四大项。②具体到东都留守府的情况，同唐后期众多地方长官一样，也着力于通过自筹经费增加府内收入。与诸道州府相比，东都留守府没有明确的两税截留部分。唐后期确立的两税三分制："将两税分为留州、送使、上供三部分，亦即两税三分，通过三分制，中央在诸道获取了一定比例的赋税，同时也将地方赋税的制税权、放免权及支用留州留使钱物权给予地方，通过赋税及财权分割，确立了中央与地方财政关系，也使地方财政独立的现状一直持续下来。"③地方政府的合法收入范围限定在两税留使额与两税留州额之内。④

两税法实施之后藩镇主要依赖地方两税。⑤东都留守府作为位居河南府之上的行政机构，留守又兼任东都畿的都防御使，留守府机构职官设置类同藩镇，其财政收入是否如藩镇一样截留地方两税，这是探讨留守府财政首先需要考虑的问题。就目前材料来看，尚未看到留守府直接留用两税的证据。贞元三年（787）闰五月，河南、河中府及同、华、晋、绛、陕、虢、鄜、坊、丹、延等州夏税"各送上都及留州、留都府钱八十一万贯"，⑥这里提到了留都府钱即留使钱，可视为对地方上供、留州、留使等一般情况的规定，尚不能确定河南府是否向留守府上送两税。《唐会要》卷八三载贞元四年（788）敕："其京兆府今年已后，准当府每年勒额，应合给用钱物斛斗及草者，宜便于两税内比诸州府例剋留，免其重叠请受，余送纳度支。其河南府亦宜准此"。⑦敕文中提到河南府同京兆府一样需要上供与留府，没有提及是否有送留守府部分。会昌三年（843）七月八日《减放太原及沿边州郡税钱德音》："其太原管内忻云汾代蔚朔……河南府亦是供顿往

---

① 李锦绣：《唐代财政史稿》（第五册），第410–422页。
② 张国刚：《唐代藩镇研究（增订版）》，第149–153页。
③ 李锦绣：《唐代财政史稿》（第四册），第407页。
④ 陈明光：《唐代后期地方财政支出定额包干制与南方经济建设》，第94页。
⑤ 张国刚：《唐代藩镇研究（增订版）》，第149页。
⑥《册府元龟》卷五〇二《邦计部·平籴》，第5701页。
⑦《唐会要》卷八三《租税上》，第1820页。

第五章 东都留守府、分司、河南府关系考察

来道路,比晋绛太原,即免编并,其沿路畿县及河阳汜水县秋税地头钱,量放上供一色。其合留使、留州钱物,各委本道观察使具放欠额数奏闻,当与商量。"①此亦不能说明留守府之下的河南府是否向留守府送两税。以上诸条材料,尚未明确看到留守府是否截留河南府的两税。

至于留守府中的营田、杂税、商业收入,与藩镇收入来源较为一致。营田、杂税,下文具体展开,此处仅就留守府中商业收入稍作解析。贾志刚曾注意到徐州"募市人善贾者,署以显职,俾之贸迁贿货,交易有无"。②至于东都留守府中尚未发现军中招募商人经商的记载。③前揭中央会供给留守府公廨本钱,公廨本钱置本取利是唐代长期的做法,唐后期诸司、诸使纷纷置本获利,④东都留守府亦应如此。留守府中公廨本钱外的军费、杂钱,偶尔也会用来营利。贞元年间,东都留守杜亚曾"乃取军中杂钱举息与畿内百姓"。⑤统观东都留守府自筹经费的收入途径,相当一部分是通过营田以及各种杂税的收取来实现,以下分论之。

(1)营田⑥。

营田是唐后期方镇收入的重要来源之一,亦是东都留守府自筹经费的重要途径。关于唐后期中央在东都屯田的大概状况,黄正建指出,安史之乱后到穆宗时唐王朝的屯田主要集中在内地,并提及东都有屯田。⑦《旧唐书》卷一四六《于颀传》载:"元载为诸道营田使,又署为郎官,令于东都、

---

① 《文苑英华》卷四三四,第2201页。
② 贾志刚:《唐代藩镇供军案例解析——以〈夏侯昇墓志〉为中心》,《中国社会经济史研究》2011年第4期,第2页。
③ 韩愈曾作《上留守郑相公启》云:"坐军营操兵守御、为留守出入前后驱从者,此真为军人矣;坐坊市卖饼又称军人,则谁非军人也!愚以为此必奸人以钱财赂吏,盗相公文牒,窃注名姓于军籍中,以陵驾府县。"(《韩昌黎文集校注》,第151页)这里讲的是市井之徒窜名军籍的情况。不过据《夏侯昇墓志》中所云徐州"募市人善贾者,署以显职,俾之贸迁贿货,交易有无"。这样看来,藩镇中窜名军籍的情况,有时亦是藩镇主动之举,用以创收。
④ 李锦绣:《唐代财政史稿》(第二册),第272—281页;《唐代财政史稿》(第五册),第416—418、475—480页。
⑤ 《旧唐书》卷一四六《杜亚传》,第3964页。
⑥ 黄正建在《唐代前期的屯田》(《人文杂志》1985年第3期,第79页)一文中指出,屯田、营田实为一事之两种习惯称谓,本文中不作区分。
⑦ 黄正建:《唐代后期的屯田》,《中国社会经济史研究》1986年第4期,第42—43页。

汝州开置屯田。"① 据《旧唐书·元载传》，其为营田使乃代宗初年事。② 作为诸道营田使，负责营田收入自然归中央所有。除中央在此屯田外，分司官、中官、留司军人等也纷纷在此开垦田地。《唐六典》规定："凡在京文武职事官有职分田，注云：一品一十二顷，二品一十顷，三品九顷，四品七顷，五品六顷，六品四顷，七品三顷五十亩，八品二顷五十亩，九品二顷。京兆、河南府及京县官亦准此。"③ 河南府县官员的职分田主要分布在洛阳及其周边都畿内。《新唐书·食货志》载："（开元）二十九年，以京畿地狭，计丁给田犹不足，于是分诸司官在都者，给职田于都畿，以京师地给贫民。"④ 可知自开元二十九年开始东都分司官也开始在洛阳都畿地区授予职田。除河南府与东都分司官的职田外，东都地区各级官吏纷纷在都畿附近购置田地，如李憕天宝十四载（755）担任东都留守，"丰于产业，伊川膏腴，水陆上田，修竹茂树，自城及阙口，别业相望，与吏部侍郎李彭年皆有地癖"；⑤ 李师道"多买田于伊阙、陆浑之间，凡十所处"。⑥ 以上可看到东都洛阳及其附近都畿田地被东都地区各级机构、官员占有的情况，以至于贞元五年（789）杜亚为东都留守时奏请开垦荒地时"其苑内地堪耕食者，先为留司中官及军人等开垦已尽"。⑦

在开垦东都田地的大军中，东都留守府当是主力军。东都留守重视营田，这与唐代军队营田的大背景有关，营田供军是唐代后期藩镇通常的做法，诸道设营田使。⑧ 留守府一直重视开垦田地，特别是在其管辖范围内的洛苑田地。贞元五年（789）十二月，杜亚出任东都留守，畿汝州都防御使，⑨ 在其任职期间上奏中央要求开辟洛苑地以解决军费问题：

---

① 《旧唐书》卷一四六《于颀传》，第3966页。
② 《旧唐书》卷一一八《元载传》，第3410页。
③ （唐）李林甫等撰，陈仲夫点校：《唐六典》卷七《尚书工部》，中华书局1992年版，第222页。
④ 《新唐书》卷五五《食货志五》，第1399页。
⑤ 《旧唐书》卷一八七下《李憕传》，第4889页。
⑥ 《旧唐书》卷一二四《李正己附师道传》，第3539页。
⑦ 《旧唐书》卷一四六《杜亚传》，第3964页。
⑧ 贾志刚：《唐代军费问题研究》，中国社会科学出版社2006年版，第72—82页。
⑨ 《旧唐书》卷一三《德宗纪下》，第368页。

第五章　东都留守府、分司、河南府关系考察

（杜亚）尚建利以固宠，奏请开苑内地为营田，以资军粮，减度支每年所给，从之。亚不躬亲部署，但委判官张荐、杨睍。初，奏请取荒地营田，其苑内地堪耕食者，先为留司中官及军人等开垦已尽。亚计急，乃取军中杂钱举息与畿内百姓，每至田收之际，多令军人车牛散入村乡，收敛百姓所得穀粟将还军。民家略尽，无可输税，人多艰食，由是大致流散。①

杜亚奏请开垦洛苑的田地，面临田地早已被中官以及之前留守军人开垦殆尽的现实，所以不得不挪用军中钱借给百姓以获利。虽然杜亚此次营田并没有多大实际收获，不过东都留守府一直孜孜不倦地进行营田之业，如王翃于贞元十二年（796）始任东都留守，②"既至，开田二十余屯"。③东都留守府所开垦田地中，洛苑田地是主要部分。本来东都宫苑作为皇帝的私人财产，一直都有专门机构管理。在唐前期设有东都苑总监和四面监进行管理，《唐六典》载京都苑总监、京都四面监之职责，④《唐会要》中也记载了对洛阳宫苑的管理。⑤在皇帝不再东行洛阳，尤其是安史乱后，东都宫廷苑囿的管理相当松弛。这时候，像杜亚这样的东都留守便开始对宫苑地进行开垦。顾少连于贞元十八年（802）始任东都留守、东都畿汝防御使，⑥任职期间"表禁苑及汝闲田募耕以便民"。⑦神道碑载其"以洛苑间田，汝坟旷土，乞田积粟，务穑劝分，贞我律师，载清东夏"。⑧《册府元龟》载元和三年（808）五月撤销东都畿汝州都防御使，六月"以东都防御使旧苑内营田六百五十顷。至六年，令河南府收管营种，岁终具所得闻奏，其

---

① 《旧唐书》卷一四六《杜亚传》，第3964页。对于杜亚营田的结果，杜亚的神道碑中记载稍有不同，权德舆撰《杜亚神道碑》云："以洛苑汝坟，弃地可辟，藉其力夫，颁以稼器。岁皆登成，人用洽和。地官以之省费，游手以之务本分。"（《权德舆诗文集》卷一三《杜亚神道碑》，第217页）两者记载的差异反映了个人碑志与正史这两种不同文体记事的差异。
② 《旧唐书》卷一三《德宗纪下》，第384、396页。
③ 《新唐书》卷一四三《王翃传》，第4692页。
④ 《唐六典》卷一九《司农寺》，第530页。
⑤ 《唐会要》卷六六 "西京宫苑监" 条，第1378页。
⑥ 《旧唐书》卷一三《德宗纪下》，第396、398页。
⑦ 《新唐书》卷一六二《顾少连传》，第4995页。
⑧ （清）董诰等编：《全唐文》卷四七八《东都留守顾公神道碑》，中华书局1983年版，第4883页。

· 181 ·

营田兵罢之"。① 可知，苑田田地起初由东都防御使耕种，在罢东都防御使后，其下营田兵解散，洛苑田地由河南府负责。虽然此次留守府中防御使系统经营的洛苑地暂归河南府营种，但留守府并没有放弃对洛苑地的开垦。大中五年（851）的《张季戎墓志》载："(会昌）四年夏，请公检覆苑内营田。公在留司之年，精于慎选，及检勾之日，情靡徇私"，② 这里张季戎为东都留守下掌勾检，监察洛苑屯田。

留守府还专门设置营田使。在唐后期藩镇设置营田使、营田副使已是常态，东都留守府所设营田使与藩镇所设相差无几。贞元九年（793）去世的辛广，其墓志题称云"唐东都留守都知兵马使、兼都虞候、都押衙、四军教练营田等使"，墓志中载营田使这段经历："今居守吏部尚书杜公以三公之遇遇公，以西汉营平侯之事委公。辟地利，赡军食，岁减经费，永垂丰功。公之谋也，公之力也。"③ 所谓"西汉营平侯之事"即西汉赵充国屯田一事。墓志中评价辛广像赵充国一样屯田，从而实现"闢地利，赡军食，岁减经费"。至宪宗元和三年（808）五月罢东都畿汝州都防御使及副使的敕文中提到："所管将士六千七百三十八人，数内见所管将士都防镇及宫苑中、营田、河阴、阳翟、偃师等县镇遏使，共四千六百三十人，委留守收管。"④ 这说明营田使为东都防御使下设置，在东都防御使撤销后统归留守府收管。由于东都留守兼任东都防御使，实际上在防御使撤销前，营田使亦属于留守府，营田所得亦是留守府的收入。

（2）杂税。

东都留守府所征收杂税中比较清楚的有茶税，另外，由于东都地处水运、盐铁转运的重要地理位置，留守府也介入水陆、盐铁转运事务，从中获利。

---

① 《册府元龟》卷五〇三《邦计部·屯田》，第 5721 页。
② 《唐代墓志汇编》大中 056《张季戎墓志》，第 2292 页。
③ 齐运通编：《洛阳新获七朝墓志汇编》299《辛广墓志》，中华书局 2012 年版，第 299 页。
④ 《唐会要》卷六七《留守》，第 1401 页。"其年七月"，《旧唐书》卷一四《宪宗纪上》系于"八月庚申"并云："复置东都防御兵七百人"（《旧唐书》，第 426 页）。

第五章 东都留守府、分司、河南府关系考察

唐代后期，茶税是两税之外重要的税收，这已成为学界共识。唐代首次征收茶税是德宗建中三年（782），①这次茶税征收在兴元元年（784）停止，随后贞元九年（793）重新征收。②从此，产茶及运输之要塞均设立茶场，按等级估价，十税一。到穆宗、武宗时期，茶税不断增加，至宣宗大中年间，茶税在全国财政收入中占到重要比重。唐后期，中央政府多次重申茶税作为中央财政专项收入，明确规定地方不能参与分成，然而地方政府屡屡征收茶税，归入地方财政。③

虽然洛阳地区也产茶，但唐代全国茶叶多分布在长江以南，更确切地说是秦岭淮河以南，两大产茶中心分别是江淮和四川。④《封氏闻见记》记载开元年间北方人饮茶成风俗，"茶自江淮而来，舟车相继，所在山积，色额甚多"。⑤《唐阙史》记载了一则洛阳地区商人贩卖茶叶，获利丰厚的故事："崔碣任河南尹，惩奸剪暴，为天下吏师。先是有估客王可久者，膏腴之室，岁鬻茗于江湖间，常获丰利而归。"⑥面对兴隆的贩茶贸易，东都留守府内设有专门茗司掌管茶务。魏涿"廿二（咸通元年，860），受留守衙前虞候，副知茶务；廿四，迁衙前将，务获正专"，⑦由副知茶务升为正职。魏项"年当廿有五，受同正将代□□□□，统领茗司，四远臻服，□□□□无不赏能。……犹子嗣□于茗署"，⑧其继承其业职于"茗署"掌管茶务的儿子，魏㡣于咸通九年（868）去世时仅十七岁，"统掌茶务，材副公私，全得凤毛，人皆瞻爱"。⑨魏项父子相继任职留守府内茗司，负责茶务即茶税征收一事。我们知道武宗开成五年（840）将管理茶务、收税

---

① 《旧唐书》卷一二《德宗纪上》，第334-335页。
② 《旧唐书》卷四九《食货志下》，第2128页。
③ 陈明光、孙彩红：《中国财政通史》第四卷《隋唐五代财政史》，湖南人民出版社2015年版，第216-218页。
④ 林文勋：《唐代茶叶产销的地域结构及其对全国经济联系的影响》，刊李孝聪主编：《唐代地域结构与运作空间》，上海辞书出版社2003年版，第223页。
⑤ 封演撰，赵贞信校注：《封氏闻见记》卷六"饮茶"条，中华书局2005年版，第51页。
⑥ 李昉等编：《太平广记》卷一七二引《唐阙史》"崔碣"条，中华书局1961年版，第1266页。
⑦ 《唐代墓志汇编》咸通067《魏涿墓志》，第2430页。
⑧ 《唐代墓志汇编》咸通086《魏项墓志》，第2446页。
⑨ 《唐代墓志汇编》咸通074《魏㡣威墓志》，第2437页。

之权利下放到州县。①《新唐书·食货志》所载更详："武宗即位，盐铁转运使崔珙又增江淮茶税。是时茶商所过州县有重税，或掠夺舟车，露积雨中，诸道置邸以收税，谓之'拓地钱'，故私贩益起。"②宣宗大中六年（852）盐铁转运使裴休"立税茶之法，凡十二条"：

> 诸道节度、观察使，置店停上茶商，每斤收拓地钱，并税经过商人，颇乖法理。今请厘革横税，以通舟船，商旅既安，课利自厚。今又正税茶商，多被私贩茶人侵夺其利。今请强干官吏，先于出茶山口，及庐、寿、淮南界内，布置把捉，晓谕招收，量加半税，给陈首帖子，令其所在公行，从此通流，更无苛夺。③

这里提到了节度、观察使私自征收茶税的详情，具体到东都畿范围内，茶税征收则要靠魏涿、魏项这些低级将吏去执行，李锦绣指出这是唐后期茶务管理机构的军将化表观。④于目前无法得知东都留守府所收茶税的具体数额。开成二年九月浙江观察使卢商奏："常州自开成元年七月二十六日，敕以茶务委州县，至年终所收，以溢额五千六百六十九贯。比类盐铁场院正额元数加数倍已上。伏请增加正额，诏户部盐铁商量，并请依州司所奏。"⑤浙江为产茶要地、运茶重地，其所收茶税自然倍于东都，东都作为运河转运之地，也为茶税征收提供了条件。以上从这几条记载中可以窥见东都留守府在地方茶税征收中的角色。

东都所征收茶税与唐后期在各大城市设常平本钱有关。《旧唐书》卷一二载建中三年（782）九月："判度支赵赞上言，请为两都、江陵、成都、杨、汴、苏、洪等州署常平轻重本钱，上至百万贯，下至十万贯，收贮斛斗匹段丝麻，候贵则下价出卖，贱则加估收籴，权轻重以利民，从之。赞乃于诸道津要置吏税商货，每贯税二十文，竹木茶漆皆什一税一，以充常

---

① 《册府元龟》卷四九四《邦计部·山泽二》，第5603页。
② 《新唐书》卷五四《食货志四》，第1382页。
③ 《旧唐书》卷四九《食货志下》，第2130页。
④ 李锦绣：《唐代财政史稿》（第四册），第504-505页。
⑤ 《册府元龟》卷四九四《邦计部·山泽二》，第5602页。

第五章 东都留守府、分司、河南府关系考察

平之本。"①

除茶税外，留守府还征收过其他商税。《通典》注云安史之乱后："诸道节度使、观察使多率税商贾，以充军资杂用，或于津桥要路及市肆间交易之处，计钱至一千以上者，皆以分数税之。"②虽然两税法实施之后，地方关津税被废除，但地方诸道向商贾过客征收商税的情况屡禁不止。东都留守也曾征收过关津税。安史之乱还在持续中的至德三年（758）夏四月，李巨加太子少师、兼河南尹，充东京留守，判尚书省事，充东畿采访等使，"于城市桥梁税出入车牛等钱以供国用，颇有乾没，士庶怨讟"③。不过，此为战争时期特殊情况下的非常规做法。

洛阳所在都畿地区在遍布全国的运输网中居于要地，江淮钱物在此转运。唐代后期所设众多巡院中，位于河南府的有三个，分别是盐铁转运东都院、度支东都院、盐铁转运河阴院，其中前两者位于东都内，后者位于河南县。④东都留守府亦介入盐铁转运事务中。贞元十三年（797）所记《河东盐池灵庆公神祠碑阴记》载："及东都留守礼部尚书崔公纵顷知河中院，以神之旧宫，僻在幽阻，既崇其礼，宜敞厥居，是用迁置于斯，乃饬殿堂。"⑤崔纵自贞元二年（786）至五年为东都留守，从其"知河中院"可知，留守府亦参与水陆转运事。元和三年（808）至六年，⑥郑余庆为东都留守时，署孟郊为水陆转运判官。⑦《张季戎墓志》载会昌年间以留守讨击使兼河阴盐铁留后。⑧张季戎早先为东都防御军、河阴镇遏，历留守衙前将，又加留守讨击使兼河阴盐铁留后，为河阴巡院的盐铁留后。钟辂《前

---

① 《旧唐书》卷一二《德宗纪上》，第 334 页。
② （唐）杜佑撰，王文锦、王永兴等点校：《通典》卷一一《杂税》，中华书局 1988 年版，第 250 页。
③ 《旧唐书》卷一一二《李巨传》，第 3347 页。
④ 李锦绣：《唐代财政史稿》（第四册），第 354 页。
⑤ 《全唐文》卷六二〇，第 6262 页。
⑥ 《旧唐书》卷一五八《郑余庆传》，第 4164 页；卷一四《宪宗纪上》，第 426、437 页。
⑦ 《新唐书》卷一七六《孟郊传》，第 5265 页。
⑧ 《唐代墓志汇编》大中 056《张季戎墓志》，第 2292 页。

· 185 ·

定录》记载了元和年间王璠的一则故事,①故事中涉及洛阳地区的官员有洛阳令、东都分司郎官与留守府官员,其中留守府官员的身份为"留守大将知水北院官",此官不见于他处记载,但从官职名称来看,当是留守系统兼巡院官。以上种种事例可知东都留守利用地利之便已介入河南地区水陆运、盐铁转运的工作。

巡院是中央与地方利益争夺地,地方官一直觊觎巡院的钱财,并时时趁机截留,②《新唐书》卷五二《食货志二》载德宗时州府、巡院擅自留户部钱物的情况:"户部钱物,所在州府及巡院皆得擅留。"③具体到东都,东都留守参与钱物转运的工作,也参与巡院的管理中。黄纯艳将唐代转运使的职责概括为转输上供,便宜行事的权力,与盐铁使合一,经管地区扩大,建立巡院,设立使司和留后,分设漕吏,设场造船,维护航道等。运使中有一类"州县、方镇漕以自资,或兵所征行,转运以给一时之用"多由节度兼任。④东都的情况亦如此,河南虽设有水陆转运使,但留守府亦参与到转运工作中,可以获得转运之利。

以上是对留守府财政来源的考察,相比之下,河南府的财政来源比较清晰,主要为两税,其次是其他各种附加税。

河南府的财政来源主要是两税、户税以及附加的青苗等税。贞元二年度支奏"京兆、河南、河中府,同、华、陕、虢、晋、绛、鄜、坊、丹、延等州府,秋夏两税青苗等钱物,悉折糴粟麦。听在储积,以备军食"。⑤贞元三年(787)闰五月,度支奏"河南、河中府及同、华、晋、绛、陕、虢、鄜、坊、丹、延等州,今年夏税各送上都及留州、留都府钱八十一万

---

① 钟辂纂:《前定录(续录)》,丛书集成初编本,中华书局1991年版,第16页。此条亦见《太平广记》卷一五四《定数九·王璠》注引自《续定命录》(第1109页),文稍详,其中无"留守大将知水北院官"十字。
② 贾宪保:《唐代巡院初探》,《人文杂志》1984年第3期,第96—97页。
③《新唐书》卷五二《食货志二》。
④ 黄纯艳:《唐宋发运使制度考述》,收入其著《唐宋政治经济史论稿》,甘肃人民出版社2009年版,第20—24页。
⑤《册府元龟》卷五〇二《邦计部·平糴》,第5701页。

第五章 东都留守府、分司、河南府关系考察

贯"。① 这些有关两税、附加税等具体规定中都可以看到河南府所承担的税，这些税留府部分自然也就是河南府财政的来源。河南府有明确的两税案簿，据案征收，也就是《文苑英华》卷六一九《河南府论被谤表》中提到的"据两税案"。②

除两税外，中央所拨供河南府的公廨钱，也是河南府的财政来源之一。唐前期"天下置公廨本钱，以典史主之，收赢十之七，以供佐史以下不赋粟者常食，余为百官俸料。京兆、河南府钱三百八十万"。③《册府元龟》卷四八四《邦计部·经费》载：长庆元年（821）四月己丑"河南尹韦贯之请去以年夏末至今年夏初供馆驿外残钱一万三千五百八十贯、草九万五百八十束，代百姓填元和十一年至十五年逋欠及今年夏税。从之"。④ 可知河南府还有供馆驿等钱。

河南府在水陆转运中亦承担重要职责。《唐会要》卷八七《河南水陆运使》条载："开元二年闰二月，陕郡刺史李杰除河南少尹，充水陆运使。至三年九月，毕构为河南尹，不带水陆运使。至天宝三载十一月。李齐物除河南尹，又带水陆运使。贞元十年二月，河南尹齐抗充河南水陆运使。至元和六年十月，敕'河南水陆运使'宜停。"⑤ 可知，相当长的一段时间里，河南尹兼任水陆运使，掌租赋转运。河南尹专门辟属负责水陆转运事，房式任河南尹时，"表授（何抚）左威卫兵曹参军，充水陆运巡官"。⑥ 贞元五年（789）杜亚检校吏部尚书，判东都尚书省事，充东都留守、都防御使，"厚赂中官，令奏河南尹无政，亚自此亦规求兼领河南尹，事不果"，⑦

---

① 《册府元龟》卷五〇二《邦计部·平籴》，第5701页。
② 《文苑英华》卷六一九《河南府论被谤表》，第3212–3213页。
③ 《新唐书》卷五五《食货志五》，第1397页。
④ 《册府元龟》卷四八四《邦计部·经费》，第5491页。
⑤ 《唐会要》卷八七《河南水陆运使》，第1898页。
⑥ 《全唐文补遗》（八）《何抚墓志》，第137页。
⑦ 《旧唐书》卷一四六《杜亚传》，第3964页。对于杜亚营田的结果，杜亚的神道碑中记载稍有不同，权德舆撰《杜亚神道碑》云："以洛苑汝坟，弃地可辟，藉其介夫，颁以稼器。岁皆登成，人用洽和。地官以之省费，游手以之务本分。"（《权德舆诗文集》卷一三《杜亚神道碑》，第217页）。两者记载中的差异当源于个人神道碑、墓志铭之类的文本中美化个人事迹的缘故。

· 187 ·

东都留守为什么要兼河南尹,是否就是"权力和地位的一种表征"?① 其实留守品级、地位都高于河南尹,又考虑到杜亚任留守"尚建利以固宠",他之所以要兼任河南尹恐怕不是基于官僚品级的考虑,主要原因应是经济方面的考虑,河南府负责本府两税的征收工作,并且河南尹兼任水运使,这些都是直接的财政收入,故而杜亚想要兼任。

前文已提到留守府亦参与水陆转运事务,《新唐书》卷一七六《孟郊传》载:"郑余庆为东都留守,署水陆转运判官。"元和三年至六年(808-811)郑余庆为东都留守。会昌年间,"司徒李公又加(张季戎)留守讨击使兼河阴盐铁留后,每岁请受当军衣赐。"以上几条材料,都可说明留守府参与到盐铁转运工作的事实,这是以往研究中尚未注意到的。

综上来看,安史之乱后,东都形成了以东都留守为长官的行政机构——东都留守府,作为统管河南府在内东都畿地区最高行政机构,其设置类同藩镇使府。以往对于东都留守府这个机构关注不多,更无从知晓它的财政来源。本节通过勾陈史料,发现东都留守府财政收入由两部分构成,一是来自中央供给,包括公廨本钱、军费、杂钱的供应;一是留守府自筹经费,包括营田、各种专项税等收入。与藩镇的收入相比,东都留守府没有明确的两税留使部分。至于营田、杂税、商业收入,与藩镇来源几近一致。河南府的财政来源有公廨本钱、两税留府等。从财政来源可以明显看到留守府与河南府之间分工的不同,既有合作,也有重合之处。最后需要稍作交代的是,限于材料的缺乏,目前只能稍微窥知东都留守府财政来源的大致概况,至于具体时段内的财政收入的详情,尚待以后新材料的出土。

---

① 万晋:《"变动"与"延续"视角下的唐代两京研究》,第79页。

结语　从职官设置重新认识唐代东都

唐初立国以长安为都，太宗开始积极营修洛阳城，改名洛阳宫，到高宗时正式将洛阳改为东都，成为唐王朝两都之一，两都制的状态一直延续到唐朝灭亡。

唐前期，特别是高宗到玄宗开元二十四年（736）间，洛阳是名副其实的政治中心。安史之乱后，洛阳拥有的实际都城的权力显然弱于长安，但它始终保持着"东都"这一都城的权威，维持着东都在唐帝国中的政治地位，形成独具特色的东都职官制度。对唐后期东都制度的考察，是打开安史之乱后洛阳历史的一把钥匙。

安禄山、史思明的叛军在叛乱之初攻打洛阳，洛阳的失守给唐王朝造成的冲击想必是后继皇帝都铭记在心的历史教训。当战争还在继续时，唐王朝开始在东都设留守、观察使以总其事。安史之乱后，东都留守府、东都分司的设置，强化了人们将东都作为"都"的观念意识。通过延续以往洛阳存在的中央机构留守东都的惯例，发展出留守府与分司两套不同的职官体系，一来从制度上保障东都作为都城的政治地位，二来切实起到巩固河南府，监察、震慑周边藩镇，进而起到拱卫长安的作用。唐后期，东都职官制度的特点表现为：

（1）东都形成留守府，留守府为东都最高行政机构，级别高于河南府，两府有明确的职责分工与地位界定，留守府重在军政职能，河南府重在民政职能。

（2）留守府内有留守体系与防御体系两套职官体系。两体系之下各有独自的文武僚佐设置，留守体系下的僚佐设置类同藩镇。

(3)东都分司作为中央机构的派出机构,在唐后期一直持续、有序运行,陆续安置分司官员。分司机构中有事务性机构,比如尚书省、秘书省、寺监,有与都城宫殿相关的禁卫军、宫官、内侍省等机构,其中最重要的是发挥"台省"功用的御史台。东都御史台起监察作用,职能首先在于监察东都、都畿地区留守府、河南府、分司三套职官体系的官员,其次在于对都畿周边地区的监察,进而对周边藩镇实行一定意义上的侦视与监察。唐后期形成的分司制度,并非仅仅是闲散官的授受,分司的形成也是一个逐渐的过程,"唐代的官制,与其他任何制度一样,是在施行过程中不断调整的,只有在变动之中,才能认清其实际面貌。"① 分司官的演变过程亦是如此,在不断的调整中,从前期作为中央的留司到后期成为东都分司,形成分司制度,为五代所沿袭,最终演变为宋代的分司制度。

　　安史之乱后皇帝不再行幸洛阳,洛阳政治地位"衰落",这种以往形成的看法影响了以往相关研究。安史之乱造成的人口凋敝、都城破坏状况在战乱平复后不久就迎来了恢复建设。以往的研究,过分高估安史之乱给洛阳造成的毁坏,囿于把皇帝居不居住在洛阳作为评判洛阳地位的成见。纵观唐后期,东都、都畿形成了北有河北藩镇,东南接淮西,周边有中原型藩镇拱卫的形势,居于其中的洛阳理所当然是唐廷重视之地。事实上,洛阳始终保持其作为"都"的地位,庞大的官僚系统,明确地行政机构的设置,留守府、分司官、河南府共存。大量官员集聚洛阳,这里成为文人、官员争相居住的地方。虽然自开元二十四年(736)玄宗回到长安后,唐朝的皇帝未曾再东行洛阳,不过唐后期的洛阳,从政治地位上讲依然是唐王朝的两都之一,从经济地位上来说,这里是水陆转运的重地,都畿内巡院林立,从文化上讲,大量的官员在此聚居,形成了独具特色的"分司文化"。基于此,五代时期以洛阳为西京,洛阳取代了唐代长安的西都称号,至北宋继以洛阳作为王朝的西京。

　　以往的研究,重视藩镇,重视长安,而唯独忽视了洛阳。近年来虽然

---

① 邓小南:《宋代文官选任制度诸层面》,河北教育出版社1993年版,第5页。

结语 从职官设置重新认识唐代东都

学界提出建立"洛阳学"之说,但唐后期洛阳的重要性尚未被完全发掘出来,唐代洛阳的"真实面貌"也没有完全呈现出来。本书试图从唐后期洛阳设置的职官入手,来重新认识唐代洛阳,不过,职官制度仅是认识洛阳的一个角度,对于洛阳地区的经济、文化、社会生活等内容本书并没有涉及。

附　录

一、历任东都留守统计表[①]

时间（起、讫）	姓名	主要材料	材料出处
贞观年间	蔺谟	唐蔺谟为武侯大将军令，于雒阳宫留守	《册府元龟》卷六九七《牧守部·酷虐》
贞观十七年（643）	萧瑀	贞观十七年，太宗亲征辽东……东都留守以萧瑀为之	《唐会要》卷六七《留守》
贞观十八年*（644）	阎武蓋	洛阳宫留守阎武蓋造像记 唐贞观十八年十月廿五日	《龙门石窟碑刻题记汇录》0159号
贞观二十一年（647）	周护	廿一年，奉敕于洛阳留守。廿二年，转右监门大将军	《全唐文补遗》（一）《周护碑》
贞观二十三年（649）	李勣	（二十三年六月）叠州都督、英国公勣为特进、检校洛州刺史，仍于洛阳宫留守	《旧唐书》卷四《高宗纪上》
乾封后	李晦	加云麾将军右金吾将军，寻检校洛州长史兼知东都留守	《金石萃编》卷六一《李晦碑》
仪凤元年（676）	韦弘机	仪凤元年十一月四日，司农卿韦宏机为东都留守	《唐会要》卷六七《留守》
圣历中	杨再思	圣历中，车驾在三阳宫，御史大夫杨再思、太子左庶子王方庆为东都留守	《旧唐书》卷一〇二《徐坚传》
圣历中	王方庆	同上	同上
久视元年（700）	李峤	寻检校文昌左丞、东都留守	《旧唐书》卷九四《李峤传》

[①] 与《唐代留守研究》《唐方镇年表》不同之处用 * 标出。

续表

时间（起、讫）	姓名	主要材料	材料出处
证圣初（695）*	韦巨源	证圣初，出为鄜州刺史，寻拜地官尚书、神都留守	《旧唐书》卷九二《韦安石附巨源传》
长安二年*（702）		长安二年，诏入转刑部尚书，又加太子宾客，再为神都留守	
长安三年（703）	韦安石	（闰四月）丁丑，安石为神都留守，判天官、秋官二尚书事	《新唐书》卷六一《宰相表上》
神龙二年（706）	李怀远	（七月）前左散骑常侍李怀远为左散骑常侍、同中书门下三品、东都留守	《旧唐书》卷七《中宗纪》
约景龙元年（约707）	苏瓌	又拜侍中、京师留守……转吏部尚书、东都留守	《全唐文》卷二三八《太子少傅苏瓌神道碑》
约景龙中	平贞眘	又摄詹事、东都留守	《全唐文》卷二二九《常州刺史平君神道碑》
景云元年（710）前后*	张锡	（景云元年六月）癸未，以刑部尚书裴谈、工部尚书张锡并同中书门下三品，依旧东都留守	《旧唐书》卷七《中宗纪》
景云元年（710）前后*	裴谈	（景云元年六月）癸未，以刑部尚书裴谈、工部尚书张锡并同中书门下三品，依旧东都留守	《旧唐书》卷七《中宗纪》
景云元年（710）前*	卢玢	以居守之重，拜左屯卫将军、东都留守、兼判左卫及太常卿事	《唐代墓志汇编》景云014《卢玢墓志》
景云元年（710）	崔日知	日知，日用之从父兄也。以功拜东都留守	《资治通鉴》卷二一〇景云元年八月条
景云二年至先天元年（711—712）	韦安石	（景云二年十月甲辰）安石可左仆射、东都留守	《资治通鉴》卷二一〇景云二年十月条
开元元年（713）	宋璟	开元元年十二月，遣黄门监魏知古黄门侍郎卢怀慎往东都分知选事，便令拟宋璟为东都留守摄门监过官	《唐会要》卷七五
开元三年（715）	薛登（薛谦光）	开元初，为东都留守，又转太子宾客	《旧唐书》卷一〇一《薛登传》
		开元三年诏……谦光宜充东都留守，行冲为副	《册府元龟》卷六七一《牧守部·选任》
开元四年（716）	刘知柔	开元四年十一月诏曰：如闻东都用钱，渐有变动，留守及河南尹作何检校？宜敕刘知柔、单思远稍自勉励，严加捉搦	《册府元龟》卷五〇一《邦计部·钱币三》

续表

时间（起、讫）	姓名	主要材料	材料出处
开元五年（717）前*	萧璿	是用拜公少府卿、兼知东都留守。……仍兼留守	《西安碑林博物馆新藏墓志续编》七八《萧璿墓志》*
开元六年至八年（718—720）	韦湊	六年充东都留守，八年迁右卫大将军	《文苑英华》卷九一四《韦湊神道碑》
开元十年（722）	元怀景	开元十年正月乙未，右庶子武陵公河南元公薨于东京留守之内馆	《文苑英华》卷九四〇《右庶子赠幽州都督元府君墓志铭》
约开元年间*	王怡	祖怡，河南尹、东都留守	《唐代墓志汇编》贞元025《韦公夫人墓志》
开元十一年（723）	张琦	东都留守张琦奏	南宋谢守灏编《混元圣纪》卷八
开元十一年至十三年（723—725）；开元十六年至十八年（728—730）	卢从愿	十一年，拜工部尚书，加银青光禄大夫，仍令东都留守	《旧唐书》卷一〇〇《卢从愿传》
		十六年，东都留守	《旧唐书》卷一〇〇《卢从愿传》
		十八年，复为东都留守	《新唐书》卷一二九《卢从愿传》
开元中	杨先	门下：朝议大夫、守太仆少卿、上柱国、朱阳县开国男杨先……可守司农少卿仍东都留守	《文苑英华》卷三百九十八孙逖《授杨先司农少卿制》
开元十八年至二十年（730—732）	李暠	久之，转太常卿，旬日，拜工部尚书、东都留守	《旧唐书》卷一一二《李暠传》
开元二十四年（736）	崔隐甫	二十四年，车驾还京，以隐甫为东都留守，为政严肃，甚为人吏之所叹服	《旧唐书》卷一八五下《崔隐甫传》
开元二十四年至二十八年（736—740）	李尚隐	二十四年，拜户部尚书、东都留守。二十八年，转太子宾客	《旧唐书》卷一八五下《李尚隐传》
开元二十九年（740—741）前	韦虚心	历户部尚书、东京留守	《旧唐书》卷一〇一《韦湊附虚心传》
开元二十九年（741）	裴伷先	年八十六，以东京留守累封翼城县公，卒官下	《新唐书》卷一一七《裴炎附裴伷先传》
		（开元二十九年四月）丙辰，以太原裴伷先为工部尚书。韦虚心卒	《旧唐书》卷九《玄宗纪下》

· 195 ·

续表

时间（起、讫）	姓名	主要材料	材料出处
天宝元年（742）*	王倕	东都留守王倕	《资治通鉴》卷二一五天宝元年二月条
天宝四载（745）前后*	陆景融	景融，历大理正、荥阳郡太守、河南尹、兵吏部侍郎、左右丞、工部尚书、东都留守、襄阳郡太守、陈留郡太守，并兼采访使	《旧唐书》卷八八《陆象先附陆景融传》
约天宝七载至九载（748—750）	崔翘	东京留守、礼部尚书崔翘又奏为判官	《唐代墓志汇编》天宝271《李昍墓志》
约天宝九载（750）后	张齐丘	父齐丘，朔方节度使、东都留守	《新唐书》卷一五二《张镒传》
约天宝十载至十三载（751—754）	裴迥	大中大夫、守河南尹、河南水陆运使、上柱国赐紫金鱼袋、东京留守、判留司尚书省事臣裴迥题额	《金石萃编》卷八六《大唐嵩阳观纪圣德感应颂》
天宝十三载至十四载（754—755）	苗晋卿	寻改河东太守、河东采访使，入为尚书、东京留守，征为宪部尚书	《旧唐书》卷一一三《苗晋卿传》
天宝十四载（755）	李憕	十四载，转光禄卿、东京留守，判尚书省事	《旧唐书》卷一八七下《李憕传》
至德中	崔光远	时东京居守崔光远奏公复旧官，见公隐见之节也	《唐代墓志汇编》显圣001《马望墓志》
乾元元年至二年（758—759）	李巨	（乾元元年）夏四月癸卯，以太子少师、嗣虢王巨为东都留守、河南尹，充京畿采访处置使	《旧唐书》卷一〇《肃宗纪》
乾元二年（759）	崔圆	（二年正月）庚子，以太子少师崔圆充东京留守，判尚书省事	《旧唐书》卷一〇《肃宗纪》
乾元二年（759）	郭子仪	（二年三月）丙申，以郭子仪为东畿、山东、河南等道节度、防御兵马元帅，权东京留守，判尚书省事	《旧唐书》卷一〇《肃宗纪》
乾元二年至上元元年（759—760）	韦陟	（乾元二年）秋七月乙丑朔，以礼部尚书韦陟充东京留守。……（四月）甲辰，以礼部尚书、东京留守韦陟为吏部尚书，太子宾客房琯为礼部尚书	《旧唐书》卷一〇《肃宗纪》
宝应元年（762）	郭英乂	（宝应元年十月）乙酉，陕西节度使郭英乂权知东京留守	《旧唐书》卷一一《代宗纪》
宝应元年（762）	卢正己	授卢正己工部尚书河南尹东都留守制	《文苑英华》卷三八七
广德元年至二年（763—764）	李光弼	吐蕃退，乃除光弼东都留守，以察其去就	《旧唐书》卷一一〇《李光弼传》

续表

时间（起、讫）	姓名	主要材料	材料出处
广德二年至大历三年（764—768）	王缙	（广德二年八月）癸巳，王缙兼领东京留守	《旧唐书》卷一一《代宗纪》
大历三年（768）	杜鸿渐	（大历三年八月）辛未，以门下侍郎、同中书门下平章事、山剑副元帅、太清宫使、崇玄馆大学士杜鸿渐兼东都留守	《旧唐书》卷一一《代宗纪》
大历四年（769）	裴冕	（大历四年十一月）丙子，以左仆射、翼国公裴冕同中书门下平章事，充东都留守、河南淮南淮西山南东道副元帅	《旧唐书》卷一一《代宗纪》
大历五年（770）	张延赏	（大历五年春正月）壬申，河南尹张延赏兼御史大夫，充东都留守	《旧唐书》卷一一《代宗纪》
大历七年（772）	蒋涣	（大历七年五月）癸亥，以检校礼部尚书蒋涣充东都留守	《旧唐书》卷一一《代宗纪》
大历十四年（779）	路嗣恭	（大历十四年五月）庚寅，以兵部尚书路嗣恭为东都留守	《旧唐书》卷一二《德宗纪上》
建中二年（781）	张献恭	（建中二年春正月）丁亥，检校户部尚书张献恭为东都留守	《旧唐书》卷一二《德宗纪上》
建中二年（781）	郑叔则	（建中二年五月）丙午，以检校秘书少监郑叔则为御史中丞、东都畿观察使	《旧唐书》卷一二《德宗纪上》
建中四年（783）	哥舒曜	（建中四年正月）戊戌，以左龙武大将军哥舒曜为东都、汝州节度使	《资治通鉴》卷二二八"建中四年正月"条
贞元元年（785）	贾耽	（贞元元年六月）壬午，以工部尚书贾耽兼御史大夫、东都留守、都畿汝州防御使，以汴州刺史薛珏为河南尹	《旧唐书》卷一二《德宗纪上》
贞元二年（786）	崔纵	（贞元二年九月）戊戌，以吏部侍郎崔纵检校礼部尚书、东都留守、东都畿唐邓汝防御观察使	《旧唐书》卷一二《德宗纪上》
贞元五年至十二年（789—796）	杜亚	（贞元五年十二月）辛未，以淮南节度使杜亚为东都留守，畿汝州都防御使	《旧唐书》卷一三《德宗纪下》
贞元十二年（796）	董晋	（贞元十二年三月）戊申，以兵部尚书董晋充东都留守、判东都尚书省、东畿汝都防御使	《旧唐书》卷一三《德宗纪下》
贞元十二年（796）	王翃	（贞元十二年七月）以太子宾客王翃为东都留守、判东都尚书省事、东畿汝都防御使	《旧唐书》卷一三《德宗纪下》
贞元十八年（802）	顾少连	（贞元十八年）六月癸巳，以吏部尚书顾少连为兵部尚书、东都留守、东都畿汝防御使。前东都留守、检校礼部尚书王翃卒	《旧唐书》卷一三《德宗纪下》

续表

时间（起、讫）	姓名	主要材料	材料出处
贞元十九年（803）	韦夏卿	（贞元十九年）冬十月乙未，以太子宾客韦夏卿为东都留守、东都畿汝都防御使	《旧唐书》卷一三《德宗纪下》
贞元二十一年（805）	王绍	（贞元二十一年十二月）庚子，以东都留守韦夏卿为太子少保，以兵部尚书王绍为东都留守	《旧唐书》卷一四《宪宗纪上》
元和元年至三年（806—808）	赵宗儒	元和初，检校礼部尚书，判东都尚书省事、兼御史大夫，充东都留守、畿汝都防御使	《旧唐书》卷一六七《赵宗儒传》
元和三年至六年（808—811）	郑余庆	三年，检校兵部尚书，兼东都留守。六年四月，正拜兵部尚书	《旧唐书》卷一五八《郑余庆传》
元和六年（811）	韩皋	（元和八年六月）丙戌，以东都留守韩皋检校吏部尚书，兼许州刺史，充忠武军节度使	《旧唐书》卷一五《宪宗纪下》
元和八年（813）	权德舆	（元和八年七月）癸丑，以权德舆检校吏尚书、东都留守	《旧唐书》卷一五《宪宗纪下》
元和九年至十二年（814—817）	吕元膺	（九年十月）戊辰，以尚书左丞吕元膺检校工部尚书、东都留守	《旧唐书》卷一五《宪宗纪下》
元和十二年（817）	许孟容	（元和十二年五月）己亥，以尚书左丞许孟容为东都留守，充都畿防御使	《旧唐书》卷一五《宪宗纪下》
元和十三年（818）	郑絪	（十三年）三月庚寅，以前剑南西川节度使李夷简为御史大夫。丙申，以同州刺史郑絪为东都留守、都畿汝防御使	《旧唐书》卷一五《宪宗纪下》
长庆元年至二年（821—822）	李绛	长庆元年，转吏部尚书。是岁，加检校尚书右仆射，判东都尚书省事，充东都留守。二年正月，检校本官、兖州刺史、兖海节度观察等使	《旧唐书》卷一六四《李绛传》
长庆二年（822）	裴度	（二月）丁亥，以河东节度使、司空、兼门下侍郎、平章事裴度守司徒、平章事，充东都留守，判东都尚书省事、都畿汝防御使、太微宫等使。（三月）壬子，以新授东都留守裴度为扬州大都督府长史，充淮南节度使	《旧唐书》卷一六《穆宗纪》
长庆三年（822）	李绛	（长庆）三年，复为东都留守	《旧唐书》卷一六四《李绛传》
长庆二年（822）	陈楚	（七月）以前义武军节度使陈楚为东都留守、判尚书省事、东畿汝防御使	《旧唐书》卷一六《穆宗纪》
长庆二年至四年（822—824）	韩皋	（长庆二年八月）戊辰，以左仆射韩皋为东都留守、判尚书省事、东畿汝防御使。以东都留守陈楚为河阳怀节度使	《旧唐书》卷一六《穆宗纪》

续表

时间（起、讫）	姓名	主要材料	材料出处
长庆四年至宝历二年（824—826）	杨於陵	（宝历二年十一月）癸巳，以前东都留守杨於陵为太子少傅	《旧唐书》卷一七上《敬宗纪》
宝历二年至大和三年（826—829）	崔从	（宝历二年八月）癸丑，以太常卿崔从检校吏部尚书、判东都尚书省事、兼御史大夫、东都留守、东畿汝都防御使	《旧唐书》卷一七上《敬宗纪》
大和三年（829）	令狐楚	三月辛巳朔，以户部尚书令狐楚为东都留守。（十二月）己丑，以东都留守令狐楚检校右仆射、天平军节度使，代崔弘礼为东都留守	《旧唐书》卷一七上《文宗纪上》
大和三年至四年（829—830）	崔弘礼	（大和三年十二月）己丑，以东都留守令狐楚检校右仆射、天平军节度使，代崔弘礼为东都留守	《旧唐书》卷一七上《文宗纪上》
大和四年（830）	崔元略	（夏四月）庚申，以尚书左丞王起为户部尚书、判度支，代崔元略；以元略检校吏部尚书，为东都留守	《旧唐书》卷一七下《文宗纪下》
大和四年（830）	崔弘礼	大和四年十月，复除留守	《旧唐书》卷一六三《崔弘礼传》
大和四年至五年（830—831）	韦弘景	转礼部尚书，充东都留守，判东都尚书省事。缮完宫室，到今赖之	《旧唐书》卷一五七《韦弘景传》
大和五年（831）	温造	（大和五年七月）辛丑，以兵部侍郎温造检校户部尚书，为东都留守	《旧唐书》卷一七下《文宗纪下》
大和五年至八年（831—834）	李逢吉	（大和五年八月）以逢吉检校司徒、兼太子太师，充东都留守，代温造	《旧唐书》卷一七下《文宗纪下》
大和八年至开成二年（834—837）	裴度	（大和八年三月）庚午，以山南东道节度使裴度充东都留守，依前守司徒、兼侍中；以东都留守李逢吉检校司徒，兼右仆射	《旧唐书》卷一七下《文宗纪下》
开成二年至三年（837—838）	牛僧孺	（开成二年五月）辛未，诏以前淮南节度使牛僧孺为检校司空、东都留守。（三年九月）戊寅，以东都留守牛僧孺为左仆射	《旧唐书》卷一七下《文宗纪下》
开成三年至五年（838—840）	崔珙	（开成三年）冬十月乙酉朔，以尚书左丞崔珙检校户部尚书，充东都留守	《旧唐书》卷一七下《文宗纪下》
开成五年至会昌元年（840—841）	王起	寻检校左仆射、东都留守，判东都尚书省事	《旧唐书》卷一六四《王播附王起传》
会昌元年至二年（841—842）	李程	武宗立，为东都留守	《新唐书》卷一三一《李程传》

续表

时间（起、讫）	姓名	主要材料	材料出处
会昌二年至四年（842—844）	牛僧孺	开成二年五月，加检校司空，食邑二千户，判东都尚书省事、东都留守、东畿汝都防御使	《旧唐书》卷一七二《牛僧孺传》
会昌四年至五年（844—845）	李固言	宣宗即位，累授检校司徒、东都留守、东畿汝都防御使	《旧唐书》卷一七三《李固言传》
会昌五年至六年（845—846）	李石	（会昌五年正月）以前太原节度使、检校司空李石以本官充东都留守	《旧唐书》卷一八上《武宗纪》
会昌六年（846）	狄兼謩*	俄领天平节度使，辞疾，以秘书监归洛阳，迁东都留守，卒	《新唐书》卷一一五《狄仁杰附狄兼谟传》
会昌六年至大中元年（846—847）	李德裕	宣宗即位，罢相，出为东都留守、东畿汝都防御使	《旧唐书》卷一七四《李德裕传》
大中元年至二年（847—848）	孙简	两任东都留守	《唐代墓志汇编》残志015《孙说墓志》
大中三年至四年（849—850）	李固言	大中三年，司徒李公再理留务	《唐代墓志汇编》大中056《张季戎墓志》
大中五年至六年（851—852）*	崔珙	（大中）五年春正月，相国崔公以公道可兼人，加勾当衙事	《唐代墓志汇编》大中056《张季戎墓志》
大中七年至十年（853—856）	孙简	圣敬文思和武光孝皇帝御极之十□年七月，东都居守左仆射孙公陈疏移病，请罢其任	《唐代墓志汇编续集》咸通099《孙简墓志》
大中十一年至十三年（857—859）	杜悰	（大中十一年六月）以特进、检校司空、兼太子太傅分司东都、上柱国、扶国郡开国公、食邑二千户杜悰，本官判东都尚书省、兼御史大夫、充东都留守、东畿汝都防御使	《旧唐书》卷一八下《宣宗纪》
大中十二年（858）后*	柳仲郢	顷之，以太子宾客分司东都，起为夔州刺史，以检校尚书左仆射东都留守	《新唐书》卷一六三《柳公绰附柳仲郢传》
咸通二年（861）*	卢钧	咸通二年三月六日卢钧题记：留守卢钧，咸通辛巳一家游此	《龙门石窟题记汇录》2824号
懿宗时*	蒋係	徙东都留守，卒	《新唐书》卷一三二《蒋乂附蒋係传》
咸通二年（861）后*	白敏中	咸通二年，南蛮扰边，召敏中入议，许挟扶升殿。固求免，乃出为凤翔节度使。三奏愿归守坟墓，除东都留守，不敢拜，许以太傅致仕	《新唐书》卷一一九《白居易附白敏中传》
咸通八年（867）前	孔温裕	至丁亥岁，邹鲁尚书自东都留守节镇天平	《唐代墓志汇编》咸通074《魏虔威墓志》

续表

时间（起、讫）	姓名	主要材料	材料出处
僖宗初*	李福	僖宗初，以检校尚书左仆射就拜留守，改山南东道节度使	《新唐书》卷一三一《李石附李福传》
乾符三年（876）前后*	王讽（王渢）	敕东都留守王渢、河南尹刘允章	《唐大诏令集》卷一一七《宣抚东都官吏敕》
乾符五年至六年（878—879）	李蔚	（乾符五年）九月，门下侍郎、吏部尚书、平章事李蔚检校尚书左仆射，充东都留守。（乾符六年）八月，制以特进、检校司空、东都留守李蔚为检校司徒、同平章事，兼太原尹、北都留守、河东节度观察，兼代北行营招讨供军等使	《旧唐书》卷一九下《僖宗纪》
广明元年（880）前后	刘允章	十一月辛亥朔。己巳，贼陷东都，留守刘允章率分司官属迎谒之，贼供顿而去，坊市晏然	《旧唐书》卷一九下《僖宗纪》
约中和初	崔充	终东都留守	《旧唐书》卷一五九《崔群附崔充传》
中和三年（883）	崔安潜	（中和三年正月）又以副都统崔安潜为东都留守	《资治通鉴》卷二五五中和三年正月条
中和三年（883）	郑从谠	（中和三年）五月，郑畋为司徒，东都留守、检校司空郑从谠为司空	《新唐书》卷九《僖宗纪》
中和四年至光启元年（884—885）	李罕之	光启初，宗权遣儒攻东都，留守李罕之出奔	《新唐书》卷一八八《孙儒传》
约光启三年（887）	张全义	又表张言为河南尹、东都留守	《新唐书》卷一八七《李罕之传》
龙纪元年至景福二年（889—893）	韦昭度	昭度还，以检校司空充东都留守	《旧唐书》卷一七九《韦昭度传》

二、历任东宫、王府官分司人员统计表

王府官属

时间	官职名称	姓名	材料出处
元和九年（814）后	丹王府谘议参军	李渤	《旧唐书》卷一七一《李渤传》
元和末	恩王傅	李逊	《旧唐书》卷一五五《李逊传》

续表

时间	官职名称	姓名	材料出处
宝历元年（825）前	淄王傅	元锡	《旧唐书》卷一七上《敬宗纪》
开成三年（838）	福王傅	卢行术	《旧唐书》卷一七下《文宗纪》
大中年间	蕲王傅	李福	《新唐书》卷一三一《李石附李福传》
大中十二年（858）	康王傅	王式	《旧唐书》卷一八下《宣宗纪》
大中十二年（858）	康王傅	皇甫权	《旧唐书》卷一八下《宣宗纪》
大中十二年（858）前	濮王傅	皇甫权	《旧唐书》卷一八下《宣宗纪》
大中十一年（857）	濮王傅	崔郸	《旧唐书》卷一八下《宣宗纪》
约大中到咸通九年（868）前	鄂王傅	李涿	《洛阳续集》三八〇《李涿墓志》
咸通十一年（870）	蜀王傅	康承训	《旧唐书》卷一九上《懿宗纪》
咸通十三年（872）	普王傅	于琮	《旧唐书》卷一九上《懿宗纪》
咸通十三年（872）	凉王府长史	于涓	《旧唐书》卷一九上《懿宗纪》
咸通十五年（874）至乾符三年（876）	凉王傅	裴思谦	《旧唐书》卷一九下《僖宗纪》
咸通十五年（874）至乾符三年（876）	凉王傅	裴思谦	《洛阳续集》三八八
乾符三年（876）		刘允章	《旧唐书》卷一九下《僖宗纪》
乾符三年（876）	抚王府长史	刘允章	《旧唐书》卷一九下《僖宗纪》
天复元年（901）	沂王傅	陆扆	《旧唐书》卷一七九

太子宾客

时间	姓名	主要材料	材料出处
天宝元年（742）	卢绚	"若惮远行，则当左迁；不然，则以宾、詹分务东洛，亦优贤之命也，何如？"绚惧，以宾、詹为请	《资治通鉴》卷二一五天宝元年三月条
代宗时	第五琦	鱼朝恩伏诛，琦坐与款狎，出为处州刺史，历饶、湖二州。入为太子宾客、东都留司	《旧唐书》卷一二三《第五琦传》
大历末至建中二年（781）前	王缙	久之，迁太子宾客，分司东都。建中二年死，年八十二	《新唐书》卷一四五《王缙传》
约贞元末	第五琦	入为太子宾客、东都留司。上以其材，将复任用，召还京师，信宿而卒，年七十	《旧唐书》卷一二三《第五琦传》
元和十四年（819）	田融	（九月）辛丑，以田弘正兄相州刺史田融检校刑部尚书，兼太子宾客，分司东都	《旧唐书》卷一五《宪宗纪下》

附 录

续表

时间	姓名	主要材料	材料出处
元和十五年（820）前	孟简	（三月）丁卯，贬太子宾客留司东都孟简为吉州员外司马	《旧唐书》卷一六《穆宗纪》
元和末	李郿	俄换检校左仆射，兼太子宾客，分司东都。寻以太子少傅致仕	《旧唐书》卷一五七《李郿传》
长庆元年（821）	张弘靖	（长庆元年秋七月）丁巳，贬张弘靖为太子宾客分司	《旧唐书》卷一六《穆宗纪》
长庆元年（821）	令狐楚	长庆元年四月，量移郢州刺史，迁太子宾客，分司东都	《旧唐书》卷一七二《令狐楚传》
长庆二年（822）	令狐楚	（十一月）令狐楚复为太子宾客，分司东都	《旧唐书》卷一六《穆宗纪》
宝历元年（825）前	卢士玫	诏回途中，拜太子宾客，分司东都。……公内揣筋力，切于休退，恳诚上达，优诏曲遂，重拜太子宾客，分司东都	《秦晋豫新出墓志搜佚续编》799《卢士玫墓志》
大和四年至九年（830—835）	白居易	（大和四年十二月）戊辰，以太子宾客分司白居易为河南尹，以代韦弘景	《旧唐书》卷一七下《文宗纪下》
		（大和七年夏四月）壬子，以河南尹白居易为太子宾客，分司东都	《旧唐书》卷一七下《文宗纪下》
大和五年（831）	徐晦	大和四年，征拜兵部侍郎。五年，为太子宾客，分司东都	《旧唐书》卷一六五《徐晦传》
大和七年（833）	张仲方	（三月）壬辰，以左散骑常侍张仲方为太子宾客分司	《旧唐书》卷一七下《文宗纪下》
大和九年（835）	李德裕	（四月）以镇海军节度使、浙西观察等使李德裕为太子宾客，分司东都。……庚子，诏银青光禄大夫、守太子宾客分司东都、上柱国、赞皇县开国伯、食邑七百户李德裕贬袁州长史	《旧唐书》卷一七下《文宗纪下》
大和九年（835）	李绅	（五月）丁未，以浙东观察使李绅为太子宾客，分司东都	《旧唐书》卷一七下《文宗纪下》
大和年间	高重	出为鄂岳观察使，以美政被褒。久之，拜太子宾客，分司东都	《新唐书》卷九五《高俭附高重传》
大和末至开成初	孟郊	秩满入朝，授汝州刺史，迁太子宾客，分司东都。……开成初，复为太子宾客分司，俄授同州刺史。秩满，检校礼部尚书、太子宾客分司	《旧唐书》卷一六〇《孟郊传》
开成元年（836）	刘禹锡	迁太子宾客，复分司	《新唐书》卷一六八《刘禹锡传》
开成元年（836）	李珏	（夏四月）以江州刺史李珏为太子宾客分司	《旧唐书》卷一七下《文宗纪下》

· 203 ·

续表

时间	姓名	主要材料	材料出处
开成二年（837）	殷侑	（三月）甲申，以山南东道节度使殷侑为太子宾客分司	《旧唐书》卷一七下《文宗纪下》
开成四年（839）	李宗闵	（十二月）以杭州刺史李宗闵为太子宾客，分司东都	《旧唐书》卷一七下《文宗纪下》
会昌六年（846）后	孙乂	六年五月，征入拜大理卿。公久居外任，早得癃罢疾，既不克朝谢，又不敢去官，愿假以散秩归洛。天子怜其志，即拜宾护分司	《唐代墓志汇编》大中054《孙乂墓志》
大中元年（847）	李彦佐	以金紫光禄大夫、守太子少保分司东都、上柱国、奇章郡开国公、食邑二千户牛僧孺守太子太师，银青光禄大夫、行太子宾客、上柱国、陇西郡开国公、食邑二千户李彦佐为太子太保，并依前分司	《旧唐书》卷一八下《宣宗纪下》
大中初	崔珙	宣宗立，徙商州刺史，以太子宾客分司东都，起为凤翔节度使。铉复执政，珙惧，以疾自乞	《新唐书》卷一八二《崔珙传》
大中二年（848）	韦琮	十一月壬午，琮罢为太子宾客，分司东都	《新唐书》卷六三《宰相表下》
大中三年（849）	马植	四月，以正议大夫、守中书侍郎、同平章事、集贤殿大学士、赐紫金鱼袋马植为太子宾客，分司东都	《旧唐书》卷一八下《宣宗纪下》
大和三年（829）后	崔从	大和三年，入为户部尚书。李宗闵秉政，以从与裴度、李德裕厚善，恶之，改检校尚书右仆射、太子宾客东都分司	《旧唐书》卷一一七《崔慎由父从传》
大中九年（855）	郑祗德	（大中九年十二月）江西观察使郑祗德以其子颢尚主通显，固求散地，甲午，以祗德为宾客、分司	《资治通鉴》卷二四九大中九年十二月条
大中九年（855）前后	崔干	正议大夫、守太子宾客分司东都、上柱国、清河郡开国公、食邑二千户赐紫金鱼袋	《唐代墓志汇编》大中090《崔羣墓志》
大中十一年（851）	萧俶	（三月）以朝请大夫、检校刑部尚书、华州刺史、上柱国、鄠县开国男、食邑三百户、赐紫金鱼袋萧俶为太子宾客，分司东都	《旧唐书》卷一八下《宣宗纪下》
大中十一年（857）	孔温业	（十二月）以正议大夫、检校户部尚书、兼太子宾客、上柱国、赐紫金鱼袋孔温业本管分司东都，以病请告故也	《旧唐书》卷一八下《宣宗纪下》
大中年间	李回	俄以太子宾客分司东都。给事中还制，谓责回薄，遂贬贺州刺史	《新唐书》卷一三一《李回传》
大中末	敬晦	徙兖州节度使，以太子宾客分司，卒	《新唐书》卷一七七《敬晦传》
咸通年间	柳仲郢	因决赃吏过当，以太子宾客分司东都	《旧唐书》卷一六五《柳公绰附柳仲郢传》

续表

时间	姓名	主要材料	材料出处
咸通末	高湜	以兵部侍郎判度支出为昭义节度使,为下所逐,贬连州司马。以太子宾客分司东都,卒	《新唐书》卷一七七《高铢附高湜传》
乾符二年(875)	崔彦冲	汝州刺史崔彦冲为太子宾客分司	《旧唐书》卷一九下《僖宗纪》
乾符五年(878)前	崔彦冲	迁太子宾客,分司东都	《洛阳续编》三九七《崔彦冲墓志》
乾符五年(878)	郑畋、卢携	五月丁酉,畋、携并罢为太子宾客,分司东都	《新唐书》卷六三《宰相表下》
乾符六年(879)	于琮、郑畋	僖宗闻之怒,曰:"大臣相诟,何以表仪四海?"二人俱罢政事,以太子宾客分司东都	《旧唐书》卷一七八《郑畋传》
乾符六年(879)	王铎	(十二月)是月,贬王铎为太子宾客,分司东都	《新唐书》卷九《僖宗纪》
昭宗时	王溥	不能有所裨益,罢为太子宾客,分司东都。未几,召拜太常卿、工部尚书	《新唐书》卷一八二《王溥传》
不详	李恬	礼部尚书、太子宾客分司东都恬	《新唐书》卷七〇上《宗室世系上》
不详	郑涯	银青光禄大夫、守太子宾客、分司东都	《授郑涯义武军节度使制》,《唐大诏令集补编》

太子太傅

时间	姓名	主要材料	材料出处
大中十一年(857)	杜悰	(六月)以特进、检校司空、兼太子太傅分司东都、上柱国、扶国郡开国公、食邑二千户杜悰本官判东都尚书省、兼御史大夫、充东都留守、东畿汝都防御使	《旧唐书》卷一八下《宣宗纪下》
大中末	李固言	宣宗即位,累授检校司徒、东都留守、东畿汝都防御使。大中末,以太常卿孙简代之,拜太子太傅,分司东都,卒	《旧唐书》卷一七三《李固言传》
咸通末	杜审权	数年以本官兼许州刺史、忠武军节度观察等使,入为太子太傅,分司东都	《旧唐书》卷一七七《杜审权传》

太子太保

时间	姓名	主要材料	材料出处
大和九年（835）	李听	冬十月癸酉朔。乙亥，杜悰复为陈许节度使，李听为太子太保分司	《旧唐书》卷一七下《文宗纪下》
咸通时	崔慎由	移疾请老，拜太子太保，分司东都，卒	《旧唐书》卷一七七《崔慎由传》
咸通十二年（871）	令狐绹	十二年八月，授检校司徒、太子太保，分司东都	《旧唐书》卷一七二《令狐楚附令狐绹传》
僖宗时	崔彦昭	进阶特进，累兼尚书右仆射。罢相，历方镇，以太子太保分司卒	《旧唐书》卷一七八《崔彦昭传》

太子少师

时间	姓名	主要材料	材料出处
长庆年间	李夷简	久之，请老，朝廷谓夷简齿力可任，不听，以右仆射召，辞不拜；复以检校左仆射兼太子少师，分司东都	《新唐书》卷一三一《李夷简传》
宝历元年（825）	李绛	（十二月）甲子，以左仆射李绛为太子少师，分司东都	《旧唐书》卷一七上《文宗纪上》
大和元年（827）	萧俛	（四月）乙卯，以礼部尚书萧俛为太子少师分司	《旧唐书》卷一七上《文宗纪上》
大和五年（831）	萧俛	（七月）甲辰，以太子少师分司、上柱国、袭徐国公萧俛守左仆射致仕	《旧唐书》卷一七下《文宗纪下》
会昌三年（843）	崔珙	前凤翔陇州节度观察处置等使、光禄大夫、检校尚书右仆射、兼凤翔尹、御史大夫、上柱国、安平郡开国公、食邑二千户崔珙……以其故老，特为优容，俾居青宫之辅，仍从分洛之命。君臣礼分，予无愧焉。可太子少师，分司东都	《旧唐书》卷一七七《崔珙传》
大中十年（856）前后	孙简	唐故银青光禄大夫、检校司空、兼太子少师分司东都、上柱国、乐安县开国侯、食邑一千户、赠太师孙公	《唐代墓志汇编续集》咸通099《孙简传》

太子少傅

时间	姓名	主要材料	材料出处
大和六年（832）	高瑀	以疾求分司，拜太子少傅。其月，复授检校右仆射、陈许蔡节度使	《旧唐书》卷一六二《高瑀传》
大和九年（835）	白居易	（十月）乙未，以新授同州刺史白居易为太子少傅分司，以汝州刺史刘禹锡为同州刺史	《旧唐书》卷一七下《文宗纪下》

续表

时间	姓名	主要材料	材料出处
会昌年间	李石	诏以太子少傅分司东都,俄检校吏部尚书,即拜留守	《新唐书》卷一三一《李石传》
大中七年(853)	归融	七年春正月壬辰,金紫光禄大夫、守太子少傅分司、上柱国、晋陵郡开国公、食邑二千户归融卒,赠右仆射	《旧唐书》卷一八下《宣宗纪下》
昭宗时	郑畋	诏授太子少傅,分司东都,便医于兴元	《新唐书》卷一八五《郑畋传》
天祐元年(904)	崔胤	正月乙巳,胤罢为太子少傅,分司东都	《新唐书》卷六三《宰相表下》

太子少保

时间	姓名	主要材料	材料出处
长庆二年(822)	李夷简	(六月)戊寅,以前右仆射李夷简为太子少保,分司东都	《旧唐书》卷一六《穆宗纪》
宝历二年(826)	萧俛	(三月)辛巳,以同州刺史萧俛为太子少保分司	《旧唐书》卷一七上《文宗纪上》
大和七年(833)	高瑀	(六月)甲戌,以刑部尚书高瑀为太子少保分司	《旧唐书》卷一七下《文宗纪下》
开成初	皇甫镛	乃求为分司,除右庶子。……开成初,除太子少保分司,卒年四十九	《旧唐书》卷一三五《皇甫镈附皇甫镛传》
会昌二年(842)	牛僧孺	宗怒,黜为太子少保,分司东都,累贬循州长史	《新唐书》卷一七四《牛僧孺传》
大中元年(847)	李德裕	特进行太子少保分司东都卫国公德裕撰	《唐代墓志汇编》大中009《李氏墓志》
大中十一年(857)	裴休	(十二月)以金紫光禄大夫、守太子少保分司东都、上柱国、河东县开国男、食邑五百户裴休检校户部尚书,兼潞州大都督府长史、昭义军节度副大使、知节度事、潞磁邢洺观察等使	《旧唐书》卷一八下《宣宗纪下》
大中十二年(858)	萧俶	大中十二年,以太子少保分司东都,卒	《旧唐书》卷一七二《萧俛附萧俶传》
大中年间	王晏平	罢为太子少保,分司东都。进少傅,卒	《新唐书》卷一七二《王智兴附王晏平传》
约大中年间	李景让	景让笑曰:"儿曹讵饿死乎?"书闻,辄还东都。以太子少保分司	《新唐书》卷一七七《李景让传》

续表

时间	姓名	主要材料	材料出处
咸通五年（864）	蒋伸	五月戊戌，伸为太子少保，分司东都	《新唐书》卷六三《宰相表下》
咸通十年（869）	夏侯孜	（正月）以河中节度使、开府仪同三司、检校司徒、平章事、上柱国、谯郡开国公、食邑二千户夏侯孜为太子少保，分司东都	《旧唐书》卷一九上《懿宗纪》
咸通末	刘瞻	入朝为太子宾客分司	《旧唐书》卷一七七《刘瞻传》

太子詹事、员外少詹事

时间	官职名称	姓名	主要材料	材料出处
天宝初	员外少詹事	齐澣、严挺之	天宝初，起为员外少詹事，留司东都。时绛州刺史严挺之为林甫所构，除员外少詹事，留司东都	《旧唐书》卷一九〇中《齐澣传》
元和十二年（817）	太子詹事	韦贯之	（九月）壬寅，以湖南观察使韦贯之为太子詹事分司	《旧唐书》卷一五《宪宗下》
大中三年（849）	太子詹事	韦琮	（十一月）以户部侍郎、判度支崔龟为本官同平章事。银青光禄大夫、门下侍郎，兼礼部尚书、同平章事韦琮为太子詹事，分司东都	《旧唐书》卷一八下《宣宗纪下》

太子左、右庶子

时间	姓名	主要材料	材料出处
长庆四年（824）	白居易	秩满，除太子左庶子，分司东都	《旧唐书》卷一六六《白居易传》
大和四年（834）	裴潾	坐违法杖杀人，贬左庶子，分司东都	《旧唐书》卷一七一《裴潾传》
文宗时	皇甫镛	乃求为分司，除右庶子。……开成初，除太子少保分司，卒年四十九	《旧唐书》卷一三五《皇甫镈附皇甫镛传》
大中九年（855）前	卢府君	□□大夫行太子左庶子分司东都、上柱国、范阳卢府君墓志铭	《唐代墓志汇编》大中106《卢府君墓志》
大中年间	卢简辞	既而宰执不协，弘正出镇，罢简求为左庶子分司。数年，出为寿州刺史	《旧唐书》卷一六三《卢简辞附》
咸通四年（863）	苗道蔚	朝议郎、守太子左庶子分司东都、柱国、赐绯鱼袋道蔚	《唐代墓志汇编》咸通034《苗绅妻庾氏墓志》

太子其他官

时间	官职名称	姓名	主要材料	材料出处
大和末	赞善大夫	寇章	大和末,退居旧里,复以侍御史佐义武军行台于博陵,拜偃师令,赞善大夫,分司洛邑	《唐代墓志汇编》大中031《寇章墓志》
约大中年间	太子洗马	吕让	繇是为德王傅,因中书叱阍者,降太子洗马分司东都,复为濮王傅,改秘书监致仕	《唐代墓志汇编》大中107《吕让墓志》
约大中年间	太子司议郎	卢约	太子司议郎、分司东都范阳卢府公讳约遘疾,归全于东都依仁里之私第,享年六十	《唐代墓志汇编》咸通057《卢约妻崔氏墓志》
乾符二年（875）	行右司御率府录事参军	崔阅	宣义郎、行右司御率府录事参军分司东都、清河崔阅撰	《唐代墓志汇编》乾符006《崔璘墓志》

参考文献

一、传世文献

《白居易集笺校》，白居易撰，朱金城笺校，上海古籍出版社 1988 年版。
《白居易文集校注》，白居易撰，谢思炜校注，中华书局 2010 年版。
《北史》，李延寿撰，中华书局 1974 年版。
《册府元龟》，王钦若等编，中华书局 1960 年版。
《册府元龟》（校订本），王钦若等编撰，周勋初等校订，凤凰出版社 2006 年版。
《登科记考补正》，徐松撰、孟二冬补，北京燕山出版社 2003 年版。
《杜牧集系年校注》，吴在庆，中华书局 2003 年版。
《读史方舆纪要》，顾祖禹，中华书局 1955 年版。
《韩昌黎文集校注》，韩愈撰，马其昶校注，马茂元整理，上海古籍出版社 1986 年版。
《韩愈文集汇校笺注》，韩愈撰，刘真伦校注，岳珍注解，中华书局 2010 年版。
《河南志》，徐松辑，高敏点校，中华书局 1985 年版。
《鹤山题跋》，魏了翁撰，丛书集成初编本，商务印书馆 1936 年版。
《旧唐书》，刘昫等撰，中华书局 1975 年版。
《旧五代史》，薛居正等撰，中华书局 1976 年版。
《剧谈录》，康骈撰，《唐五代笔记小说大观》，上海古籍出版社 2000 年版。

《李德裕文集校笺》，傅璇琮、周建国校笺，河北教育出版社2000年版。
《李文公集》，李翱，上海古籍出版社1993年版。
《刘禹锡集笺证》，刘禹锡著，瞿蜕园笺证，上海古籍出版社1989年版。
《龙筋凤髓判》，张鷟，丛书集成初编本，商务印书馆1939年版。
《龙筋凤髓判校注》，张鷟撰，田涛、郭程伟校注，中国政法大学出版社
　　1996年版。
《洛阳名园记》，李格非，丛书集成初编本，中华书局1985年版。
《明皇杂录》，郑处诲撰，田廷柱点校，中华书局1994年版。
《廿二史札记校证》，赵翼撰，王树民校，中华书局1984年版。
《能改斋漫录》，吴曾撰，丛书集成初编本，中华书局1985年版。
《权德舆诗文集》，权德舆，郭广伟校点，上海古籍出版社2008年版。
《权文公集》，权德舆，上海古籍出版社1993年版。
《全唐诗》，彭定求编，中华书局1960年版。
《全唐文》，董诰等编，中华书局1982年版。
《事物纪原》，高承撰，金圆、许沛藻点校，中华书局1989年版。
《隋书》，魏徵、令狐德棻撰，中华书局1973年版。
《宋史》，脱脱等撰，中华书局1977年版。
《唐大诏令集》，宋敏求编，洪丕谟、张伯元等点校，学林出版社1992年版。
《唐会要》，王溥撰，中华书局1955年版。
《唐六典》，李林甫等撰，陈仲夫点校，中华书局1992年版。
《太平广记》，李昉等编，中华书局1961年版。
《太平御览》，李昉等，中华书局1960年版。
《通典》，杜佑撰，王文锦等点校，中华书局1988年版。
《文献通考》，马端临，中华书局1986年版。
《文苑英华》，李昉等编，中华书局1966年版。
《新唐书》，欧阳修、宋祁，中华书局1975年版。
《新五代史》，欧阳修撰，徐无党注，中华书局1974年版。
《艺文类聚》，上海古籍出版社1982年版。

《野客丛书》，王楙撰，王文锦点校，中华书局1984年版。
《元和郡县图志》，李吉甫撰，贺次君注解，中华书局1983年版。
《元稹集》，元稹撰，冀勤点校，中华书局1982年版。
《资治通鉴》，司马光编著，中华书局1956年版。
《增订唐两京城坊考》，徐松撰，李健超增订，三秦出版社2006年版。
《职官分纪》，孙逢吉，中华书局1988年版。

二、新出文献、考古报告（按出版时间排序）

陈长安主编：《隋唐五代墓志汇编·洛阳卷》（1-15册），天津古籍出版社1991-1992年版。

周绍良主编：《唐代墓志汇编》，上海古籍出版社1992年版。

中国文物研究所编：《新中国出土墓志·河南［壹］》，文物出版社1994年版。

吴钢主编：《全唐文补遗》（1-9辑），三秦出版社1994-2007年版。

刘景龙、李玉昆、敦煌石窟研究所主编：《龙门石窟碑刻题记汇录》，中国大百科全书出版社1998年版。

周绍良、赵超主编：《唐代墓志汇编续集》，上海古籍出版社2001年版。

中国文物研究所编：《新中国出土墓志·河南［贰］》，文物出版社2002年版。

赵君平编：《邙洛碑志三百种》，中华书局2004年版。

杨作龙、赵水森等编：《洛阳新出土墓志释录》，北京图书馆出版社2004年版。

吴钢主编：《全唐文补遗》（千唐志斋新藏专辑），三秦出版社2006年版。

赵君平、赵文成编：《河洛墓刻拾零》，北京图书馆出版社2007年版。

赵力光编：《西安碑林博物馆新藏墓志汇编》，线装书局2007年版。

中国文物研究所编：《新中国出土墓志·河南［叁］》，文物出版社2008年版。

荣新江、李肖、孟宪实主编：《新获吐鲁番出土文献》，中华书局2008年版。

气贺泽保规编：《新版唐代墓志所在总合目录（增订版）》，汲古书院2009年版。

高桥继男：《中国石刻关系图书目録（1949-2007）》，汲古书院 2009 年版。

李永强、余扶危编：《洛阳出土少数民族墓志汇编》，河南美术出版社 2011 年版。

赵君平、赵文成编：《秦晋豫新出土墓志搜佚》，国家图书馆出版社 2011 年版。

张乃翥编：《龙门区系石刻文萃》，国家图书馆出版社 2011 年版。

西安市长安博物馆编：《长安新出墓志》，文物出版社 2011 年版。

齐运通编：《洛阳新获七朝墓志》，中华书局 2012 年版。

胡戟、荣新江主编：《大唐西市博物馆藏墓志》，北京大学出版社 2012 年版。

洛阳市文物考古研究院编：《洛阳出土墓志目录续编》，国家图书馆出版社 2012 年版。

毛阳光、余扶危编：《洛阳流散唐代墓志汇编》，国家图书馆出版社 2013 年版。

高桥继男：《中国石刻关系图书目録（2008-2012 前半）稿》，汲古书院 2013 年版。

中国社会科学院考古研究所编：《中国田野考古报告集：隋唐洛阳城（1959-2001 年考古发掘报告）》，文物出版社 2014 年版。

赵力光编：《西安碑林博物馆新藏墓志续编》，陕西师范大学出版社 2014 年版。

赵君平、赵文成编：《秦晋豫新出土墓志搜佚续编》，国家图书馆出版社 2015 年版。

毛阳光主编：《洛阳流散唐代墓志汇编续集》，国家图书馆出版社 2018 年版。

陕西省考古研究院编：《陕西省考古研究院新入藏墓志》，上海古籍出版社 2019 年版。

三、专著

崔瑞德编：《剑桥中国隋唐史（589-906 年）》，中国社会科学院历史研究所译,中国社会科学出版社1990年版。
陈苏镇主编:《中国古代政治文化研究》,北京大学出版社2009年版。
陈明光:《唐代财政史新编》,中国财政经济出版社1991年版。
陈寅恪:《陈寅恪集·读书札记一集》,生活·读书·新知三联书店2001年版。
陈寅恪:《陈寅恪集·金明馆丛稿二编》,生活·读书·新知三联书店2001年版。
陈寅恪:《唐代政治史述论稿·隋唐制度渊源略论稿》,生活·读书·新知三联书店2001年版。
陈仲安、王素:《汉唐职官制度研究》,中华书局1993年版。
陈志坚:《唐代州郡制度研究》,上海古籍出版社2005年版。
程存洁:《唐代城市史研究初篇》,中华书局2002年版。
戴伟华:《唐方镇文职僚佐考》,广西师范大学出版社2008年版。
龚延明:《宋代官制辞典》,中华书局1997年版。
勾利军:《唐代东都分司官研究》,上海古籍出版社2007年版。
谷霁光:《府兵制度考释》,上海人民出版社1962年版。
郭绍林:《隋唐洛阳》,三秦出版社2006年版。
郭绍林:《洛阳隋唐五代史》,社会科学文献出版社2018年版。
郭声波:《中国行政区划通史·唐代卷)》,复旦大学出版社2012年版。
胡戟、张弓等主编:《二十世纪唐研究》,中国社会科学出版社2002年版。
胡沧泽:《唐代御史制度研究》,文津出版社1993年版。
胡宝华:《唐代监察制度研究》,商务印书馆2005年版。
黄绶:《唐代地方行政史》,永华印刷局1927年版。
加藤繁著,吴杰译:《中国经济史考证(第一卷)》,商务印书馆1959年版。
久保田和男:《宋代开封研究》,上海古籍出版社2010年版。
李孝聪:《中国城市的历史空间》,北京大学出版社2015年版。
李碧妍:《危机与重构——唐帝国及其地方诸侯》,北京师范大学出版社2015年版。
李锦绣:《唐代财政史稿》,社会科学文献出版社2007年版。
李久昌:《国家、空间与社会——古代洛阳都城空间演变研究》,三秦出版社 2007 年版。
李孝聪主编：《唐代地域结构与运作空间》，上海辞书出版社 2003 年版。
李晓杰：《中国行政区划通史·五代十国卷》，复旦大学出版社 2014 年版。
刘琴丽：《唐代武官选任制度初探》，社会科学文献出版社 2006 年版。
妹尾达彦著，高兵兵译：《长安的都市规划》，三秦出版社 2012 年版。
蒙曼：《唐前期北衙禁军制度研究》，中央民族大学出版社 2005 年版。
平冈武夫、市原亨吉编：《唐代的行政地理》，上海古籍出版社 1989 年版。
平冈武夫主编：《唐代的长安与洛阳（索引篇）》，上海古籍出版社 1991 年版。
平冈武夫主编：《唐代的长安与洛阳（资料篇）》，上海古籍出版社 1989 年版。
平冈武夫主编：《唐代的长安与洛阳（地图篇）》，上海古籍出版社 1991 年版。
仇鹿鸣：《长安与河北之间：中晚唐的政治与文化》，北京师范大学出版社 2018 年版。
全汉昇：《唐宋帝国与运河》，商务印书馆 1946 年版。
荣新江：《归义军史研究——唐宋时代敦煌历史考索》，上海古籍出版社 2015 年版。
施金和：《中国行政区划通史·隋代卷》，复旦大学出版社 2009 年版。
史念海：《中国古都和文化》，中华书局 1998 年版。
史念海：《唐代历史地理研究》，中国社会科学出版社 1998 年版。
石云涛：《唐代幕府制度研究》，中国社会科学出版社 2003 年版。
宋杰：《中国古代战争的地理枢纽》，中国社会科学出版社 2009 年版。
苏健：《洛阳古都史》，博文书社 1989 年版。
孙国栋：《唐代中央文官重要迁转途径研究》，上海古籍出版社 2009 年版。
孙国栋：《唐宋史论丛》，上海古籍出版社 2010 年版。
孙英刚：《神文时代：谶纬、术数与中古政治研究》，上海古籍出版社 2014 年版。
陶希圣、鞠清远：《唐代经济史》，商务印书馆 1936 年版。
唐长孺：《唐书兵志笺正（外二种）》，中华书局 2011 年版。
王双怀、郭绍林：《武则天与神都洛阳》，中国文史出版社 2008 年版。

王静：《中古都城建城传说与政治文化》，社会科学文献出版社2013年版。

王永兴：《唐勾检制研究》，上海古籍出版社1991年版。

吴廷燮：《唐方镇年表》，中华书局1980年版。

吴宗国主编：《盛唐政治制度研究》，上海辞书出版社2003年版。

吴宗国：《中国古代官僚政治制度研究》，北京大学出版社2004年版。

夏炎：《唐代州级官府与地域社会》，天津古籍出版社2010年版。

谢昆芩：《长安与洛阳：汉唐文学中的帝都气象》，上海古籍出版社2013年版。

严耀中编：《唐代国家与地域社会研究（中国唐史学会第十届年会论文集）》，上海古籍出版社2008年版。

严耕望：《唐代交通图考》，上海古籍出版社2007年版。

严耕望：《严耕望史学论文集》，上海古籍出版社2009年版。

薛作云：《唐代地方行政制度研究》，商务印书馆1974年版。

杨宽：《中国古代都城制度史研究》，上海人民出版社2003年版。

杨宽：《中国古代都城制度史》，上海人民出版社2006年版。

郁贤皓：《唐刺史考全编》，安徽大学出版社2000年版。

张达志：《唐代后期藩镇与州之关系研究》，中国社会科学出版社2011年版。

张国刚：《唐代官制》，三秦出版社1987年版。

张国刚：《唐代藩镇研究》（增订版），中国人民大学出版社2010年版。

张荣芳：《唐代京兆尹研究》，学生书局1987年版。

张玉兴：《唐代县官与地方社会研究》，天津古籍出版社2009年版。

张祥云：《北宋西京河南府研究》，河南大学出版社2012年版。

张伟然：《中古文学的地理意象》，中华书局2014年版。

张沛：《唐折冲府汇考》，三秦出版社2003年版。

赵建梅：《晚年白居易与洛下诗人群研究》，京华出版社2010年版。

赵璐璐：《唐代县级政务运行机制研究》，社会科学文献出版社2017年版。

郑炳林主编：《敦煌归义军史专题研究》，兰州大学出版社1997年版。

郑炳林主编：《敦煌归义军史专题研究续编》，兰州大学出版社2003年版。

周宝珠：《宋代东京研究》，河南大学出版社1992年版。

周振鹤：《中国地方行政制度史》，上海人民出版社2014年版。

周振鹤：《体国经野之道——中国行政区划沿革》，上海书店出版社2009年版。

周振鹤：《中国历史政治地理十六讲》，中华书局2013年版。

四、论文

曹尔琴：《洛阳从汉魏至隋唐的变迁》，收中国古都学会编《中国古都研究》第三辑，浙江人民出版社1987年版。

陈翔：《唐代中央与地方关系研究》，博士学位论文，武汉大学2010年。

陈奕亨：《唐五代河南道藩镇与中央关系之研究》，博士学位论文，台湾师范大学2005年。

陈仲安：《论唐代的使职差遣制度》，《武汉大学学报》1963年第1期。

程存洁：《唐代东都留守考》，《魏晋南北朝隋唐史资料》第13辑，武汉大学出版社1994年版，第112-123页。

邓小南：《走向"活"的制度史——以宋代官僚政治制度史研究为例的点滴思考》，《浙江学刊》2003年第3期，第99-103页。

渡边孝：《唐藩鎮十将攷》，《東方学》1994年第87期，第73-88页。

渡边孝：《唐·五代の藩鎮における押衙について》（上），《社会文化史学》，第28号，1991年8月，第33-55页。

渡边孝：《唐·五代の藩鎮における押衙について》（下），《社会文化史学》，第30号，1993年2月，第103-118页。

渡边孝：《唐代藩鎮における下級幕職官について》，《中国史学》2001年第10卷，第83-107页。

冯培红：《客司与归义军的外交活动》，《敦煌学辑刊》1999年第1期，第72-84页。

冯培红：《晚唐五代藩镇幕职的兼官现象与阶官化述论——以敦煌资料、石刻碑志为中心》（上）（下），《敦煌学研究》（韩国）2006年第2期，第1—23页，2007年第1期，第42—56页。

葛兆光：《洛阳与汴梁：文化重心与政治重心的分离》，《中国思想史》第2卷，复旦大学出版社2001年版，第155—192页。

高敏：《关于隋炀帝迁都洛阳的原因》，《魏晋隋唐史论集》第二辑，中国社会科学出版社1983年版，第245—268页。

郭绍林：《洛阳与隋唐政治》，《洛阳大学学报》1996年第1期。

郭绍林：《唐五代洛阳的科举活动与河洛文化的地位》，《洛阳大学学报》2001年第1期。

韩建华：《隋唐洛阳城考古发掘与城市研究的回顾与思考》，《西部考古》2007年第2辑，第192—210页。

华林甫：《隋唐五代政区研究述评》，《中国史研究动态》2008年第5期。

季爱民：《唐高宗经营东都始末考论》，《中国典籍与文化》2010年第2期。

贾宪保：《唐代巡院初探》，《人文杂志》1984年第3期。

堀敏一：《藩镇亲卫军的权力结构》，原载《东洋文化研究所纪要》（第20册）1959年，此据刘俊文主编《日本学者研究中国史论著选译·第四卷六朝隋唐》，中华书局1992年版，第585—644页。

砺波护著，胡宝珍译：《唐代的畿内与京城四面关》，《河北师院学报》1993年第4期。

李合群：《再论北宋定都开封——兼与宋长安和洛阳之比较》，《河南大学学报》2010年第3期。

李军：《新出李宽碑志与唐初政局》，《东岳论丛》2018年第3期。

李翔：《中晚唐五代藩镇文职幕僚研究》，博士学位论文，南开大学2014年。

林立平：《六至十世纪中国都城东渐的经济考察》，《北京师范大学学报》1988年第3期。

刘诗平：《论唐后期的地方行政体制》，硕士学位论文，北京大学1997年。

陆冰：《唐代留守研究》，硕士学位论文，上海师范大学2013年。

陆扬：《从墓志的史料分析走向墓志的史学分析——以〈新出魏晋南北朝墓

志疏证〉为中心》，刊《中华文史论丛》2006年第4期，第95-129页，后收入氏著《清流文化与唐帝国》，北京大学出版社2016年版，第305-332页。

黄纯艳：《唐宋发运使制度考述》，收入其著《唐宋政治经济史论稿》，甘肃人民出版社2009年版，第20-60页。

妹尾达彦：《隋唐洛阳城の官人居住地》，《东洋文化研究纪要》1999年第133册，第67-106页。

妹尾达彦：《陪京的诞生——6-12世纪东亚复都史再析》，收入包伟民、刘后滨主编《唐宋史评论》第5辑，社会科学文献出版社2019年版。

权敏：《新见〈唐太常卿陇西公李宽碑〉考释》，《文博》2016年第6期。

荣新江：《唐五代归义军武职军将考》，《中国唐史学会论文集》，三秦出版社1993年版，第76-87页。

史念海、史先智：《长安和洛阳》，《唐史论丛》第7辑，陕西师范大学出版社1998年版，第1-45页；后收入史念海《中国古都和文化》，中华书局1998年版，第493-539页。

史睿：《唐调露二年东都尚书省吏部符考释》，《敦煌吐鲁番研究》(第十卷)，第115-130页。

孙家洲、贾希良：《不为都畿亦为重地——论洛阳在战国、秦、西汉时期的特殊地位》，《历史教学》1995年第3期。

宿白：《唐代长安与洛阳》，《考古》1982年第6期。

苏小华：《唐代洛阳的地域文化与职官制度》，《中国历史地理论丛》2004年第3期。

苏小华：《文献所见唐东都制度考略》，硕士学位论文，陕西师范大学2002年。

万晋：《安史之乱后的洛阳》，博士学位论文，北京师范大学2012年。

王吉林：《晚唐洛阳的分司生涯》，载淡江大学中文系编：《晚唐的社会与文化》，学生书局1990年版，第239-249页。

王永太：《宋初迁都洛阳的考辨及其意义》，《中国史研究》2005年第2期。

参考文献

王永兴：《关于唐代后期方镇官制新史料考释》，载《纪念陈寅恪先生诞辰百年学术论文集》，北京大学出版社1989年版，第267-276页。

魏斌：《关于周隋之际洛阳的经营》，《魏晋南北朝隋唐史资料》第20辑，武汉大学出版社2003年版，第52-63页。

萧锦华：《唐代前期之河南府》，硕士学位论文，香港中文大学1996年。

萧锦华：《唐代前期の洛州：軍事的要冲から政治的中心へ》，博士学位论文，京都大学2001年。

谢军：《唐代河南尹研究》，硕士学位论文，四川师范大学2013年。

徐畅：《斯土斯民：唐代京畿乡村社会研究》，博士学位论文，北京大学2014年。

虞云国、张玲：《唐宋时期"观察使"职权的演变》，《宋史研究论丛》第7辑，河北大学出版社2006年版，第35-38页。

张龙：《唐代自然灾害应对研究》，博士学位论文，北京大学2012年。

郑炳俊：《唐代の観察処置使について——藩鎮体制の一考察》，《史林》（77-5），1994年，第40-56页。

赵国光：《唐代河南道及都畿道与国势兴衰之关系》，博士学位论文，中国文化大学2003年。

赵建梅：《晚年白居易与洛下诗人群研究》，京华出版社2010年版。

赵贞：《归义军押衙兼知他官略考》，《敦煌研究》2001年第2期，第89-95页。

周宝珠：《北宋时期的西京洛阳》，《史学月刊》2001年第4期，第109-117页。

朱士光、叶骁军：《试论我国历史上陪都制的形成与作用》，收中国古都学会编《中国古都研究》第三辑，浙江人民出版社1987年版。

佐川英治编：《洛陽の歴史と文学》，冈山大学文学部プロジェクト研究报告书10，2008年。

索 引

A

安史之乱 2，5，9，10，27，28，31，33，37，41，43，46，47，48，49，51，52，70，72，77，78，82，85，93，94，95，97，101，114，117，123，124，125，127，128，129，130，131，139，141，147，148，153，154，158，159，167，170，179，185，188，189，190，220

B

兵马使 42，62，71，72，73，74，75，77，78，80，81，82，89，90，91，107，109，111，113，116，119，182

C

参谋 52，53，54，55，66，67，68，69，139

长安 2，3，4，11，13，14，16，17，18，20，22，23，24，25，26，28，29，30，31，32，33，36，37，39，42，45，47，48，52，56，65，80，93，113，114，127，132，137，150，151，152，153，156，168，171，189，190，191，213，214，216，217，219，220

从事 12，52，55，59，61，64，65，66，67，68，70，75，86，87，88，99，102，104，111，165，167，171

D

东都 2，3，5，6，7，8，9，10，11，13，14，15，16，17，18，19，21，22，23，24，25，26，27，28，29，30，31，32，33，34，35，36，37，38，39，40，41，42，43，45，46，47，48，49，50，51，52，53，54，55，56，57，58，59，60，61，62，63，64，65，66，67，68，69，70，71，72，73，74，75，76，77，78，79，80，81，82，83，84，85，86，87，88，89，90，91，93，94，95，96，97，98，99，100，101，102，103，104，

105、106、107、108、109、110、111、112、113、114、115、116、117、118、119、120、121、122、123、124、125、127、128、129、130、131、132、133、134、135、136、137、138、139、140、141、142、143、144、145、146、147、148、149、150、151、152、153、154、155、156、157、158、159、160、161、162、163、164、165、166、167、168、169、170、171、172、173、174、175、176、177、178、179、180、181、182、183、184、185、186、187、188、189、190、191、193、194、195、196、197、198、199、200、201、202、203、204、205、206、207、208、209、215、218、219、220

东都畿　5、11、13、45、46、48、51、56、93、94、95、96、97、98、99、101、102、103、104、105、108、116、117、118、119、123、125、153、155、162、165、172、176、178、181、182、184、188、197、198

东都御史台　6、127、129、131、143、149、150、151、152、153、154、155、156、157、158、159、161、162、163、164、167、168、175、176、190

东宫官　30、129、149

东京　2、3、18、27、28、31、34、42、46、47、48、49、58、70、93、95、131、138、142、147、153、154、165、170、176、185、195、196、197、218

东台御史　156、158、162、165

都畿　5、9、10、11、13、31、45、46、47、48、49、51、56、57、70、72、86、91、93、94、95、96、97、98、99、100、101、102、103、104、105、108、111、114、115、116、117、118、119、120、122、123、124、125、153、155、158、161、162、164、165、168、169、172、174、175、176、178、180、181、182、184、185、188、190、197、198、220、221

都畿防御使　45、72、93、98、99、117、118、125、176、198

都押衙　71、72、73、74、75、76、77、78、81、82、89、90、101、106、113、114、119、125、146、182

都虞候　62、70、71、72、73、75、76、77、78、79、80、81、82、87、88、89、90、101、102、106、113、119、125、182

都知兵马使　62、71、72、73、75、77、78、80、81、82、182

F

藩镇　5、6、8、9、10、52、53、54、62、68、71、72、73、74、75、76、77、78、79、80、81、82、84、86、87、91、93、98、101、103、105、106、107、115、

117，118，120，123，124，125，149，161，164，168，171，172，175，178，179，180，182，188，189，190，217，218，219

防御十将　107，108，112

防御使　6，8，10，45，47，48，49，50，51，52，53，57，58，63，64，70，72，73，75，88，89，91，93，94，95，96，97，98，99，100，101，102，103，104，105，106，108，109，110，112，113，114，115，116，117，118，119，120，122，123，124，125，128，131，146，172，173，175，176，178，180，181，182，187，197，198，199，200，205

分司　3，5，6，7，8，9，10，11，14，28，29，30，31，32，33，34，35，37，39，41，42，43，51，65，69，127，128，129，130，131，132，133，134，135，136，137，138，139，140，141，142，143，145，146，147，148，149，150，151，153，154，155，156，157，158，159，160，161，162，163，164，165，166，167，168，169，174，175，176，180，186，189，190，200，201，202，203，204，205，206，207，208，209，215，220

分司官　5，6，7，8，9，11，14，29，31，33，34，35，37，41，42，51，127，128，129，130，133，134，137，

140，148，149，150，154，158，159，160，180，190，201，215

副留守　16，23，27，41，42，49，51，52，55，56，57，58，70，78，89，110，170，172

副十将　81，88，89，107，108，113

副使　50，53，54，55，56，57，58，61，69，71，83，85，86，88，89，91，94，98，99，100，105，107，108，109，110，113，116，125，146，147，148，165，171，172，182

G

宫城　22，23，25，28，111，131，145，147

宫官　30，129，141，149，167，168，190

勾当　57，70，83，85，86，89，106，122，134，144，200

国子监　21，34，129，139，140，141，167

H

河南府　2，5，6，9，10，11，16，17，18，25，29，34，58，87，88，91，93，94，115，117，118，119，124，128，131，143，145，156，158，160，161，164，165，168，169，170，171，172，

173，174，175，176，177，178，179，
180，181，182，183，185，186，187，
188，189，190，217，221

河南尹　5，9，10，27，28，45，46，49，
51，56，57，58，70，78，86，95，
100，110，136，143，154，156，157，
158，160，161，166，170，171，172，
173，174，175，183，185，187，188，
194，195，196，197，201，203，221

皇城　11，22，23，25，28，131，142，
145，147，151，172，174，176

J

记室　55，68

教练使　62，71，72，77，81

街使　85，89，90，107，113，171

军将　41，62，71，72，73，74，75，76，
78，79，81，84，86，89，105，106，
107，108，117，120，121，149，184，
220

L

两都制　2，10，11，13，16，17，18，
26，29，33，43，47，127，134，141，
189

两税　174，177，178，179，183，185，
186，187，188

留邸　101，112，114，171

留司　6，25，29，30，31，32，34，41，
43，49，82，88，127，128，130，131，
135，138，140，152，153，155，158，
166，180，181，182，190，196，202，
203，208

留守　5，6，7，8，9，10，11，12，13，
14，15，16，17，18，19，20，21，22，
23，24，25，26，27，28，29，30，31，
33，34，35，36，37，39，41，42，43，
45，46，47，48，49，50，51，52，53，
54，55，56，57，58，59，60，61，62，
63，64，65，66，67，68，69，70，71，
72，73，74，75，76，77，78，79，80，
81，82，83，84，85，86，87，88，89，
90，91，93，95，96，97，98，100，
101，102，103，104，105，106，107，
108，109，110，111，112，113，114，
115，116，117，118，119，120，121，
123，125，127，128，129，131，133，
134，141，144，146，147，150，151，
152，153，154，155，158，161，164，
167，168，169，170，171，172，173，
174，175，176，177，178，179，180，
181，182，183，184，185，186，187，
188，189，190，193，194，195，196，
197，198，199，200，201，205，207，
218，219

留守府　5，6，8，9，10，29，45，46，
52，53，54，55，56，57，58，59，60，
61，62，63，64，65，66，67，68，69，

70, 71, 72, 73, 74, 75, 76, 77, 78, 79, 80, 81, 82, 83, 84, 85, 86, 87, 88, 89, 90, 91, 93, 97, 99, 100, 101, 103, 105, 106, 107, 108, 109, 110, 111, 112, 113, 114, 117, 123, 125, 128, 141, 146, 147, 161, 164, 168, 169, 171, 172, 173, 175, 176, 177, 178, 179, 180, 181, 182, 183, 184, 185, 186, 187, 188, 189, 190

留台 13, 14, 21, 28, 31, 34, 45, 97, 98, 129, 131, 150, 151, 152, 153, 154, 155, 156, 158, 159, 162, 164, 165, 166, 194

洛阳 1, 2, 3, 4, 5, 6, 7, 8, 9, 10, 11, 13, 14, 16, 17, 18, 19, 20, 21, 22, 23, 24, 25, 26, 27, 28, 29, 30, 31, 32, 33, 34, 35, 36, 37, 39, 41, 42, 43, 45, 46, 47, 48, 52, 93, 94, 95, 98, 114, 115, 116, 117, 123, 124, 127, 128, 130, 131, 134, 137, 138, 141, 150, 153, 154, 155, 158, 160, 161, 168, 170, 171, 172, 173, 175, 180, 181, 183, 185, 186, 189, 190, 191, 212, 213, 214, 215, 216, 217, 218, 219, 220, 221

洛阳学 3, 5, 191

M

秘书省 43, 64, 67, 129, 136, 165, 166, 167, 190

N

内侍省 141, 142, 143, 159, 161, 167, 168, 190

内诸司使 142, 143, 159, 160, 161, 167, 168

P

判官 24, 27, 52, 53, 54, 55, 58, 59, 60, 61, 62, 63, 64, 65, 66, 68, 70, 71, 80, 87, 88, 90, 94, 95, 99, 100, 101, 102, 105, 112, 125, 141, 142, 160, 181, 185, 188, 196,

Q

驱使官 54, 69

S

三都 2, 14, 16, 17, 34, 170

三省六部 无

散将 80, 91, 109

寺监 34, 127, 132, 137, 167, 168, 190

尚书省 8, 10, 28, 30, 34, 35, 36,

37，38，39，40，41，42，43，45，46，
47，48，49，50，52，70，99，102，
104，128，129，130，131，133，134，
135，142，167，174，185，187，190，
196，197，198，199，200，205，220

水陆运使　49，173，187，196

随军　53，54，69，70，84，99，102，
104，107

随身　54，70，79，84，88，106，109

随身大将　84，88，109

随身将　79，84，88，106，109

隋炀帝　1，2，14，16，19，20，21，219

T

唐高宗　16，29，43，127，219

唐太宗　2，20

唐玄宗　无

讨击使　80，81，88，89，113，177，
185，188

太庙　10，12，17，86，133，134，138，
139

同正将　80，90，183

推官　52，53，54，55，63，64，68，71，
87，88，99，100，101，102，103，
105，125

W

王府官　6，127，129，148，149，167，

168，201

文职僚佐　24，53，54，68，70，80，84，
100，170，215

武则天　4，16，19，20，22，23，25，
29，31，37，40，41，42，43，56，80，
82，98，130，132，216

X

西京　2，11，13，14，17，22，23，25，
26，28，30，31，34，36，39，41，49，
121，127，129，130，141，154，156，
157，176，181，190，217，221

县镇　57，93，105，108，109，115，
116，117，118，119，122，182

巡官　52，53，54，55，63，64，65，66，
71，99，103，104，105，113，125，
144，187

Y

押衙　42，55，56，57，58，62，71，72，
73，74，75，76，77，78，79，80，81，
82，83，84，85，86，88，89，90，91，
101，106，107，109，111，113，114，
119，122，125，145，146，147，182，
218，221

衙前将　61，75，76，80，81，88，89，
90，108，111，113，183，185

宴设使　82，83，84

要籍　52，53，54，70，99，104，105，125

营田　53，54，55，58，64，73，75，77，81，82，88，100，101，108，116，117，172，176，178，179，180，181，182，187，188

营田使　58，82，101，179，180，182

御史台　6，34，60，61，63，112，127，129，130，131，143，149，150，151，152，153，154，155，156，157，158，159，161，162，163，164，166，167，168，169，174，175，176，190

乐营使　82，83，84，86，89，113

虞候　62，70，71，72，73，75，76，77，78，79，80，81，82，87，89，90，101，102，106，111，113，119，125，182，183

Z

知客　80，85，88，89，113

左三将　69，107，108

左、右龙武军　无

左、右屯营　145，151

左、右御林军　无

后　记

呈现在读者面前这本书是在我的博士论文基础上稍加修订而成的，最初选题来源于导师王小甫老师授课所示，王老师多次讲到唐代洛阳的重要性以及值得研究之处。

在搜集、阅读了相关材料后，我决定从唐后期洛阳的职官制度入手展开对洛阳的探索。因为当我翻看完相关墓志以及唐人文集等材料后，发现很多材料跟以往形成的认识不太一致。比如唐后期洛阳存在一个东都留守府，府下有留守体系与防御使体系，其下有各自的文武僚佐设置。留守府的长官为东都留守，留守为兼官，在兼任留守的同时还兼任都畿的防御使，同时还担任中央机构的派出机构——东都分司的长官。探讨东都留守府可以加深对唐后期洛阳的认识。不过坦白说，本书关注的议题比较小，也只是从职官方面切入考察唐后期的洛阳，并非对洛阳全貌的考察，跟王老师的设想相差较远。

2012年我到北大历史系跟随王老师学习隋唐史，坦白地讲，我的专业基础比较薄弱，也非聪敏之人。论文得以完成，主要是听从王老师建议翻阅了大量唐人墓志。感谢在学位论文开题、预答辩、答辩各阶段，历史系诸位老师的指导以及论文送审时五位匿名专家提供的评审意见。本书的出版要感谢王老师、孟彦弘老师作为我申请文库资助的推荐人，感谢中国历史研究院高翔院长在书稿送审时提供的评审意见。感谢蒙曼、叶炜两位老师就某些具体问题所给予的建议。书稿修改过程中得到郭桂坤、郎洁、李凤艳、罗帅、任石、吴杰华、谢琛、张明多位同仁的批评与指正，感谢他们。

本书的面世要感谢求学路上那些引领我前进，让我懂得学术为何物、人生为何的师友，他们是我人生路上的光。感谢李志生、蒙曼两位老师，因志趣相近，多年来幸得两位老师的关心。毕业之后在治生与读书之间游走，感谢那些关照、帮助过我的师友，他们的智慧、宽容、热心，温暖了我的生活，成为我求学路上温暖的记忆，此处不再一一具名感谢。

感谢我的家人，他们是我永远的爱护者与支持者，少时在外祖父刘清林先生的熏陶培育之下，我开始对读书产生了兴趣，感恩多年来家人的支持。

人生到处知何似，路长人困且努力。这本书是我个人求学阶段的一个小小总结，因时间仓促，加之毕业之后已转研究方向（现从事国企的研究），未及更多修改，书中的观点、不足乃至错误均是我本人的，与诸位师友的指导无关，诚恳地希望读者批评指正，本人邮箱为 historysophia@163.com。知无涯，学无尽，在读书治学这条路上，惟精惟一上下求索是一直的信念。

王　茁

己亥之夏于京郊团河寓所

专家推荐表

第八批《中国社会科学博士后文库》专家推荐表1

《中国社会科学博士后文库》由中国社会科学院与全国博士后管理委员会共同设立,旨在集中推出选题立意高、成果质量高、真正反映当前我国哲学社会科学领域博士后研究最高学术水准的创新成果,充分发挥哲学社会科学优秀博士后科研成果和优秀博士后人才的引领示范作用,让《文库》著作真正成为时代的符号、学术的标杆、人才的导向。

推荐专家姓名	王小甫	电话	
专业技术职务	教授	研究专长	隋唐五代史;中外关系史
工作单位	北京大学历史学系	行政职务	
推荐成果名称	唐代东都职官制度研究		
成果作者姓名	王苗		

(对书稿的学术创新、理论价值、现实意义、政治理论倾向及是否具有出版价值等方面做出全面评价,并指出其不足之处)

评价:唐代以长安、洛阳为两大都城,两京制度的确立以及东都留守、分司等职官体系的设置,成为唐代官制的特色之一。长期以来,学者对东都职官的研究主要集中在安史之乱前,由于史料的零散和唐后期洛阳政治地位的下降,对唐后期东都职官的基本状况认识较为模糊。近年来,开始陆续有学位论文涉及唐后期的洛阳。本书对唐后期东都职官设置进行考察,对东都留守府、东都防御使、东都分司官所属职官进行了系统的研究,使相关问题的探讨有所深入。

文章的重点是职官考证,不乏创新之处。首先,本书重点考察东都留守府、东都防御使和东都分司官,经过梳理和论证,系统化呈现出东都职官体系。其次,石刻资料利用充分。最后,对具体问题给出了新的认识。如东都分司官问题,此前一般性的观点认为其完全属于闲散官,具有边缘化状态。本书研究认为,东都分司官与长安的中央政府存在着系统的互动关系,把两者的有机联系认识到位,是本书的重要贡献。

本书的不足之处如下:在传统的东都职官研究中,除东都留守、东都分司两大职官系统外,还包括河南尹所统属的地方行政系统,本研究以东都职官为题,却基本没有涉及这一职官体系的具体内容,可加以补充。

签字:王小甫

2018年12月30日

说明:该推荐表须由具有正高级专业技术职务的同行专家填写,并由推荐人亲自签字,一旦推荐,须承担个人信誉责任。如推荐书稿入选《文库》,推荐专家姓名及推荐意见将印入著作。

第八批《中国社会科学博士后文库》专家推荐表 2

《中国社会科学博士后文库》由中国社会科学院与全国博士后管理委员会共同设立，旨在集中推出选题立意高、成果质量高、真正反映当前我国哲学社会科学领域博士后研究最高学术水准的创新成果，充分发挥哲学社会科学优秀博士后科研成果和优秀博士后人才的引领示范作用，让《文库》著作真正成为时代的符号、学术的标杆、人才的导向。

推荐专家姓名	孟彦弘	电话	
专业技术职务	研究员	研究专长	隋唐史、历史文献等
工作单位	中国社会科学院历史研究所	行政职务	
推荐成果名称	唐代东都职官制度研究		
成果作者姓名	王苗		

（对书稿的学术创新、理论价值、现实意义、政治理论倾向及是否具有出版价值等方面做出全面评价，并指出其不足之处）

评价：唐代东都洛阳是一个值得研究的议题，过去研究偏重于对唐前期洛阳历史的考察，作者选择唐后期洛阳作为研究对象，选题具有新意。已有的唐后期东都的研究中，更多关注的是东都分司问题，对东都职官的其他方面，则不够深入。作者重点以唐后期东都职官为研究对象，利用传世文献和近年来新出的大量墓志材料，对东都留守府的留守与防御两个系统的职官，都一一做了考证和梳理，这是本书的重要收获。

本书结构比较清楚，从东都留守府的演变到东都防御使的僚佐系统，再到东都分司官的职能（尤其注意到东都御史台的作用），都做了比较仔细的考证。资料的运用比较全面，利用了不少新出墓志，这是以往讨论东都官僚体系比较缺乏的条件。

本书的不足如下：整体而言，此书稿是唐代官制史范畴内的研究，虽然在讨论中能注意到制度和唐代政治的联系，但涉及的一些问题仍有待深入。比如东都防御使的研究，本书重点在职官考证，东都整体的区域功能研究受到限制。

签字：孟彦弘

2018 年 12 月 30 日

说明：该推荐表须由具有正高级专业技术职务的同行专家填写，并由推荐人亲自签字，一旦推荐，须承担个人信誉责任。如推荐书稿入选《文库》，推荐专家姓名及推荐意见将印入著作。

经济管理出版社
《中国社会科学博士后文库》
成果目录

第一批《中国社会科学博士后文库》(2012 年出版)

序号	书名	作者
1	《"中国式"分权的一个理论探索》	汤玉刚
2	《独立审计信用监管机制研究》	王 慧
3	《对冲基金监管制度研究》	王 刚
4	《公开与透明:国有大企业信息披露制度研究》	郭媛媛
5	《公司转型:中国公司制度改革的新视角》	安青松
6	《基于社会资本视角的创业研究》	刘兴国
7	《金融效率与中国产业发展问题研究》	余 剑
8	《进入方式、内部贸易与外资企业绩效研究》	王进猛
9	《旅游生态位理论、方法与应用研究》	向延平
10	《农村经济管理研究的新视角》	孟 涛
11	《生产性服务业与中国产业结构演变关系的量化研究》	沈家文
12	《提升企业创新能力及其组织绩效研究》	王 涛
13	《体制转轨视角下的企业家精神及其对经济增长的影响》	董 昀
14	《刑事经济性处分研究》	向 燕
15	《中国行业收入差距问题研究》	武 鹏
16	《中国土地法体系构建与制度创新研究》	吴春岐
17	《转型经济条件下中国自然垄断产业的有效竞争研究》	胡德宝

第二批《中国社会科学博士后文库》(2013年出版)

序号	书　名	作　者
1	《国有大型企业制度改造的理论与实践》	董仕军
2	《后福特制生产方式下的流通组织理论研究》	宋宪萍
3	《基于场景理论的我国城市择居行为及房价空间差异问题研究》	吴　迪
4	《基于能力方法的福利经济学》	汪毅霖
5	《金融发展与企业家创业》	张龙耀
6	《金融危机、影子银行与中国银行业发展研究》	郭春松
7	《经济周期、经济转型与商业银行系统性风险管理》	李关政
8	《境内企业境外上市监管若干问题研究》	刘　轶
9	《生态维度下土地规划管理及其法制考量》	胡耘通
10	《市场预期、利率期限结构与间接货币政策转型》	李宏瑾
11	《直线幕僚体系、异常管理决策与企业动态能力》	杜长征
12	《中国产业转移的区域福利效应研究》	孙浩进
13	《中国低碳经济发展与低碳金融机制研究》	乔海曙
14	《中国地方政府绩效评估系统研究》	朱衍强
15	《中国工业经济运行效益分析与评价》	张航燕
16	《中国经济增长：一个"被破坏性创造"的内生增长模型》	韩忠亮
17	《中国老年收入保障体系研究》	梅　哲
18	《中国农民工的住房问题研究》	董　昕
19	《中美高管薪酬制度比较研究》	胡　玲
20	《转型与整合：跨国物流集团业务升级战略研究》	杜培枫

经济管理出版社《中国社会科学博士后文库》成果目录

第三批《中国社会科学博士后文库》(2014年出版)

序号	书 名	作 者
1	《程序正义与人的存在》	朱 丹
2	《高技术服务业外商直接投资对东道国制造业效率影响的研究》	华广敏
3	《国际货币体系多元化与人民币汇率动态研究》	林 楠
4	《基于经常项目失衡的金融危机研究》	匡可可
5	《金融创新及其宏观效应研究》	薛昊旸
6	《金融服务县域经济发展研究》	郭兴平
7	《军事供应链集成》	曾 勇
8	《科技型中小企业金融服务研究》	刘 飞
9	《农村基层医疗卫生机构运行机制研究》	张奎力
10	《农村信贷风险研究》	高雄伟
11	《评级与监管》	武 钰
12	《企业吸收能力与技术创新关系实证研究》	孙 婧
13	《统筹城乡发展背景下的农民工返乡创业研究》	唐 杰
14	《我国购买美国国债策略研究》	王 立
15	《我国行业反垄断和公共行政改革研究》	谢国旺
16	《我国农村剩余劳动力向城镇转移的制度约束研究》	王海全
17	《我国吸引和有效发挥高端人才作用的对策研究》	张 瑾
18	《系统重要性金融机构的识别与监管研究》	钟 震
19	《中国地区经济发展差距与地区生产率差距研究》	李晓萍
20	《中国国有企业对外直接投资的微观效应研究》	常玉春
21	《中国可再生资源决策支持系统中的数据、方法与模型研究》	代春艳
22	《中国劳动力素质提升对产业升级的促进作用分析》	梁泳梅
23	《中国少数民族犯罪及其对策研究》	吴大华
24	《中国西部地区优势产业发展与促进政策》	赵果庆
25	《主权财富基金监管研究》	李 虹
26	《专家对第三人责任论》	周友军

第四批《中国社会科学博士后文库》(2015年出版)

序号	书　名	作　者
1	《地方政府行为与中国经济波动研究》	李　猛
2	《东亚区域生产网络与全球经济失衡》	刘德伟
3	《互联网金融竞争力研究》	李继尊
4	《开放经济视角下中国环境污染的影响因素分析研究》	谢　锐
5	《矿业权政策性整合法律问题研究》	郗伟明
6	《老年长期照护：制度选择与国际比较》	张盈华
7	《农地征用冲突：形成机理与调适化解机制研究》	孟宏斌
8	《品牌原产地虚假对消费者购买意愿的影响研究》	南剑飞
9	《清朝旗民法律关系研究》	高中华
10	《人口结构与经济增长》	巩勋洲
11	《食用农产品战略供应关系治理研究》	陈　梅
12	《我国低碳发展的激励问题研究》	宋　蕾
13	《我国战略性海洋新兴产业发展政策研究》	仲雯雯
14	《银行集团并表管理与监管问题研究》	毛竹青
15	《中国村镇银行可持续发展研究》	常　戈
16	《中国地方政府规模与结构优化：理论、模型与实证研究》	罗　植
17	《中国服务外包发展战略及政策选择》	霍景东
18	《转变中的美联储》	黄胤英

经济管理出版社《中国社会科学博士后文库》成果目录

第五批《中国社会科学博士后文库》（2016年出版）

序号	书 名	作 者
1	《财务灵活性对上市公司财务政策的影响机制研究》	张玮婷
2	《财政分权、地方政府行为与经济发展》	杨志宏
3	《城市化进程中的劳动力流动与犯罪：实证研究与公共政策》	陈春良
4	《公司债券融资需求、工具选择和机制设计》	李 湛
5	《互补营销研究》	周 沛
6	《基于拍卖与金融契约的地方政府自行发债机制设计研究》	王治国
7	《经济学能够成为硬科学吗？》	汪毅霖
8	《科学知识网络理论与实践》	吕鹏辉
9	《欧盟社会养老保险开放性协调机制研究》	王美桃
10	《司法体制改革进程中的控权机制研究》	武晓慧
11	《我国商业银行资产管理业务的发展趋势与生态环境研究》	姚 良
12	《异质性企业国际化路径选择研究》	李春顶
13	《中国大学技术转移与知识产权制度关系演进的案例研究》	张 寒
14	《中国垄断性行业的政府管制体系研究》	陈 林

第六批《中国社会科学博士后文库》（2017年出版）

序号	书　名	作　者
1	《城市化进程中土地资源配置的效率与平等》	戴媛媛
2	《高技术服务业进口技术溢出效应对制造业效率影响研究》	华广敏
3	《环境监管中的"数字减排"困局及其成因机理研究》	董　阳
4	《基于竞争情报的战略联盟关系风险管理研究》	张　超
5	《基于劳动力迁移的城市规模增长研究》	王　宁
6	《金融支持战略性新兴产业发展研究》	余　剑
7	《清乾隆时期长江中游米谷流通与市场整合》	赵伟洪
8	《文物保护经费绩效管理研究》	满　莉
9	《我国开放式基金绩效研究》	苏　辛
10	《医疗市场、医疗组织与激励动机研究》	方　燕
11	《中国的影子银行与股票市场：内在关联与作用机理》	李锦成
12	《中国应急预算管理与改革》	陈建华
13	《资本账户开放的金融风险及管理研究》	陈创练
14	《组织超越——企业如何克服组织惰性与实现持续成长》	白景坤

第七批《中国社会科学博士后文库》(2018年出版)

序号	书 名	作 者
1	《行为金融视角下的人民币汇率形成机理及最优波动区间研究》	陈 华
2	《设计、制造与互联网"三业"融合创新与制造业转型升级研究》	赖红波
3	《复杂投资行为与资本市场异象——计算实验金融研究》	隆云滔
4	《长期经济增长的趋势与动力研究:国际比较与中国实证》	楠 玉
5	《流动性过剩与宏观资产负债表研究:基于流量存量一致性框架》	邵 宇
6	《绩效视角下我国政府执行力提升研究》	王福波
7	《互联网消费信贷:模式、风险与证券化》	王晋之
8	《农业低碳生产综合评价与技术采用研究——以施肥和保护性耕作为例》	王珊珊
9	《数字金融产业创新发展、传导效应与风险监管研究》	姚 博
10	《"互联网+"时代互联网产业相关市场界定研究》	占 佳
11	《我国面向西南开放的图书馆联盟战略研究》	赵益民
12	《全球价值链背景下中国服务外包产业竞争力测算及溢出效应研究》	朱福林
13	《债务、风险与监管——实体经济债务变化与金融系统性风险监管研究》	朱太辉

第八批《中国社会科学博士后文库》(2019 年出版)

序号	书 名	作 者
1	《分配正义的实证之维——实证社会选择的中国应用》	汪毅霖
2	《金融网络视角下的系统风险与宏观审慎政策》	贾彦东
3	《基于大数据的人口流动流量、流向新变化研究》	周晓津
4	《我国电力产业成本监管的机制设计——防范规制合谋视角》	杨菲菲
5	《货币政策、债务期限结构与企业投资行为研究》	钟 凯
6	《基层政区改革视野下的社区治理优化路径研究:以上海为例》	熊 竞
7	《大国版图:中国工业化 70 年空间格局演变》	胡 伟
8	《国家审计与预算绩效研究——基于服务国家治理的视角》	谢柳芳
9	《包容型领导对下属创造力的影响机制研究》	古银华
10	《国际传播范式的中国探索与策略重构——基于会展国际传播的研究》	郭 立
11	《唐代东都职官制度研究》	王 苗

《中国社会科学博士后文库》
征稿通知

  为繁荣发展我国哲学社会科学领域博士后事业，打造集中展示哲学社会科学领域博士后优秀研究成果的学术平台，全国博士后管理委员会和中国社会科学院共同设立了《中国社会科学博士后文库》（以下简称《文库》），计划每年在全国范围内择优出版博士后成果。凡入选成果，将由《文库》设立单位予以资助出版，入选者同时将获得全国博士后管理委员会（省部级）颁发的"优秀博士后学术成果"证书。

  《文库》现面向全国哲学社会科学领域的博士后科研流动站、工作站及广大博士后，征集代表博士后人员最高学术研究水平的相关学术著作。征稿长期有效，随时投稿，每年集中评选。征稿范围及具体要求参见《文库》征稿函。

  联系人：宋　娜
  电子邮箱：epostdoctoral@126.com
  通讯地址：北京市海淀区北蜂窝 8 号中雅大厦 A 座 11 层经济管理出版社《中国社会科学博士后文库》编辑部
  邮编：100038

经济管理出版社